Vida
experiencia y expresión

Albert C. Dawson
University of Richmond

Laila M. Dawson
University of Richmond

WILEY

JOHN WILEY & SONS

New York / Chichester / Brisbane / Toronto / Singapore

Cover and interior design by Lee Goldstein

Preface

PURPOSE

1. *Vida: experiencia y expresión* reviews, refines, and expands the functional skills of the Spanish language through the study of grammatical structures and syntax and extensive classroom reinforcement.

2. *Vida* provides ample opportunity for expansion of active and passive vocabulary.

3. Within each unit *Vida* provides a staged approach to the development of reading skills through the exploration of introductory, intermediate, and concluding literary and cultural selections that focus on the unit theme.

4. *Vida* develops conversational skills by offering "experiencias" or contextual situations that become vehicles for linguistic and thematic exploration. Students are encouraged, through progressive stages, first to re-create the situation (tell what happened) and then to react to the situation, expressing feelings, thoughts, and opinions relevant to the experience. Consequently, student expression is expanded beyond declarations of basic physical needs (first-year level) to a more abstract level of expression in which interpretation of personal and human relationships and values is the central focus.

5. In *Vida* all components (reading and cultural selections, vocabulary, grammar, and exercises) are carefully integrated and interwoven into a single, easy-to-use text.

CONTENTS

UNIT THEMES

The ten unit themes cover a broad range of human experiences progressing from a focus on the individual, to interpersonal relationships, to society, to an exploration of the realms of fantasy, imagination, and beyond.

EXPERIENCIA

Three separate but thematically related components or "blocks" of literary or cultural materials are strategically located at the beginning, in the middle, and at the end of each unit. The initial selection is brief and highly dramatic to capture the students' interest and to introduce the theme.

The second selection, also brief, and the concluding selection offer different perspectives on the central theme with the latter providing a more extensive, in-depth exploration.

The "experiencias," because of their thought-provoking nature, establish an experiential basis for narration, create a springboard for conversation, and heighten student awareness of issues that are culture-specific as well as universal in scope.

The literary selections, by authors representing the breadth of the Hispanic world, range from newspaper and magazine articles, to essays, poetry, short stories, and excerpts from novels. Examples of art also are used to reinforce the theme.

DEFINICIONES AND PALABRAS SIMILARES

Two separate lists of words promote the growth and broaden the scope of active and passive vocabulary. In the first, words important to the comprehension and discussion of the theme are taken from the text and defined in Spanish. These words are boldfaced in the reading selection for easy recognition in context. Second is an alphabetized listing of words that are easily identifiable because of their similarity to their English equivalents.

EXPRESIÓN (RELATED TO LITERARY READINGS)

Exercises titled **Definiciones** are designed to expand active and passive vocabulary and to help students develop skills in circumlocution. Exercises titled **Asociación** encourage students to think of thematically related words and to personalize these words by relating them to their own experience.

A series of questions (**Preguntas**), based on content and also interpretive in nature, guides the student through the major events and ideas of the literary selection.

Exercises titled **Reconstrucción** reinforce use of active vocabulary and enable the student, through key words, to reconstruct the major events and ideas of the **Experiencia** in narrative form.

GRAMÁTICA

Examples, most commonly related to the theme of the unit, introduce each grammatical structure. The examples are instrumental in helping the student to understand inductively the grammatical structure in question. Explanations that follow are presented in clear, easily understood Spanish. Explanations in the target language are instrumental in reinforcing and stressing for the student the importance of the language being studied. They also become one more important block in building confidence in the ability to read, understand, and verbalize concepts.

EXPRESIÓN (RELATED TO GRAMMAR)

The vast majority of reinforcement exercises and activities are contextually developed, so that they either appear as a situational extension of the unit theme and the literary selections, or relate to the student's own particular academic environment or personal points of reference (family, roommate, personal decisions, and the like).

Within each unit there are exercises designed to be directed by the teacher (with student texts closed) and exercises and activities designed to be completed by students working in pairs or in small groups (**Mi compañero y yo** series, **¿Cuántas posibilidades?** series, and others). Opportunity for student expression ranges from exercises eliciting controlled response to exercises and activities eliciting interpretation and inventive use of imagination.

ACLARACIONES

Words or idiomatic expressions that are related to the unit theme, vocabulary, or grammar, and are problematic to the English-speaking student are presented just before the final "experience" or literary selection. Definitions and sample sentences are given in Spanish with an English translation of the word or expression itself to ensure exact meaning and proper contextual usage.

EXPLORACIÓN Y SÍNTESIS ORAL AND EXPLORACIÓN Y SÍNTESIS ESCRITA

Debates, dramas, group discussions, compositions, and other activities provide the framework and guidelines for these final components of each unit. Through these different modes or mechanisms the student is actively involved in synthesizing the different facets of each unit theme and in expressing his or her own thoughts and conclusions. Thus, the final step has been made not only for developing a higher level of linguistic proficiency but also for increasing student awareness of expanded possibilities of *experiencing,* of perceiving, of thinking, and of *expression.*

PROGRAM

Vida: experiencia y expresión is a complete second-year language program composed of:

1. The main textbook of ten chapters (which includes literary and cultural selections, review and expansion of grammatical structures, a variety of contextualized exercises and activities);

2. A workbook/laboratory manual composed of (*a*) written exercises designed to practice writing skills and reinforce classroom activity, and (*b*) the format for the tape program that offers students practice in auditory comprehension and oral reinforcement of the grammar of each chapter;

3. Accompanying tapes.

ACKNOWLEDGMENTS

We wish to express our appreciation to our colleagues of the University of Richmond, especially Dr. Humberto Cardounel, and to colleagues at sister institutions around the country for their reviews resulting in many valuable, insightful comments and constructive suggestions. We are also grateful for the support granted by Ron Nelson, Foreign Language Editor, and the editorial staff of John Wiley and Sons, Publishers.

Contents

CUARTA UNIDAD

QUINTA UNIDAD

SEXTA UNIDAD

SÉPTIMA UNIDAD

DÉCIMA UNIDAD

Primera Unidad

EL INDIVIDUO

el heroísmo

las calidades heroicas

the heroic qualities

el heroísmo Las calidades y acciones valientes y nobles de un héroe o de una heroína.

Experiencia

EL RESCATE [1]—VOCACIÓN DE **HÉROES**

belong

compensation

rest/flea

weight/strength
hollows

Ser voluntario, pertenecer° a las brigadas de rescate o simplemente unirse a ellas en situaciones de emergencia, es propio de grandes espíritus. Héroes anónimos para quienes la recompensa° a su incalculable **esfuerzo** es **ayudar** a **salvar** una **vida**.

Uno de ellos (los héroes) . . . ejemplo de todos los demás°—fue La Pulga°. . . . La Pulga **sintió** el **temblor** en el Metro. Cuando todo pasó, salió a las calles a ofrecer su **ayuda**. . . . La Pulga estuvo en muchas partes. Su baja estatura, su poco peso° y su fortaleza° física le permitían introducirse por pequeños túneles y huecos° donde no **cabía** ningún otro. Con su ayuda se salvaron muchas vidas.

[1] Palabras en negrita (*boldface*) forman el vocabulario activo. Sus definiciones se encuentran inmediatamente después de la selección literaria.

Voluntarios y soldados trabajan juntos esperando encontrar a sobrevivientes después del terremoto. Ciudad de México.

Ese cuarto día de angustia, La Pulga fue llamado al edificio del Conalep.[2] Habían escuchado **ruidos** y pensaban que podía **haber** otro **sobreviviente;** pero se encontraba muy al fondo° y llegar a él parecía° imposible. Después de muchas horas de escarbar° a través de° un **pasadizo** de unos 30 centímetros de diámetro, La Pulga encontró, con **heridas** graves y estado anímico° deplorable, al estudiante Abel Torres Chávez. Ahí, dentro de la tumba, La Pulga lo **abrazó** y lo consoló. "¿Qué horas son?"—preguntó Abel. "¿Todavía es jueves?" "No, Abelito"—le contestó La Pulga—. "Es domingo. . . ."

(A las 7:19 A.M. del jueves, el 19 de septiembre 1985, un terrible temblor sacudió° la ciudad de México. El registro indicó que había sucedido un **terremoto** de 7.8 grados en la escala de Richter. El terremoto desquició° inmediatamente los servicios en la capital y la incomunicó con el exterior y con las provincias. Se suspendió la energía eléctrica, el agua, el gas. En segundos, todo se interrumpió. La Ciudad de México se había movido como gelatina.)

deep within/seemed
claw, scratch/through
psychological

shook
put out of order

(Selección tomada de *El temblor:* reseña periodística del macrosismo que arrasó la ciudad de México. Textos de Fernando Martí, Isabel Arvide, Marco Aurelio Carballo, Tomás Pérez Turrent y Cinna Lomnitz. Coordinación Editorial, Beatriz Martí. México, 1985.)

[2]Escuela de educación superior de la Ciudad de México.

DEFINICIONES

(En el orden en que aparecen en el cuento)

_____

el rescate	Acción de libertar o salvar.
el héroe / la heroína	Él / la que hace una acción valiente, noble.
el esfuerzo	Uso enérgico de la fuerza física o espiritual. (*effort*)
ayudar	Dar o prestar cooperación o auxilio.
salvar	Librar de un peligro o riesgo. (*to save, to rescue*)
la vida	Vivir/ Tiempo entre el nacimiento y la muerte.
sentir (ie, i)	Tener o experimentar sensaciones.
el temblor	Movimiento repetido y continuo de la tierra.
la ayuda	Acción de ayudar o dar auxilio.
caber	Poder contenerse una cosa en otra.
el ruido	Resonancia/ Sonido inarticulado.
haber	Existir (*there to be*)/ **hay** (*there is, are*)/ También verbo auxiliar (*to have*).
el / la sobreviviente	El / la que vive después de un determinado tiempo o incidente catastrófico.
el pasadizo	Paso o lugar estrecho/ Corredor que va de una parte a otra.
la herida	Efecto de romper o abrir la carne con un arma u otro instrumento.
abrazar	Estrechar u oprimir con los brazos.
el terremoto	Temblor de la tierra.

PALABRAS SIMILARES A LAS EQUIVALENTES EN INGLÉS

anónimo
la brigada
la capital
consolar (ue)
deplorable
diámetro
el ejemplo
eléctrico
la emergencia
la energía
la estatura   stature
el exterior
extraordinario
físico
el gas

grave
interrumpir
el metro
mover (ue)
permitir
la provincia
el registro
el servicio
la situación
suspender
terrible
la tumba
el túnel
el voluntario

Expresión

1. *DEFINICIONES*

Practiquen las definiciones en parejas (dos personas). Primero, un(a) estudiante define la palabra; su compañero(a) le da la palabra correspondiente. Después, un(a) estudiante da la palabra y su compañero(a) le define la palabra usando sinónimos, frases o la definición completa.

2. *PREGUNTAS*

1. ¿Cuál es la recompensa para los héroes anónimos?
2. ¿Qué características le permitían a La Pulga entrar en los túneles y los huecos?
3. ¿Por qué parecía imposible rescatar al sobreviviente?
4. ¿Cuál era la dimensión del pasadizo por el cual La Pulga llegó al sobreviviente?
5. ¿Cómo estaba el sobreviviente cuando lo encontraron?
6. ¿Qué hizo La Pulga al llegar al sobreviviente?
7. ¿Qué preguntas hizo el sobreviviente al ver a La Pulga?
8. ¿Qué día era en realidad?
9. ¿Cuántos días había pasado el sobreviviente en su tumba?

3. *ASOCIACIÓN—¡PARA REPASAR Y AUMENTAR SU VOCABULARIO!*

¿Con qué palabras o frases asocia usted las referencias que siguen? ¿Y en qué piensa usted al oír las palabras?

MODELO héroe
noble, valiente, La Pulga, etc.
Pienso en Superhombre, etc.

1. voluntario
2. rescate
3. sobreviviente
4. pasadizo
5. herida
6. deplorable
7. abrazar
8. temblor

4. *RECONSTRUCCIÓN*

Reconstruya en el tiempo presente la escena del rescate usando las palabras que siguen como clave.

1. La Pulga / sentir / Metro
2. baja estatura / pequeños túneles
3. hablar / sobreviviente
4. estudiante / Abel
5. dentro de la tumba / abrazar
6. preguntar / ¿jueves?
7. contestar / domingo

5. ACTIVIDAD

En parejas, preparen un drama breve en el cual se repita un diálogo que ocurre entre un héroe o una heroína y un(a) sobreviviente mientras tratan de encontrarse y cuando por fin se encuentran.

I. PALABRAS INTERROGATIVAS

¿**Qué** significa la palabra "héroe"?

¿**Qué** día es? (**qué:** se pide *definición* o *explicación;* usado delante de un sustantivo, se pide *selección*)

¿**Por qué** no llamaron a la policía? (**por qué:** se pide *razón, causa,* o *motivo*)

¿**Quién** fue el héroe anónimo?

¿**Quiénes** llegaron a la víctima? (**quién, quiénes:** se pide la *identidad* de una persona o personas)

¿**De quién** era la voz oída en la distancia? (**de quién, de quiénes:** se pide *posesión* e *identidad*)

¿**Cuál** es la recompensa para los héroes anónimos? (**cuál, cuáles:** se pide selección entre varias posibilidades; usados delante de un verbo o una preposición)

¿**Cómo** se introdujo en el túnel? (**cómo:** se pide la *manera* en que se hace algo)

¿**Cuánto** tiempo pasó allí?

¿**Cuántas** horas pasó allí en el hueco? (**cuánto, -a, -os, -as:** se pide una *cantidad* o un *número*)

¿**Dónde** lo encontraron? (**dónde:** se pide el *lugar* o el *sitio*)

¿**Adónde** lo llevaron? (**adónde:** se pide el *lugar* o el *sitio* con un verbo de *movimiento*)

¿**De dónde** era la víctima herida? (**de dónde:** se pide el *origen*)

¿**Cuándo** ocurrió el terremoto? (**cuándo:** se pide el *tiempo* general)

¿**Para qué** se introdujo La Pulga en el túnel? (**para qué:** se pide un *propósito específico*)

OBSERVACIONES:

(a) Las palabras interrogativas llevan acentos escritos.

(b) Algunas palabras interrogativas se usan para formar exclamaciones:

¡**Qué** terremoto más horrible! (*What a / an*)

¡**Qué** horrible! (*How*)

¡**Cuánto** sufrieron las víctimas! (*How, so much*)

¡**Cuántas** personas sufrieron! (*So many*)

¡**Cómo** lloraba! (*How*)

(c) La combinación de los interrogativos con preposiciones permite muchas nuevas posibilidades interrogativas, por ejemplo: **a quién, con quién, para quién, por dónde,** y otras.

Expresión

⑥ *BUSCANDO INFORMACIÓN*

Haga preguntas para buscar la información correcta.

MODELO La víctima no pasó tres días en la tumba.
¿Cuántos días pasó?

1. El terremoto no ocurrió por la noche.
2. La Pulga no estaba en su apartamento cuando sintió el temblor.
3. La Pulga no era de Monterrey.
4. La Pulga no era un médico profesional.
5. La Pulga no era un hombre alto.
6. La Pulga no pasó tres horas en el túnel.
7. La víctima no era Antonio Basas.
8. La víctima no fue al hospital.
9. La Pulga no salvó a las víctimas para ser héroe.
10. Éste no es el edificio donde ocurrió el incidente.

7. *ACTIVIDADES*

A. *Usted es un reportero que llega a la escena de la catástrofe. Haga una lista de las preguntas necesarias para escribir un artículo periodístico (sugerencias: la hora del primer temblor, el lugar, reacciones de los individuos, número de víctimas, actos individuales de heroísmo, identidad de algunos héroes, detalles de incidentes). Presente sus preguntas a un compañero(a) o a la clase.*

B. *Usted es amigo(a) de una familia mexicana que vive en la ciudad de México. Al saber de la catástrofe, usted llama por teléfono y después de unos días se comunica con la familia. ¿Qué preguntas les hace? Usted y un(a) compañero(a) de clase pueden formular la conversación telefónica.*

Experiencia

GALERÍA DE HÉROES

A continuación se encuentran fotos y descripciones de tres héroes del mundo hispano. En preparación para el estudio de los verbos **ser** y **estar,** estudie las descripciones para aprender quiénes son y cómo son.

Identidad: José de San Martín (1778–1850)—Padre de la Patria, Jefe del
army   Ejército° de los Andes
birth *Lugar de nacimiento°:* La Argentina
Vocación / *Profesión:* Político, oficial militar

José de San Martín.

temperament *strategist*

Descripción: Genio militar, estratega; moral, modesto, metódico, disciplinado, inteligente, valiente.

struggle, fight

Acción heroica: Figura principal en la lucha° por la independencia argentina; también liberó Chile y el Perú (1821) en las guerras de independencia. Organizó "El Ejército de los Andes."

disillusioned *saddened* *chaos*

Últimos días: Desilusionado y entristecido por el caos de la vida política después de la independencia hispanoamericana, se retiró a Francia para pasar el resto de sus días.

Don Quijote.

\7

Nombre: Alonso Quijano (siglo XVII)—Don Quijote de la Mancha
Lugar de nacimiento: España

gentleman, knight

Vocación / Profesión: Caballero°

Descripción: Personaje creado por Miguel de Cervantes Saavedra en su novela *El Ingenioso Hidalgo Don Quijote de la Mancha,* publicada en dos partes, 1605 y 1615. Es considerado loco por algunos; otros dicen que afirma los valores humanos de lo que es bello, noble, generoso y humano. Hombre idealista y valiente que nos dio una definición de la realidad, la verdad, la justicia y lo que es obrar (trabajar) bien, y ser una persona honrada.

Acción heroica: Luchó por el bien de otros; defendió el honor de las mujeres, sobre todo°, el de Dulcinea, su ideal de mujer.

above all

Últimos días: Murió triste y desilusionado pero admirado y respetado por sus amigos.

Rodrigo Díaz de Vivar (El Cid).

Identidad: Rodrigo Díaz de Vivar (¿1040?–1099)—El Cid
Lugar de nacimiento: España
Vocación / Profesión: Caballero, campeón, vasallo

bone
level

Descripción: Hombre de carne y hueso° que, por sus virtudes y acciones heroicas, fue elevado por sus compatriotas a un nivel° heroico. Arquetipo nacional, héroe nacional de España. Protagonista del poema épico *Cantar de Mío Cid* (c. 1140 después de Cristo). Primero de los grandes personajes de la literatura española. Buen marido°, buen padre, buen amigo, buen vasallo de su rey°; hombre de valor, de compasión, de sensibilidad, de honor; justo, religioso, honrado.

husband
king

deeds
Moors

Acción heroica: Famoso por sus hazañas° heroicas en los conflictos entre los cristianos y los moros° durante la reconquista de la península ibérica.

surrounded by

Últimos días: Pasó la última parte de su vida con su familia, rodeado de° amigos, próspero, contento y respetado aún por sus enemigos.

PALABRAS SIMILARES A LAS EQUIVALENTES EN INGLÉS

el caos	metódico	la profesión
desilusionado	modesto	el / la protagonista
disciplinado	moral	religioso
generoso	noble	valiente
idealista	el oficial	la virtud
justo	organizador	la vocación

II. LOS VERBOS *SER* Y *ESTAR*

A. EL VERBO *SER*

REPASO DE LAS FORMAS IRREGULARES EN EL INDICATIVO

Presente: **soy, eres, es, somos, sois, son**
Imperfecto: **era, eras, era, éramos, erais, eran**
Pretérito: **fui, fuiste, fue, fuimos, fuisteis, fueron**

OBSERVACIÓN: Los usos del imperfecto y del pretérito se explican en la Tercera Unidad.

FUNCIÓN

1. Don Quijote y El Cid **son** idealistas y valientes.
   El Cid **es** el héroe nacional de España.
   Era un hombre de carne y hueso.
   San Martín **era** un oficial militar.
   Era argentino.

Ser se usa para indicar una característica o una calidad natural y normal de una persona o de un objeto. También indica nacionalidad, vocación, religión y afiliación política.

2. **Es** el primero de enero.
   Son las doce y media.
   Eran las dos y cuarto.
   Era tarde.
   Era domingo.

Ser se usa en expresiones de tiempo (hora, fechas).

3. La reunión **es** en la oficina del profesor.
   Es a las seis.

Ser se usa para expresar **tener lugar** (*to take place*).

4. ¿De quiénes **son**?
   La novela **es** suya.
   Los libros **eran** de mi abuelo.

Éstos **fueron** para ellos.
¿**Son** del Uruguay?
La mesa **es** de metal.

Ser se usa para indicar posesión (de quién), destinación (a quién va dirigida o destinada una cosa), origen (de dónde), y material (de qué está hecha una cosa).

5. **Es** necesario considerarlo.
Fue imposible terminarlo.
Era una lástima.

Ser se usa en expresiones impersonales.

OBSERVACIÓN: El pronombre inglés *it* está incluído en el verbo.

6. Hoy día El Cid **es** reconocido por el pueblo español como su héroe nacional.
Fue elevado por los españoles a un nivel heroico.
La novela *Don Quijote* **fue** escrita por Cervantes.

Ser se usa con el participio pasado para formar una acción pasiva. La voz pasiva (discutida en detalle en la Quinta Unidad) generalmente expresa o implica un agente de la acción con la preposición **por.**

B. EL VERBO *ESTAR*

REPASO DE LAS FORMAS IRREGULARES EN EL INDICATIVO
Presente: **estoy, estás, está, estamos, estáis, están**
Pretérito: **estuve, estuviste, estuvo, estuvimos, estuvisteis, estuvieron**

FUNCIÓN

1. **Estamos** en un estado deplorable.
¡Qué violenta **estuvo** la batalla!
Don Quijote **estaba** muy pálido y enfermo.
¡Qué tristes **estaban** sus amigos cuando se murió!

Estar se usa para indicar una característica o condición anormal, diferente, sorprendente, extraordinaria o de ese momento.

2. San Martín y su ejército **estaban** en el Perú.
Estuvieron en Chile por varios meses.
¿Dónde **está** el general ahora?

Estar se usa para indicar la posición geográfica o el lugar de una entidad.

3. Formularon los planes para cruzar los Andes; los planes **estaban** bien formulados.

San Martín organizó el ejército; el ejército **estaba** bien organizado.

Vio mucho caos en la vida política; **estaba** muy desilusionado.

Estar se usa con el participio pasado para indicar una condición o un estado resultante de una acción ya terminada.

4. **Estoy** leyendo y estudiando la novela *Don Quijote*.

En un capítulo Don Quijote **estaba** luchando por la libertad de unos prisioneros.

En otro, Don Quijote **estaba** hablando con Dulcinea, su mujer ideal.

Estar se usa con el gerundio (participio presente -*ing*) para indicar una acción en progreso.

Expresión

8. HÉROES

*Indique varias características o cualidades de los héroes mencionados. Use el verbo **ser** en el tiempo presente.*

1. San Martín
2. El Cid
3. Don Quijote
4. La Pulga

9. MI COMPAÑERO(A) Y YO

*En parejas, describan las siguientes personas. Usen el verbo **ser** en el presente.*

1. su padre o su madre
2. su novio o su novia
3. un actor o una actriz
4. otra persona a quien usted admira mucho
5. un(a) líder político(a)
6. usted mismo(a)

10. ¿CÓMO Y DÓNDE ESTÁN?

*Indique la condición o la localización de las personas mencionadas. Use el verbo **estar** en el presente. Haga tantas oraciones como sea posible.*

1. la víctima del terremoto
2. La Pulga
3. San Martín
4. Don Quijote en sus últimos días
5. El Cid

11. MI COMPAÑERO(A) Y YO

*En parejas, indiquen la condición en que están o la localización de estas personas. Usen el verbo **estar** en el presente.*

1. su padre o su madre
2. su novio o su novia
3. un(a) amigo(a) en el hospital
4. una persona que ha ganado la lotería de dos millones de dólares
5. los alumnos de su clase de español

12. EL HÉROE

*Indique cómo es, cómo está o dónde está el héroe. **El héroe** . . .*

1. un genio militar.
2. triste.
3. ayudando a los otros.
4. un arquetipo nacional.
5. idealista y valiente.
6. reconocido por todos hoy.
7. en Chile.
8. pálido y enfermo.
9. presidente.
10. argentino.
11. inteligente y disciplinado.
12. desilusionado.
13. considerado loco por algunos.
14. político.
15. solo.
16. contento.
17. en un estado deplorable.
18. pasando por Lima, Perú.

C. SER Y ESTAR CON CIERTOS ADJETIVOS

Ser y **estar** cambian el significado de algunos adjetivos y participios pasados según su uso:

El profesor **es aburrido.** (sin personalidad, monótono)
Los estudiantes **están aburridos.** (prefieren hacer otra cosa)

Los médicos **son listos.** (inteligentes, astutos)
Yo **estoy listo.** (preparado)

Ella **es madura.** (estable, entrada en años, prudente) *mature*
La fruta **está madura.** (lista o buena para comer)

La ambulancia **es verde.** (el color es verde)
La fruta **está verde.** (no madura)

Ella **es viva.** (tiene mucha energía, es astuta)
Está viva. (no muerta)

Expresión

13. ¿CARACTERÍSTICA O CONDICIÓN?

Conteste las preguntas para indicar la característica o la condición de las personas o las cosas mencionadas.

1. Ustedes, ¿son aburridos o están aburridos? Su profesor de matemáticas, ¿es aburrido o está aburrido?

2. ¿Es usted listo(a)? ¿Son todos los estudiantes de esta universidad listos? ¿Siempre están los estudiantes listos para salir de sus clases? Usted, ¿está listo(a) para salir ahora? Cuando llega a la casa de su novio(a), ¿siempre está él (ella) listo(a) para salir?

3. La manzana está verde. ¿Quiere usted comerla? La manzana está madura. ¿Quiere usted comerla? Su compañero(a) de cuarto, ¿es maduro(a)? ¿Son maduros todos sus amigos? ¿Es usted maduro(a)?

4. Los estudiantes de esta universidad, ¿son muy vivos los lunes por la mañana? ¿y los sábados por la noche? Los profesores de esta universidad, en general, ¿son muy vivos? Todos sus abuelos, ¿están vivos?

III. PREPOSICIONES DE LOCALIZACIÓN O LUGAR

Para determinar el sitio o el lugar en que se encuentra una persona o una cosa, se usan:

en	La Pulga estuvo **en** (*in, on, at*) el Metro.
entre	La víctima estaba **entre** (uno a cada lado—*between*) dos bloques de cemento.
sobre	Había otro bloque suspendido **sobre** (arriba de—*over, above, on*) su cabeza.
alrededor de	No había mucho espacio **alrededor de** (por todos lados—*around*) su cabeza.
cerca de	El estaba **cerca de** (no lejos o a no mucha distancia—*near*) la salida.
lejos de	Lo encontraron **lejos de** (mucha distancia—*far, far from*) la salida.
dentro de	Lo oyeron **dentro de** (en—*within, inside*) su tumba.
fuera de	Muchos parientes esperaban **fuera de** (en la parte exterior—*outside, outside of*) las ruinas.
detrás de	**Detrás de** él (lo contrario de enfrente de—*behind*) había otro hueco muy pequeño.
delante de	**Delante de** él (en frente de—*in front of*) se veía una mano amputada.
encima de	**Encima de** sus piernas (sobre—*on top of*) había un bloque de cemento.
debajo de	**Debajo del** sobreviviente (lo contrario de encima de—*beneath, underneath, under*) encontraron un reloj.
al lado de	La Pulga, **al lado de** (junto a—*beside*) la víctima, lo consolaba y lo abrazaba.
frente a	Había muchos vehículos de emergencia **frente al** (delante de—*in front of, opposite*) edificio.
junto a	Podían ver el cuerpo de un muerto **junto al** (cerca de y al lado de—*next to*) cuerpo de otra víctima.

Expresión

14. *¿DÓNDE ESTABA?*

Cambie la oración para indicar la posición contraria.

1. Lo encontraron **cerca de** la salida.
2. Oyeron el ruido **dentro de** las ruinas.
3. Vieron un objeto **delante de** la víctima.
4. Un bloque de cemento estaba **debajo de** su pierna.
5. El hospital estaba **lejos del** accidente.
6. Había solamente un hospital **fuera de** la ciudad.
7. Otro sobreviviente estaba **detrás de** la víctima.
8. Encontraron el zapato **encima del** escritorio.

15. *ACTIVIDADES*

A. *Haga un dibujo (una pintura), en papel o en la pizarra, de la escena de la catástrofe. Después, indique a un(a) compañero(a) o a la clase la posición de las personas y de las cosas mencionadas, como usted las imagina.*

1. el sobreviviente
2. La Pulga
3. otra víctima
4. un bloque de cemento
5. los parientes de las víctimas
6. la salida
7. vehículos de emergencia

B. *Escriba un mínimo de seis oraciones en las cuales usted identifica la localización o la posición de personas y objetos que están en la clase. Presente la información a un(a) compañero(a) o a la clase.*

IV. LOS NOMBRES O SUSTANTIVOS Y LOS ARTÍCULOS

A. LOS NOMBRES O SUSTANTIVOS

1. **El héroe** era muy famoso.
   El sobreviviente estaba anémico.
   La heroína salvó muchas vidas.
   El médico consoló a **la sobreviviente.**

Los nombres o sustantivos (*nouns*) son masculinos si se refieren a una persona del sexo masculino o son femeninos si se refieren a una persona del sexo femenino.

2. **El terremoto** duró unos **minutos.**
   La energía eléctrica se suspendió.
   La ciudad se movió como gelatina.
   La hazaña era extraordinaria.
   La virtud de un héroe es su espíritu de sacrificio.
   La definición de "héroe" es muy simple.

En general, los nombres son masculinos si se refieren a un objeto que termina con **o** y son femeninos si se refieren a un objeto que termina con **-a, -dad, -tad, -(c)ión** o **-tud.**

OBSERVACIONES:

(a) Algunas palabras terminan con **a** pero son masculinas: **el tema** (*theme*), **el planeta, el programa, el clima, el problema, el mapa, el día, el poema, el poeta, el dilema.**

(b) **El** también se usa delante de algunos nombres femeninos que comienzan con **a** o **ha** acentuada:
el hambre (*hunger*) pero **mucha hambre**
el ala (*wing*) pero **las alas**
el alma (*soul*) pero **las almas**
el agua (*water*) pero **las aguas**

(c) Unas pocas palabras terminan con **o** pero son femeninas: **la mano, la foto(grafía), la moto(cicleta)**

3. **El rescate** de la persona fue increíble.
El túnel era muy pequeño.
El caos es destructivo.

Hay que aprender el género (masculino o femenino) de un nombre (o sustantivo) si no está incluído entre los ejemplos mencionados.

B. EL ARTÍCULO INDEFINIDO: *UN(O), UNA, UNOS, UNAS*

Una persona se escapó, las otras no.
Fue **un** incidente extraordinario.
Pasaron **unos** minutos de angustia.
Se escaparon **unas** personas sin herida.

El artículo indefinido singular se usa para poner énfasis en el número **uno** o la **singularidad.** El artículo indefinido plural se puede usar en vez de **algunos(as).**

OBSERVACIONES:

(a) Se repite el artículo indefinido en una serie.

(b) Frecuentemente se omite el artículo indefinido cuando: (1) no hay énfasis en el número o la singularidad; (2) después de un negativo; (3) después del verbo **ser** con sustantivos no modificados de nacionalidad, profesión, vocación o religión.

La víctima llevaba camisa y nada más.
La Pulga entró en el túnel sin problema.
La víctima era estudiante.

(c) Se omite con algunos adjetivos como: **cien(to), mil, medio, otro, cierto, tal** y **¡qué!** (Note el contraste con el inglés.)

Cien (*a hundred*) personas fueron rescatadas.
Más de **mil** (*a thousand*) personas no tenían casa.

Media (*half a*) docena de médicos llegaron a la escena.
Otro (*another*) voluntario anónimo entró en el pasadizo.
Cierta (*a certain*) persona estaba muy al fondo.
Tal (*such a*) escena no se repite frecuentemente.
¡Qué (*what a*) catástrofe!

C. EL ARTÍCULO DEFINIDO: *EL, LA, LOS, LAS*

1. El Cid es **el** hombre que fue elevado a un nivel heroico.
   Los incidentes que mencionaste ocurrieron en el Perú y en México.
   El héroe, la heroína y **los sobrevivientes** se abrazaron.

El artículo definido se usa para poner énfasis en personas u objetos específicos.

OBSERVACIONES:

(a) Con los nombres de algunos países el artículo definido es muy común: la Argentina, el Brasil, el Canadá, el Ecuador, el Japón, el Perú, el Uruguay.
(B) Se repite el artículo definido en una serie.

2. **Los terremotos** son horribles.
   Los héroes y **las heroínas** existen por toda la historia.
   La libertad y **la independencia** son necesarias.

El artículo definido se usa para indicar una referencia general o abstracta.

OBSERVACIÓN: A veces el artículo definido se usa con infinitivos usados como sustantivo general o abstracto.

El luchar por el bien de otros es esencial.

3. **El Presidente Bolívar** visitó el centro de la capital.
   El General San Martín se retiró a Francia.
                                    pero
   Señora, hable con los médicos.

El artículo definido se usa delante de la mayoría de los títulos cuando la persona no está presente. Note bien el contraste con el último ejemplo.

4. El terremoto ocurrió **el jueves.**
   El otoño fue un mes de desastres.
   Ocurrió **el 19 de septiembre.**
   Ocurrió a **las 7:19** de la mañana.

El artículo se usa con los días de la semana, las estaciones del año, las fechas y la hora del día.

OBSERVACIÓN: Frecuentemente se omite el artículo definido después de **ser.**

¿Todavía es jueves?
No, es domingo.

Expresión

16. *¿DÓNDE ESTÁ?*

Usted necesita saber la localización de las referencias indicadas. Forme preguntas usando el artículo definido.

MODELO voluntario
¿Dónde está el voluntario?

1. estación	9. programa
2. heroína	10. poeta
3. ambulancia	11. fotos
4. edificios	12. moto
5. presentación	13. ciudad
6. escuela	14. túnel
7. universidad	15. calle
8. mapas	

17. *COSAS INTERESANTES*

Indique qué cosas eran interesantes. Use el artículo indefinido.

MODELO incidente
Era un incidente interesante.

1. conversación	6. carácter
2. día	7. persona
3. problema	8. rescate
4. actitud	9. situación
5. tema	10. poema

18. *¿CÓMO ERAN?*

Indique quiénes eran y cómo eran los héroes. Use u omita el artículo indefinido según las referencias.

MODELO El voluntario / hombre heroico
El voluntario era un hombre heroico.

1. La Pulga / héroe anónimo
2. La Pulga / mexicano
3. La Pulga / voluntario
4. La Pulga / ejemplo de todos los héroes
5. Abel Torres Chávez / estudiante
6. Abel Torres Chávez / víctima del temblor
7. Abel Torres Chávez / sobreviviente heroico
8. San Martín / revolucionario
9. San Martín / hombre modesto
10. El Cid / español
11. El Cid / católico

19. OPINIÓN PERSONAL

Indique si las cosas siguientes son o no son importantes para usted.

MODELO televisión
   La televisión (no) es (muy) importante para mí.

<table>
<tr><td>1. independencia</td><td>6. deportes</td></tr>
<tr><td>2. religión</td><td>7. estudiar</td></tr>
<tr><td>3. amor</td><td>8. familia</td></tr>
<tr><td>4. libertad</td><td>9. vida</td></tr>
<tr><td>5. dinero</td><td>10. cosas materiales</td></tr>
</table>

20. USTED ES REPORTERO(A).

Escriba titulares (headlines) *breves usando las siguientes palabras. Preséntelos a un(a) compañero(a) o a la clase. ¡Atención al uso o a la omisión de los artículos!*

1. . . . terremoto / ocurrir . . .
2. . . . temblor / ocurrir / jueves . . .
3. . . . rescatar / otro . . .
4. . . . salvar / mil . . .
5. . . . Presidente García / ofrecer . . .
6. . . . Señora García / abrazar . . .
7. . . . ¡Qué . . . !

V. LOS ADJETIVOS

A. LA POSICIÓN DE LOS ADJETIVOS

1. **Muchos** héroes murieron por la patria.
   Esos actos de heroísmo les ganaron mucha fama.
   Mi amigo participó en la manifestación.
   Algunas mujeres decidieron protestar la decisión.

Ciertos adjetivos preceden al sustantivo: los que indican el número o la cantidad y los que limitan o determinan (por ejemplo, los numerales, los demostrativos, los posesivos **mi, tu, su,** etc. y los adjetivos indefinidos).

2. Don Quijote era un hombre **idealista.**
   Muchos héroes **hispanoamericanos** eran oficiales **militares.**
   Cervantes era un escritor **extraordinario.**
   Lima es una ciudad **peruana.**

Los adjetivos que **describen** e indican **diferencias** o **distinciones,** por ejemplo, adjetivos de color y forma, de asociación política, religiosa o profesional, y de nacionalidad, siguen al sustantivo.

3. El **distinguido** señor García les habló por veinte minutos.
   La **valiente** mujer fue presentada al presidente.
   Descubrieron más víctimas en **dramáticos** rescates el jueves.

A veces el adjetivo se pone delante del sustantivo para dar énfasis a una cualidad especial o inherente, o para indicar un valor poético o dramático.

4. El **famoso** general **venezolano** entró en la **hermosa** ciudad **peruana.**
   La **valiente** heroína **anónima** salvó la vida de **muchas** víctimas **heridas.**
   Murieron **muchas** personas **pobres** y **sencillas.**
   Era **otro** incidente **trágico** y **lamentable** de su historia.

Cuando hay dos o más adjetivos, se sitúan según las condiciones ya indicadas: (*a*) delante del sustantivo para limitar, dar énfasis o señalar una calidad inherente, (*b*) detrás del sustantivo para describir y señalar diferencias, y (*c*) detrás del sustantivo, unidos por **y,** para indicar que los adjetivos son de igual importancia.

5. A veces se puede cambiar la posición de ciertos adjetivos para indicar un cambio de significado.

pobre	El **pobre** hombre (trágico, lamentable = *poor*) era también un hombre **pobre** (sin dinero = *poor*).
viejo	La mujer **vieja** (tiene muchos años = *old*) era una **vieja** amiga mía (de mucho tiempo = *old, longstanding*).
mismo	La mujer **misma** (no otra persona = *herself*) me dijo que la **misma** persona (*same*) había aparecido en la escena varias veces.
único	El **único** soldado (solamente este soldado = *only*) que insistió en luchar recibió un honor **único** (diferente, sin comparación = *unique*).
grande	Los **grandes** espíritus (nobles, generosos = *great*) no existen exclusivamente en cuerpos **grandes** (dimensiones enormes = *large, big*).
medio	Un héroe no es ni un **medio** hombre (la mitad, no todo = *half*) ni un hombre **medio** (común, normal, típico = *average*).

OBSERVACIONES:

(a) Algunos adjetivos pierden la sílaba o la letra final cuando se ponen (1) delante del sustantivo singular masculino (**ninguno, alguno, uno, bueno, malo**), o (2) delante de cualquier sustantivo singular (**gran**).

Ningún sobreviviente recordaba cuánto tiempo había pasado en su tumba.
Algún escritor describirá la catástrofe en palabras poéticas.
Un **buen** estudiante, Abel Torres Chávez recordará su experiencia.
No es un **mal** hombre.
El período de la revolución hispanoamericana fue una **gran** época en la historia del mundo.

(b) A veces se usa la preposición **de** + sustantivo cuando no hay adjetivo descriptivo.

Perdió su reloj **de oro** en las ruinas.
Una brigada **de rescate** llegó en pocos minutos.
Existía una situación **de emergencia.**

Expresión

21. *DESCRIPCIONES*

A. *Usted, como escritor, quiere cambiar la posición de los adjetivos para dar énfasis a cualidades especiales o inherentes o para indicar cualidades dramáticas o poéticas.*

MODELO Es un hombre valiente.
        Es un valiente hombre.

1. Es un túnel pequeño.
2. Es un esfuerzo incalculable.
3. Es un temblor terrible.
4. Es un padre bueno.
5. Es una persona excelente.
6. Es una mujer distinguida.
7. Es un general famoso.

B. *También usted quiere determinar la posición de los adjetivos para indicar cualidades especiales y para hacer distinciones o diferencias.*

EJEMPLO POSIBLE presidente / famoso / venezolano
        Era un famoso presidente venezolano.

1. escritor / distinguido / político
2. heroína / valiente / española
3. arquetipo / grande / nacional
4. genio / extraordinario / militar
5. carácter / maravilloso / ficticio
6. poema / bueno / español
7. novela / fantástica / peruana

C. *Para describir a las personas y para indicar que los adjetivos tienen igual importancia, ponga los adjetivos detrás del sustantivo.*

MODELO hombre: cínico / desilusionado
        Era un hombre cínico y desilusionado.

1. persona: triste / enferma
2. hombre: pobre / sencillo
3. incidente: trágico / lamentable
4. heroína: enérgica / valiente
5. general: ambicioso / agresivo

6. persona: grande / alta
7. mujer: metódica / disciplinada

22. **¿CUÁL ES?**

Al leer estas situaciones, determine usted cuál es la descripción correcta.

1. El general me lo dijo, no el capitán. ¿Es el mismo general o es el general mismo quien me lo dijo?
2. Solamente una persona sobrevivió el incidente. ¿Es la única persona o es la persona única?
3. La mujer es muy noble, generosa y famosa. ¿Es ella una gran mujer o es una mujer grande?
4. La mujer no tiene casa, ni tierra, ni animales. ¿Es una pobre mujer o una mujer pobre?
5. Un hombre viejo pasa por aquí todos los días. ¿Es el mismo hombre o es el hombre mismo?
6. El soldado se encontró solo en el campo de batalla. ¿Es un soldado único o es el único soldado?
7. La persona es enorme. ¿Es una gran persona o es una persona grande?
8. No veo ninguna diferencia entre este hombre y otros de su clase o tipo. ¿Es un hombre medio o es medio hombre?
9. La mujer sufrió un accidente. ¿Es una mujer pobre o es una pobre mujer?

23. ACTIVIDAD: ¿QUIÉN ES?   *El hijo único = only child*

Forme tantas oraciones como sea posible para describir a cada persona indicada. Después de terminar, dé una oración descriptiva y sus compañeros deben identificar quién es la persona.

1. San Martín
2. El Cid
3. Don Quijote
4. La Pulga
5. la madre perfecta
6. el padre perfecto
7. una persona (actor o actriz) heroica de la televisión o del cine
8. usted mismo(a)

VI. INFORMACIÓN IMPORTANTE EN LA RUTINA DIARIA

A. LAS ESTACIONES Y LOS MESES

EN LOS PAÍSES QUE ESTÁN AL NORTE DEL ECUADOR

el invierno (diciembre, enero, febrero)
la primavera (marzo, abril, mayo)
el verano (junio, julio, agosto)
el otoño (septiembre, octubre, noviembre)

EN LOS PAÍSES QUE ESTÁN AL SUR DEL ECUADOR

el invierno (junio, julio, agosto)
la primavera (septiembre, octubre, noviembre)
el verano (diciembre, enero, febrero)
el otoño (marzo, abril, mayo)

B. EL TIEMPO (EL CLIMA, LA TEMPERATURA)

1. **¿Qué tiempo hace? ¿Hace fresco?**
Hace buen tiempo hoy pero **hacía mal tiempo** ayer.
Hace mucho viento. (calor, frío, sol)
Llueve mucho ahora pero no **llovía** cuando llegamos.
Nieva frecuentemente en las montañas.
Nevaba cuando ocurrió la avalancha.

En la mayoría de los casos se usa **hacer** (en inglés *to be*) + sustantivo para expresar el clima y el tiempo (*weather*). Note que **llover** (**ue**) (*to rain*) y **nevar** (**ie**) (*to snow*) son excepciones.

OBSERVACIÓN: Con los sustantivos **frío, sol, calor** y **viento** se usa el adjetivo **mucho** como el equivalente del inglés *very*.

2. **Hay sol. (luna, nubes)**
Había mucha niebla. (neblina, polvo, humedad, nieve, lluvia)

A veces se expresa el tiempo usando una forma de **haber** (**hay / había,** etc.) para poner más énfasis en lo que se ve o se nota.

Expresión

24. LOS MESES

¿Cuáles son los meses de las estaciones en estos lugares?

1. ¿El invierno en los Estados Unidos de América? ¿en la Argentina?
2. ¿El otoño en los Estados Unidos de América? ¿en el Paraguay?
3. ¿El verano en los Estados Unidos de América? ¿en Chile?
4. ¿La primavera en los Estados Unidos de América? ¿en el Uruguay?

25. ¿QUÉ TIEMPO HACE?

Uno se pregunta, ¿qué tiempo hace o qué condiciones existen (hay) en estos lugares?

1. ¿en la Florida en el verano?
2. ¿en los Andes?
3. ¿en el bosque tropical de Puerto Rico?
4. ¿en la costa de Chile en enero?
5. ¿en la Patagonia (cerca de la Antártida y el Polo Sur)?

6. ¿en la ciudad de Londres?
7. ¿en el desierto Atacama de Chile?
8. ¿en Minnesota en diciembre?
9. ¿en San Diego, California, en julio?
10. ¿en Ottawa, Canadá, en el invierno?

26. ACTIVIDAD

A. *Usted recibe una carta de un(a) amigo(a) chileno(a) que quiere hacer un viaje a su ciudad en los Estados Unidos. Escríbale a él o a ella dándole información sobre cada estación (clima, temperatura, etc.) para que él/ella pueda decidir cuándo es mejor visitarla.*

B. *Usted oye este pronóstico del tiempo para Miami y sus alrededores. Haga un resumen oral para dar la información esencial a un(a) compañero(a) de la clase.*

Estado general del tiempo: Pronóstico para Miami y sus alrededores.
Cielos: Parcialmente nublados con 30 por ciento de posibilidades de lluvias.
lower   *Temperaturas:* Cálidas en el día con las máximas en la parte inferior° de los 80 grados y algo frescas en la noche, con las mínimas en la parte inferior de los 70 grados.
will blow   *Vientos:* Soplarán° vientos del sureste de 10 a 15 millas por hora.

C. LAS FECHAS

¿Cuál es la **fecha** de hoy?
Hoy es el **primero** de enero.
Mañana es el **dos** de enero.
Queremos salir el **veintiuno** de marzo.

Los números cardinales se usan para expresar las fechas; **primero** es una excepción.

D. LOS DÍAS

lunes, martes, miércoles, jueves, viernes, sábado, domingo

OBSERVACIÓN: **el / los** se usan para expresar el inglés *on.*

Llegamos a Lima **el** lunes.
Los miércoles tengo tres clases.

E. LA HORA

¿Qué hora es (era)?
¿A qué hora empezó el terremoto?
Es (era) la una *y* **veinte de la mañana** (A.M.).
Son (eran) las seis *y* **media.**
Son (eran) las once *menos* **diez de la noche** (P.M.).
Es la una *menos* **cuarto de la tarde** (P.M.).

Se usa **y** para indicar los minutos hasta 30 (media). Se usa **menos** para indicar los minutos que se aproximan a la siguiente hora (más de 30).

F. LOS NÚMEROS

¿Recuerda usted los números cardinales? Repase la lista básica que sigue.

De uno a diez y nueve	*De veinte a noventa y nueve*	*De cien a los millones*
uno		cien
dos	veinte	ciento uno(a)
tres	veintiún(uno)	doscientos(as)
cuatro	veintidós	trescientos(as)
cinco	veintitres	cuatrocientos(as)
seis	veinticuatro	quinientos(as)
siete	veinticinco	seiscientos(as)
ocho	veintiséis	setecientos(as)
nueve	veintisiete	ochocientos(as)
diez	veintiocho	novecientos(as)
once	veintinueve	mil
doce	treinta	dos mil
trece	treinta y uno, *etc.*	cien mil
catorce	cuarenta	doscientos mil, *etc.*
quince	cincuenta	un millón (de)
dieciséis *o* diez y seis	sesenta	dos millones (de)
diecisiete *o* diez y siete	setenta	
dieciocho *o* diez y ocho	ochenta	
diecinueve *o* diez y nueve	noventa	
	noventa y nueve	

Expresión

27. ¡FECHAS IMPORTANTES!

¿Cuál es la fecha de cada referencia?

1. ¿del terrible terremoto mexicano?
2. ¿del Día de Gracias?
3. ¿de la Navidad?
4. ¿del ataque contra Pearl Harbor?
5. ¿del Año Nuevo?
6. ¿del principio de las clases en el otoño?
7. ¿de su nacimiento?

28. SU SEMANA ACADÉMICA

1. ¿A qué hora comienza su clase de español?
2. ¿A qué hora comienzan sus clases los lunes?
3. ¿A qué hora terminan sus clases los martes?
4. ¿A qué hora se levanta usted los días que tiene clase? **Me . . .**
5. ¿A qué hora se levanta usted los sábados?
6. ¿A qué hora normalmente cena usted?
7. ¿A qué hora comienza usted a estudiar por la noche?
8. ¿A qué hora normalmente se acuesta usted? **Me . . .**

ACLARACIONES

La sección llamada "Aclaraciones", encontrada en cada Unidad, presenta agrupaciones de palabras que pueden producir confusión en su significado y uso. En cada grupo la palabra inicial en particular tiene su origen o en las "Definiciones" que siguen a cada lectura, o en la gramática, o en el tema general de la Unidad.

fecha Se usa para indicar el tiempo (día, mes, año) en que se hace algo. (*date*)

> ¿Cuál fue la **fecha** del terremoto?

cita Se usa para indicar la hora y el lugar para un encuentro o una reunión. (*date, appointment*)

> Tengo una **cita** con el periodista a las doce.

salir con Tener una cita con un(a) novio(a), etc. (*to have a date with, go out with*)

> Esteban **salió** con Marta anoche.

hora Se usa para indicar las 24 partes en que se divide el día. (*hour, time*)

> El durmió **una hora,** nada más.

tiempo Se usa para hacer una referencia general. (*time*)

> Pasó mucho **tiempo** allí en el pasadizo.

vez Se usa para indicar una ocasión. (*time, occasion*)

> Pasó por el mismo pasadizo dos **veces.**

salvar Rescatar/ Librar de un riesgo/ Salir vivo de un peligro o accidente. (*to save, rescue*)

> La Pulga **salvó** a diez personas perdidas en las ruinas del edificio.

ahorrar Guardar o conservar parte de lo que se gana. (*to save money, etc.*)

> La mujer vieja había **ahorrado** más de cien mil dólares.

guardar Cuidar, custodiar; preservar; proteger. (*to guard, keep, put aside, save*)

> Encontró varias cosas de valor y las **guardó** para dárselas a las víctimas.

¿por qué? Por razón de qué. (palabra interrogativa = *why*)

> Todavía no entendemos **por qué** entró en el túnel.

porque Por razón de que. (conjunción = *because*)

> Entró **porque** quería rescatar a los heridos.

a causa de   Por razón de. (preposición = *because of*)

              A causa de él y sus sacrificios, vivimos hoy.

---

bajo   De poca altura. (*short, low*)

           Era un hombre de **baja** estatura.

           Le habló a la víctima en voz **baja.**

corto   Breve, de poca duración/ De poca extensión. (*short, brief*)

           Pasó un período **corto** en las ruinas.

           Llevaba una camisa de mangas **cortas.**

Following are some important guidelines and steps for reading and preparing yourself for discussion of a selection of literature, whether newspaper article, short story, poem, or novel.

1. First, read the *entire* selection for general content. Remember that it is not necessary to know every word to understand the flow of major events, ideas, and themes.
2. Having read the selection, attempt to synthesize in order of appearance the major actions and ideas expressed by making brief notes (words, short phrases) in Spanish. These can serve as key references to a reconstruction of the story or plot in its most skeletal form.
3. Now reread the story to fill in as many gaps as possible. At this time become well acquainted with the words found in the sections entitled "Definiciones" and "Palabras similares a las equivalentes en inglés."

El General Franco ha comunicado que sus fuerzas han vencido todas las resistencias enemigas. Guerra Civil de España, 1939.

Experiencia

El periódico *El Socialista* anunció el 19 de julio de 1936: "Parte del ejército, faltando° a su juramento°, se ha levantado en armas contra el Estado."[1] Así se inició la **Guerra** Civil de España, una guerra que duró tres años y resultó en la victoria de los soldados nacionales (apoyados° por Alemania e Italia) bajo el mando del General Francisco Franco Bahamonde, sobre las fuerzas republicanas del gobierno (apoyadas por Rusia).

Una de las batallas de más interés dramático ocurrió en la ciudad de Toledo, donde se habían refugiado en el famoso **alcázar** algunos partidarios° nacionales. Las fuerzas republicanas atacaron el alcázar usando aviones y artillería hasta destruir el edificio entero. Los refugiados nacionales, bajo el mando del coronel Moscardó, decidieron morir antes de **rendirse** a los republicanos.

EL ALCÁZAR NO SE RINDE
Carlos Ruiz de Azilú (España)

Eran aproximadamente las diez de la mañana del día 23 de julio de 1936 cuando **sonó** el teléfono del despacho° del coronel Moscardó. Se hallaba éste rodeado de varios de los jefes del Alcázar y otros oficiales, organizando la defensa exterior y la acomodación del personal refugiado°.

La conversación de aquella llamada telefónica ha de contarse entre los diálogos más heroicos de nuestros días:

—¿Quién está al aparato?

—Soy el jefe de las milicias socialistas. Tengo la ciudad en mi poder, y si dentro de diez minutos no se ha rendido usted, mandaré **fusilar** a su hijo Luis, que lo he **detenido,** y para que vea que es así, él mismo le hablará. "A ver, que venga Moscardó."

En efecto, el padre oye a su hijo Luis, que le dice tranquilamente por el aparato:

—Papá, ¿cómo estás?

—Bien, hijo mío. ¿Qué te ocurre?

—Nada de particular. Que dicen que me fusilarán si el Alcázar no se rinde, pero no te preocupes por mí.

—Mira, hijo mío; si es cierto que te van a fusilar, encomienda° tu alma a Dios, da un ¡Viva Cristo Rey! u otro ¡Viva España!, y muere como un héroe y mártir. Adiós, hijo mío; un beso muy fuerte.

—Adiós, papá; un beso muy fuerte.

A continuación se oye nuevamente la voz del jefe de milicias, preguntando:

—¿Qué contesta usted?

El Coronel Moscardó pronuncia estas sublimes palabras:

—¡Que el Alcázar no se rinde y que sobran° los diez minutos!

A los pocos días fue asesinado vilmente don Luis Moscardó Guzmán, joven de diecisiete años, nuevo mártir de la Cruzada.

Cuando el coronel Moscardó colgó° el auricular°, un silencio impresionante que nadie se atrevía a° romper, reinaba en su despacho. Todos comprendían la magnitud del sacrificio ofrecido a la Patria y la singular heroicidad del gesto. Intensamente pálido y con los ojos entristecidos por la angustia de

---

Margin glosses:
supported
partisans
office
refugee personnel
command
are more than enough
hung up/receiver
dared to

su drama interior, el coronel Moscardó rompió el silencio, dirigiéndose a sus colaboradores:
—Y bien, señores, continuemos . . .

En un "Comunicado nacional" publicado el 29 de septiembre de 1936 leemos el resultado del conflicto.
"El general Franco comunica que en el día de ayer ha continuado la operación sobre Toledo. Las columnas de operaciones han vencido todas las resistencias enemigas, . . . Los heroicos defensores del Alcázar se encuentran ya con sus hermanos de armas."[1]

El Norte de Castilla. Martes, 29 de septiembre de 1936, pág. 1

DEFINICIONES

la guerra	Conflicto armado entre naciones o partidos.
el alcázar	Fortaleza, edificio fortificado.
rendirse (i, i)	Someterse al dominio o control de otro.
sonar (ue)	Hacer ruido una cosa. (*ring*)
fusilar	Ejecutar o matar a una persona con un rifle o fusil, etc.
detener	Arrestar/ Retener o guardar.

to surrender

PALABRAS SIMILARES A LAS EQUIVALENTES EN INGLÉS

el arma (*f.*)	el diálogo	organizar
la artillería	el drama	el periódico
asesinar	dramático	el refugiado
atacar	el edificio	refugiarse
anunciar	iniciar	la resistencia
la batalla	el interés	resultar
el conflicto	la magnitud	el sacrificio
la conversación	el mártir	el silencio
decidir	nacional	el / la socialista
la defensa	ocurrir	el teléfono
destruir	oficial	la victoria

Expresión

29. DEFINICIONES

Practiquen las definiciones en parejas. Primero, un(a) estudiante define la palabra; su compañero(a) le da la palabra correspondiente. Después, un(a) estudiante da la palabra y su compañero(a) le define la palabra usando sinónimos, frases, o la definición completa.

[1] *La España política del siglo xx en fotografía y documentos* por Fernando Díaz-Plaja. Tomo Tercero *La Guerra Civil (1936–1939).* Plaza & Janes, S.A., Editores, Barcelona, 1970, pág. 168.

30. PREGUNTAS

1. ¿Cuándo se inició la Guerra Civil?
2. ¿Dónde está el coronel Moscardó?
3. ¿Con quiénes está el coronel?
4. ¿Qué hace el coronel?
5. ¿Qué dice cuando habla por teléfono?
6. ¿Quién contesta?
7. ¿A quién tiene en su poder?
8. ¿Qué le pregunta a su hijo el coronel?
9. ¿Qué le va a pasar al hijo si no se rinde el alcázar?
10. ¿Cómo van a matar al hijo?
11. ¿Cuántos minutos tiene el coronel para hacer su decisión?
12. ¿Qué le pasa al hijo?
13. ¿Qué comprenden todos los que están con el coronel?

31. ASOCIACIÓN

¿Con qué palabras o frases asocia usted las referencias que siguen? ¿Y en qué piensa usted al oír las palabras?

1. la guerra
2. fusilar
3. el diálogo
4. sonar
5. detener

32. RECONSTRUCCIÓN

Reconstruya en el tiempo presente la dramática escena que ocurre en el alcázar usando las palabras que siguen como clave.

1. sonar
2. conversación
3. rendirse / fusilar
4. hablar / Luis
5. ¿ocurrir? / nada
6. morir / héroe
7. Luis / asesinado
8. comprender / sacrificio

33. ACTIVIDAD

Usted y dos compañeros(as), preparen un breve drama en que ustedes son los actores (el coronel, el hijo Luis, el jefe de las milicias socialistas) de la escena heroica que ocurre en la oficina del Coronel Moscardó.

Exploración y síntesis oral

La clase se divide en tres grupos; cada grupo tiene un(a) secretario(a). Grupo n° 1 discute y determina las calidades/características/acciones heroicas de La Pulga. Grupo n° 2, las de Luis, el hijo; y Grupo n° 3, las del Coronel

"Guernica." Pablo Picasso, 1937 (España).

Moscardó. *Después de diez minutos de discusión, los grupos, con la ayuda de los (las) secretarios(as) presentan sus conclusiones a la clase. Al final, la clase puede votar para determinar cuál de los tres es el más heroico.*

Exploración y síntesis escrita—Un héroe o una heroína contemporáneo(a)

Escriba una descripción de un héroe o de una heroína de carne y hueso o ficticio(a) que representa las características/calidades/acciones, etc., que usted admira.

"Toda guerra es terrible, . . . pero la guerra civil es más terrible que toda otra."
Pablo Casals (famoso músico español del siglo XX)

EL INDIVIDUO

la conciencia

el conflicto moral

la conciencia Atributo o cualidad del espíritu humano de evaluar sus
acciones/ Moralidad/ Distinguir entre el bien y el mal.

Experiencia

Un **náufrago,** caído al mar de un barco y sin haber comido ni bebido en diez
días, narra sus pensamientos y sentimientos al capturar una **gaviota.** Su conciencia le hace vacilar entre la decisión de matar y comer al animal inocente,
y la de dejarlo escapar y, como consecuencia, sufrir más hambre, tal vez la
muerte.

starved person

LOS DESESPERADOS RECURSOS DE UN HAMBRIENTO°
Gabriel García Márquez, (Colombia, 1928–   )

playful/landed
pecked
sliding

wing/jumped/

Yo estaba tan inmóvil que probablemente aquella gaviota pequeña y jugue-
tona° que se posó° en mi **muslo,** creyó que estaba muerto. Yo la estaba
viendo en mi muslo. Me picoteaba° el pantalón, pero no me **hacía daño.**
Seguí deslizando° la mano. Bruscamente, en el instante preciso en que la
gaviota **se dio cuenta** del **peligro** y **trató de** levantar el vuelo, la **agarré** por
un **ala**°, salté° al interior de la **balsa** y me dispuse a° devorarla.

31

La gaviota pequeña y juguetona levanta
el vuelo.

prepared
land
blood

round/brown

neck

turn/destroyed

separated/palpitating

Cuando esperaba que se posara° en mi muslo, estaba seguro de que si llegaba a capturarla me la comería viva, sin quitarle las plumas. Estaba hambriento y la misma idea de la sangre° del animal me exaltaba la sed. Pero cuando ya la tuve entre las manos, cuando sentí la palpitación de su cuerpo caliente, cuando vi sus redondos° y brillantes ojos pardos°, tuve un momento de vacilación. . . . Pero en aquel momento el hambre era más fuerte que todo. Le agarré fuertemente la cabeza al animal y empecé a **torcer**le el pescuezo°, como a una gallina.

Era demasiado frágil. A la primera vuelta° sentí que se le destrozaron° los **huesos** del **cuello.** . . . Tuve lástima. Aquello parecía un asesinato. La cabeza, aún palpitante, se desprendió° del cuerpo y **quedó** latiendo° en mi mano.

(Selección tomada de la novela *Relato de un náufrago,* de Gabriel García Márquez)

DEFINICIONES

el náufrago	Persona abandonada, sin barco, en el mar.
la gaviota	Ave (pájaro) marina. (*seagull*)
el recurso	Medio de subsistencia. (*recourse*)
el muslo	Parte superior de la pierna.
hacer daño	Causar dolor o destrucción.
darse cuenta de	Figurarse/ Ver con claridad mental.
el peligro	Riesgo, daño inminente o posible.
tratar de	Esforzarse para hacer algo.

agarrar	Coger fuertemente con la mano.
la balsa	Embarcación o barco pequeño hecho de madera.
torcer (ue)	Dar vueltas a. (*twist*)
el hueso	Parte dura del cuerpo.
el cuello	Parte del cuerpo que une la cabeza con el tronco.
quedar	Estar en un sitio/ No moverse.

PALABRAS SIMILARES A LAS EQUIVALENTES EN INGLÉS

el animal	devorar	el momento
el asesinato	escapar	narrar
brillante	frágil	la palpitación
capturar	inmóvil	el sentimiento
la consecuencia	inocente	la vacilación
la decisión	el instante	vacilar
desesperado	el interior	

Expresión

1. *DEFINICIONES*

Practiquen las definiciones en parejas (dos personas). Primero, un(a) estudiante define la palabra; su compañero(a) le da la palabra correspondiente. Después, un(a) estudiante da la palabra y su compañero(a) le define la palabra, usando sinónimos, frases o la definición completa.

2. *PREGUNTAS*

1. ¿Cómo estaba el hombre?
2. ¿Qué creyó la gaviota?
3. ¿Qué hizo la gaviota al darse cuenta del peligro?
4. Después de agarrar la gaviota, ¿a qué se dispuso el hombre?
5. Antes de agarrar la gaviota, ¿de qué estaba seguro el hombre?
6. ¿Qué cosas causaron la vacilación del náufrago?
7. Pero, para el hombre, ¿qué era más fuerte?
8. Después de matar al animal, ¿qué tuvo o sintió el hombre?
9. En su opinión, ¿es el protagonista un hombre de conciencia? ¿Por qué?
10. En su opinión, si no sufrimos del hambre, ¿es bueno o malo el acto de cazar (*hunt*)? ¿Por qué?

3. *ASOCIACIÓN*

¿Con qué palabras o frases asocia usted las referencias que siguen? ¿Y en qué piensa usted al oír las palabras?

1. el náufrago
2. la gaviota

    3. el muslo
    4. hambriento
    5. devorar
    6. la balsa

4. *RECONSTRUCCIÓN*

En el tiempo presente y usando las palabras que siguen como clave, reconstruya el incidente, narrándolo como si usted fuera el náufrago. [Complete el ejercicio con un(a) compañero(a) de clase.]

    1. yo / inmóvil
    2. la gaviota / creer
    3. la gaviota / darse cuenta de
    4. la gaviota / tratar de
    5. yo / agarrar
    6. yo / hambriento
    7. yo / sentir / palpitación
    8. yo / tener / momento
    9. el hambre / fuerte
  10. yo / empezar a / torcerle
  11. yo / tener / lástima
  12. la cabeza / quedar

I. EL PRESENTE DE INDICATIVO

La gaviota **cree** que **estoy** muerto.
Al ver un peligro, las gaviotas **levantan** el vuelo.
Las gaviotas **son** pequeñas y juguetonas.
La **dejo** escapar en un momento.

El presente de indicativo expresa una acción:
    a. que ocurre en el momento en que habla una persona;
    b. que ocurre general y normalmente;
    c. que ocurre como una verdad universal;
    d. que ocurre en el futuro inmediato.

A. VERBOS REGULARES EN EL PRESENTE

La mayor parte de los verbos son regulares, es decir, no aceptan irregularidades ni cambios en la raíz (raíz = la parte del verbo delante de la terminación).

FORMACIÓN

1. Con verbos/infinitivos que terminan en **-ar**
                    esperar
    (Yo) **esper<u>o</u>** capturarla viva.
    (Tú) **esper<u>as</u>** capturarla viva.
    (Él, ella, usted) **esper<u>a</u>** capturarla viva.

(Nosotros, -as) **esperamos** capturarla viva.
(Vosotros, -as) **esperáis** capturarla viva.
(Ellos, ellas, ustedes) **esperan** capturarla viva.

2. Con verbos/infinitivos que terminan en **-er**
   creer
   Creo que está muerta.
   Crees que está muerta.
   Cree que está muerta.
   Creemos que está muerta.
   Creéis que está muerta.
   Creen que está muerta.

3. Con verbos/infinitivos que terminan en **-ir**
   sufrir
   Sufro pensando en ese incidente.
   Sufres pensando en ese incidente.
   Sufre pensando en ese incidente.
   Sufrimos pensando en ese incidente.
   Sufrís pensando en ese incidente.
   Sufren pensando en ese incidente.

B. VERBOS CON LA FORMA *YO* IRREGULAR EN EL PRESENTE

Ciertos verbos tienen una irregularidad que ocurre en la primera persona singular **yo.**

Sé que el náufrago fue salvado pero no sabemos cómo.
Conozco bien el lugar donde llegó a tierra. ¿Ustedes lo conocen?

caer (*to fall*)	**caigo, caes, cae, caemos, caéis, caen**
coger (*to catch, get hold of*)	**cojo, coges, coge, cogemos, cogéis, cogen.** También: **escoger** (*to choose*), **recoger** (*to gather, collect, pick up*)
conocer (*to know, be acquainted with, meet*)	**conozco, conoces, conoce, conocemos, conocéis, conocen.** También, los verbos que terminan en **-cer: establecer** (*to establish*), **merecer** (*to deserve*), **nacer** (*to be born*), **obedecer** (*to obey*), **ofrecer** (*to offer*), **parecer** (*to seem*), **pertenecer** (*to belong*), **reconocer** (*to recognize*), **satisfacer** (*to satisfy*)
dar (*to give*)	**doy, das, da, damos, dais, dan**
hacer (*to make, do*)	**hago, haces, hace, hacemos, hacéis, hacen**
destruir (*to destroy*)	**destruyo, destruyes, destruye, destruímos, destruís, destruyen**

	(Note el cambio ortográfico.) También: **excluir** (*to exclude*), **construir** (*to construct*), **huir** (*to flee*), **incluir** (*to include*), **sustituir** (*to substitute*)
oír (*to hear*)	**oigo, oyes, oye, oímos, oís, oyen** (Note el cambio ortográfico.)
poner (*to put, place*)	**pongo, pones, pone, ponemos, ponéis, ponen.** También: **disponer** (*to dispose*), **oponer** (*to oppose*), **proponer** (*to propose*), **suponer** (*to suppose*)
producir (*to produce*)	**produzco, produces, produce, producimos, producís, producen.** Tambien: **conducir** (*to drive, conduct*), **introducir** (*to introduce*), **traducir** (*to translate*)
saber (*to know, to know how*)	**sé, sabes, sabe, sabemos, sabéis, saben**
salir (*to go out, leave*)	**salgo, sales, sale, salimos, salís, salen.** (También: **sobresalir** (*to excel*)
traer (*to bring*)	**traigo, traes, trae, traemos, traéis, traen.** También: **distraer** (*to distract*)
ver (*to see*)	**veo, ves, ve, vemos, veis, ven**

OBSERVACIONES:

(a)   Recuerde que **saber** significa *to know* en el sentido de (1) tener la habilidad (*to know how to*), y (2) tener datos (*facts*) o información específica de algo o de alguien. **Conocer** significa el conocimiento general de una persona o un lugar.

(b)   Recuerde que cuando el objeto directo del verbo se refiere a una persona se usa la **a** personal después del verbo. Una excepción es **tener.**

Frecuentemente veo **a** mi mejor amiga.
Conozco bien **a** ese chico.
¿**A** quién oye usted? ¿**a** Juan?
Tiene muchos amigos.

C. VERBOS IRREGULARES

Hay que aprender estos verbos de memoria.

¿Adónde **vamos**? **Estoy** completamente perdido.
Soy de Buenos Aires pero nunca **he** pasado por este sector de la ciudad.

estar (*to be*)	estoy, estás, está, estamos, estáis, están

ser (*to be*) soy, eres, es, somos, sois, son
ir (*to go*) voy, vas, va, vamos, vais, van
haber (*to have*, verbo auxiliar) he, has, ha, hemos, habéis, han

Expresión

5. USTED ES EL NÁUFRAGO.

Cambie las oraciones para indicar que usted es el náufrago. Use la forma **yo** *del verbo en el tiempo presente.*

1. El hombre *cae* al mar. caigo
2. *Recoge* objetos flotantes que *usa* como balsa. recojo, uso
3. *Parece* perdido y sin esperanza. parezca
4. No *sabe* dónde *está*. Sé estoy
5. *Reconoce* los peligros del mar. reconozco
6. *Supone* que *va* a morir. supongo, voy
7. *Oye* una gaviota. oigo
8. *Abre* los ojos. abro
9. *Ve* la gaviota. Veo
10. *Coge* el pájaro por el ala. cojo
11. *Mata* al animal inocente. Mato
12. Por fin *llega* a la tierra. llego
13. *Sale* del mar medio muerto. Salgo
14. *Huye* de los peligros del mar. Huyo

6. NUESTRO DÍA ACADÉMICO

Indique que estas acciones les ocurren a ustedes general y normalmente. Cambie los verbos al presente en la forma **nosotros.**

1. escoger las cosas necesarias para el día
2. recoger los libros y cuadernos
3. traer las tareas escritas
4. salir de la residencia temprano
5. coger el autobús para la universidad
6. asistir a las clases
7. ver películas en algunas clases
8. sobresalir generalmente en los exámenes
9. ir a la biblioteca
10. hacer las tareas

7. MI COMPAÑERO(A) Y YO

En parejas, háganse preguntas y contéstense.

MODELO qué / traer
¿Qué traes a la clase?
Traigo mis papeles y mis libros a la clase.

1. a quién / conocer
2. qué / saber hacer

3. a quiénes / obedecer
4. en qué / sobresalir
5. qué / escoger
6. dónde / poner
7. qué / hacer
8. adónde / conducir
9. qué / oír
10. de qué (quién) / huir

D. VERBOS CON UN CAMBIO EN LA RAÍZ

Ciertos verbos cambian la vocal **o**———>**ue, e**———>**ie, e**———>**i** en la sílaba acentuada (en todas las personas menos **nosotros** y **vosotros**).

1. **o**———>**ue**

    poder (ue) (to be able, can)

No **pue**do estudiar por la noche.
No **pue**des estudiar por la noche.
No **pue**de estudiar por la noche.
No p**o**demos estudiar por la noche.
No p**o**déis estudiar por la noche.
No **pue**den estudiar por la noche.

Otros verbos que cambian la **o**———>**ue** son:

almorzar (*to have lunch*)	**alm**u**erzo,** etc.
dormir (*to sleep*)	**d**u**ermo,** etc.
encontrar (*to find, encounter*)	**enc**u**entro,** etc.
morir (*to die*)	**m**u**ero,** etc.
mostrar (*to show*)	**m**u**estro,** etc.
mover (*to move*)	**m**u**evo,** etc.
→ oler (*to smell*)	**h**u**elo, h**u**eles, h**u**ele, olemos, oléis, h**u**elen** (Note el cambio ortográfico.)
recordar (*to remember*)	**rec**u**erdo,** etc.
resolver (*to resolve*)	**res**u**elvo,** etc.
rogar (*to beg, ask, pray*)	**r**u**ego,** etc.
soler (*to be accustomed*)	**s**u**elo,** etc.
soñar con (*to dream about*)	**s**u**eño,** etc.
volver (*to return*)	**v**u**elvo,** etc. También: **devolver** (*to return*), **envolver** (*to wrap, involve*)

2. **e**———>**ie**

                  entender (ie) (*to understand*)

Ent**ie**ndo el problema.
Ent**ie**ndes el problema.
Ent**ie**nde el problema.
Ent**e**ndemos el problema.
Ent**e**ndéis el problema.
Ent**ie**nden el problema.

Otros verbos que cambian la **e**——>**ie** son:

cerrar (*to close*)	**ci̱erro,** etc.
comenzar (a) (*to begin*)	**comi̱enzo,** etc.
empezar (a) (*to begin*)	**empi̱ezo,** etc.
herir (*to wound*)	**hi̱ero,** etc.
mentir (*to lie*)	**mi̱ento,** etc.
negar (*to deny*)	**ni̱ego,** etc.
pensar (*to think*)	**pi̱enso,** etc.
perder (*to lose, miss*)	**pi̱erdo,** etc.
preferir (*to prefer*)	**prefi̱ero,** etc.
querer (*to want, wish*)	**qui̱ero,** etc.
sentir (*to feel, regret*)	**si̱ento,** etc.
temblar (*to tremble*)	**ti̱emblo,** etc.

OBSERVACIÓN: Los verbos **comenzar** y **empezar,** cuando se usan para introducir una acción, requieren el uso de la preposición **a** + infinitivo.

Empezamos a entender todo esto.

3. **e**——>**i**

seguir (i) (*to continue, follow*)

Si̱go las instrucciones.
Si̱gues las instrucciones.
Si̱gue las instrucciones.
Se̱guimos las instrucciones.
Se̱guís las instrucciones.
Si̱guen las instrucciones.

Otros verbos que cambian la **e**——>**i** son:

conseguir (*to get, obtain*)	**consi̱go,** etc.
	También: **perseguir** (*to pursue, chase, persecute*)
pedir (*to ask for, request*)	**pi̱do,** etc.
reír (*to laugh*)	**rí̱o,** etc. También: **sonreír** (*to smile*)
repetir (*to repeat*)	**repi̱to,** etc.
servir (*to serve*)	**si̱rvo,** etc.

E. VERBOS CON *YO* IRREGULAR Y UN CAMBIO EN LA RAÍZ

No **tengo** lo que **tienen** ellos.
Vengo del centro. ¿De dónde **vienes** tú?
¿Qué me **dices**? Te **digo** que es la hora de salir.

Otros verbos tienen una irregularidad en la primera persona singular **yo** y un cambio **e**——>**ie** o un cambio **e**——>**i.**

decir (*to say, tell*)	**di̱go, di̱ces, di̱ce, decimos, decís, di̱cen**
tener (*to have*)	**tengo, ti̱enes, ti̱ene, tenemos, tenéis, ti̱enen**

También: **detener** (*to detain, stop, arrest*),
obtener (*to obtain, get*), **entretener** (*to entertain*), **mantener** (*to maintain, support*)

venir (*to come*)   **vengo, vienes, viene, venimos, venís, vienen**

Expresión

8. *SIEMPRE, A VECES O NUNCA*

Indique que cada acción es: (1) lo que usted hace siempre, (2) lo que hace a veces, o (3) lo que no hace nunca.

MODELO mentir / yo
        Siempre miento. (o)
        A veces miento. (o)
        No miento nunca.

1. almorzar con mis amigos
2. volver a casa los fines de semana
3. resolver mis problemas solo(a)
4. soñar en español
5. recordar incidentes trágicos del pasado
6. pensar en el futuro
7. entender mis lecciones de español
8. perder mi dirección en las ciudades grandes
9. sonreír
10. pedir más trabajo en mis clases

9. *MI COMPAÑERO(A) Y YO*

En parejas, hagan oraciones usando las palabras indicadas. Después, háganse las preguntas personales y contéstense.

1. una persona deshonesta / decir mentiras
   ¿y tú?
   ¿y tu padre (madre)?
   ¿y los criminales?
2. algunos estudiantes / venir aquí para estudiar
   ¿y tú?
   ¿y tu compañero(a) de cuarto?
   ¿y los otros estudiantes de esta clase?
3. las personas neuróticas / tener muchos problemas
   ¿y tú?
   ¿y tu profesor(a)?
   ¿y nosotros(as)?
4. las personas de buena conciencia / dormir bien
   ¿y tú?
   ¿y tu madre (padre)?
   ¿y los abogados?

    5. las personas académicas / preferir estudiar

        ¿y tú?

        ¿y tu profesor(a)?

        ¿y tus amigos(as)?

    6. algunas personas / conseguir todo lo que quieren

        ¿y tú?

        ¿y tu compañero(a) de cuarto?

        ¿y tus padres?

10. ¿CUÁNTAS POSIBILIDADES?

En parejas o en grupos pequeños, completen las oraciones con tantas variaciones como sea posible.

1. En el verano yo (poder) . . .
2. En la ciudad yo (preferir) . . .
3. En la clase nosotros (repetir) . . .
4. En la cafetería ellos (servir) . . .
5. En mi cuarto yo (mover). . .
6. En la clase el (la) profesor(a) (devolver) . . .
7. Por la noche yo (soñar con) . . .

II. IR A . . .

La gaviota **va a picotear**me el pantalón.

Voy a capturarla viva.

La gaviota **iba a levantar** el vuelo.

Ir a + (más) infinitivo = *to be going to* . . . . Se usa más frecuentemente en el tiempo presente o pasado para indicar una acción en el futuro. Hoy día, se nota el uso frecuente de esta estructura más que el tiempo futuro mismo.

Expresión

11. ABANDONADOS

Somos un grupo de náufragos abandonados en una isla y estamos sufriendo mucha hambre. ¿Qué vamos a hacer si vemos unas frutas tropicales?

    MODELO   devorarlas / yo

        Voy a devorarlas.

1. mi amigo
2. nosotros
3. mis compañeros
4. tú
5. vosotros
6. ellos
7. ustedes
8. yo

12. UNA "F"

Si usted recibe una "F" en un examen, ¿qué va a hacer?

MODELO ¿Criticar al (a la) profesor(a)?
No, no voy a criticar al (a la) profesor(a).

1. ¿salir de la clase?
2. ¿hablar con el (la) profesor(a)?
3. ¿llamar a sus padres?
4. ¿ir más a la biblioteca?
5. ¿pedir ayuda de sus amigos(as)?
6. ¿huir del problema?
7. ¿estudiar más?
8. ¿escuchar con más cuidado en la clase?

13. ACTIVIDAD

Usted y su compañero(a) hablan del futuro. Discutan lo que van a hacer (1) este fin de semana, (2) este verano, y (3) en el futuro.

III. EL GERUNDIO (PARTICIPIO PRESENTE)

El **gerundio** es la forma progresiva del verbo. Indica que la acción ocurre en ese momento.

Seguí **deslizando** la mano.
Yo la estoy **viendo** en mi muslo.
Me quedé allí **pensando** en lo que había hecho.

FORMACIÓN

A la raíz del verbo se pone **-ando** para los verbos **-ar,** y **-iendo** para los verbos **-er** o **-ir.**

OBSERVACIONES:

(a) Los verbos **-ir** que tienen un cambio en la raíz de **e⟶i, o⟶u,** también tienen este cambio en el gerundio; por ejemplo:

decir diciendo
pedir pidiendo
seguir siguiendo
morir muriendo
dormir durmiendo
sentir sintiendo

(b) Algunos verbos que tienen una vocal delante de **-er** o **-ir** cambian la **i** a una **y;** por ejemplo:

leer leyendo (también: **creer**)
huir huyendo (también: **incluir, excluir, sustituir, intuir**)
El gerundio para **ir** es **yendo**.

FUNCIÓN

1. **Estaba durmiendo** cuando oí la gaviota.
Mira, la gaviota **va levantando** el vuelo.
No quiero **seguir soñando** con el incidente.

El gerundio se usa principalmente para formar el tiempo progresivo en el presente, pasado o el futuro. El tiempo y la persona son indicados por medio de verbos como **estar, ir** o **seguir.**

2. **Mirando** los ojos redondos y pardos de la gaviota, yo tuve lástima.
Siendo una persona de compasión, la dejé escapar.
Yendo a la tierra, pensaba en el incidente.

El gerundio se usa también para indicar las circunstancias o condiciones que existen al mismo momento de la acción principal. Se usa **yendo** (**ir**) y **viniendo** (**venir**) en estas circunstancias pero no con verbos como **estar, ir** o **seguir.**

OBSERVACIONES:

(a) Cuando se usan pronombres con el gerundio simple, se ponen al final, formando una sola palabra. Cuando se usan pronombres con el tiempo progresivo (**estar, ir, seguir,** etc., + gerundio) o se ponen al final del gerundio o se ponen delante del verbo conjugado. El acento se mantiene en el verbo en su posición original (agarrando—agarrándola).

Diciéndolo, vacilé un momento.
Estaba **diciéndolo.** (o) **Lo estaba diciendo.**

(b) El gerundio no se usa después de una preposición. Aquí se usa siempre el infinitivo.

El náufrago se la comió **sin quitarle** las plumas.
Antes de comer el animal, el hombre tuvo un momento de vacilación.

(c) El gerundio no se usa como sustantivo.

Evaluar sus acciones es importante.

Expresión

14. *LA EXPERIENCIA DEL NÁUFRAGO IMPRESIONÓ A TODA LA CLASE.*

Indique que ustedes, participando en las actividades mencionadas, sintieron lástima.

MODELO sentimos lástima . . . escuchar el cuento
Escuchando el cuento, sentimos lástima.

Sentimos lástima . . .

1. leer el cuento
2. pensar en el cuento
3. discutir el cuento
4. escribir del cuento
5. recordar el cuento

15. *¿QUÉ ESTÁ HACIENDO?*

Indique las posibles actividades en que Carmen está participando en este momento.

MODELO escribir / Carmen
Está escribiendo.

leyendo 1. leer
pensando 2. pensar en sus clases
buscando 3. buscar su pluma
tratando 4. tratar de entender esto
haciendo 5. hacer una pregunta
siguiendo 6. seguir las instrucciones
repitiendo 7. repetir las palabras
hablando 8. hablar con el (la) profesor(a)
haciendo 9. hacer la tarea
recogiendo 10. recoger sus libros
muriendo 11. morir de hambre
diciendo 12. decir la verdad

16. *¿SÍ O NO?*

Indique si usted **sigue** *o* **no sigue** *participando en estas actividades.*

1. visitar a sus abuelos
2. salir con sus amigos de la escuela secundaria
3. jugar a los mismos deportes
4. leer muchas novelas
5. trabajar después de la escuela
6. tocar un instrumento musical
7. estudiar mucho
8. hablar mucho por teléfono
9. mirar los mismos programas de televisión
10. pensar en los problemas del mundo
11. pedir dinero a sus padres
12. vivir en casa con sus padres
13. dormir tarde los sábados

IV. *TENER* EN EXPRESIONES ESPECIALES

A. *TENER* EN EXPRESIONES QUE INDICAN CONDICIÓN

El náufrago **tiene hambre** y **sed.**
Tiene mucho sueño por no haber dormido.
Tuvo suerte en capturar la gaviota.

El verbo **tener** se usa frecuentemente en expresiones que indican la condición de una persona. Normalmente, en estas expresiones **tener** se traduce *to be.*

tener (mucho) **éxito**	*to be (very) successful*
(no) **tener razón**	*to be right (wrong)*
tener (mucha) **suerte**	*to be (very) lucky*
tener cuidado	*to be careful*
tener vergüenza	*to be ashamed*
tener lástima (de)	*to feel pity (for)*
tener celos	*to be jealous*
tener miedo	*to be afraid*
tener la culpa	*to be guilty*
tener prisa	*to be in a hurry*
tener hambre	*to be hungry*
tener sed	*to be thirsty*
tener frío	*to be cold*
tener calor	*to be hot*
tener sueño	*to be sleepy*
tener fiebre	*to be feverish, to have a fever*
tener dolor (**de cabeza,** **estómago,** etc.)	*to have a head (stomach, etc.) ache*

OBSERVACIÓN: Para indicar la intensidad de la sensación, se usa **mucho(a)**.

Tiene **mucha** hambre y **mucho** sueño.

B. *TENER* EN OTRAS EXPRESIONES

Tiene 18 **años.**
Tiene ganas de expresar su independencia.
Tiene que trabajar para comprarse un coche.

Tener también se usa en expresiones como:

tener ganas de + infinitivo *to feel like* . . .
tener . . . **años** *to be* . . . *years old*
tener que + infinitivo *to have to* (obligación o necesidad personal)

OBSERVACIÓN: Note que la obligación, expresada por **tener que** . . . , también se puede expresar por las construcciones **haber de** + infinitivo (*to* be expected to, to be supposed to) y **hay** (**haber**) **que** + infinitivo (*it is necessary to*).

> **Hemos de** hacerlo hoy.
> **Hay que** seguir.
> **Había que** investigar la situación.

Expresión

17. SOLO EN EL MAR

Una persona ha pasado muchos días solo(a) en el mar. Usando expresiones con **tener,** *diga cómo se siente la persona en las circunstancias indicadas.*

1. No ha comido en cuatro días.
2. No ha bebido durante esos días.
3. No tiene ropa y la temperatura baja por la noche.
4. Durante el día no hay protección del sol fuerte.
5. Hay gran posibilidad de que nadie venga a rescatarlo(la).
6. A causa de las circunstancias ha dormido muy poco.
7. Ve a la pobre gaviota capturada.
8. Después de innumerables horas de nadar y flotar en el mar, por fin ve un barco.

18. ¿CUÁNTAS POSIBILIDADES?

En parejas o en grupos pequeños, completen con tantas variaciones como sea posible.

1. Tengo prisa cuando . . .
2. Tengo celos cuando . . .
3. Tengo vergüenza cuando . . .
4. Tengo cuidado cuando . . .
5. Tengo dolor de cabeza (o de estómago) cuando . . .
6. Tengo ganas de . . .
7. Esta noche tengo que . . .
8. Para recibir una "A", hay que . . .
9. En la biblioteca, hemos de . . .

Experiencia

"EL SUEÑO (*SLEEP*) DE LA RAZÓN PRODUCE MONSTRUOS."

Francisco José de Goya y Lucientes (España, 1746–1828)

Expresión

19. PREGUNTAS

1. ¿Qué está haciendo el hombre?
2. ¿Qué ve en sus sueños (*dreams*)?
3. ¿Qué representan posiblemente los monstruos?
4. Si duerme la razón, ¿qué domina? ¿el miedo? ¿la superstición? ¿las emociones?
5. ¿Sufre usted de sueños malos o pesadillas (*nightmares*)?
6. ¿Tiene usted una pesadilla que se repite frecuentemente? Descríbala y, ¿qué representa?
7. En su opinión, ¿se basan las pesadillas en el conflicto entre el bien y el mal?
8. ¿Cuál domina más en sus decisiones de conciencia? ¿la razón o las emociones?

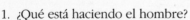

9. Pensando en el náufrago, ¿basaba su vacilación en la razón, en las emo-

ciones o en su concepto del bien y del mal? ¿Era su decisión racional o irracional?

10. ¿Cree usted que él va a sufrir pesadillas a causa de su decisión? ¿Por qué sí o no?

V. POSESIÓN

La posesión indica de quién es una cosa o a quién pertenece.

A. POSESIÓN CON *TENER*

Tengo un amigo que me ayuda mucho.
Tenemos una solución.
Tienen dos hijas y un hijo.

Para indicar posesión se puede usar el verbo **tener.**

OBSERVACIÓN: El verbo auxiliar **haber** (*to have*) se usa casi exclusivamente para formar tiempos compuestos (**haber** + participio pasado), no para indicar posesión. *compound*

B. POSESIÓN CON *DE*

Es difícil entender el simbolismo **de** Goya.
La interpretación **del** profesor es muy interesante.
Las pinturas (los cuadros) **de** los artistas españoles son muy fascinantes.

Para indicar posesión se usa la preposición **de;** en estas circunstancias **de** es equivalente al apóstrofe inglés: *Goya's.*

C. LOS ADJETIVOS POSESIVOS

Una gaviota se posó en **mi** muslo. *perched*
Vi **sus** ojos redondos y pardos.
El problema **nuestro** es resolver el conflicto.
¡Dios **mío**! ¿Qué vamos a hacer?
Una amiga **suya** puede explicarnos la situación.

Se puede indicar posesión usando los adjetivos posesivos. Los adjetivos posesivos se dividen en dos grupos: (1) los que se usan delante del sustantivo, y (2) los que se usan detrás del sustantivo para expresar o dar más énfasis, para hacer un contraste y para expresar emoción. Estos últimos se traducen *my, mine, of mine,* etc.

Delante del sustantivo	*Detrás del sustantivo*
mi(s)	**mío(-a, -os, -as)**
tu(s)	**tuyo(-a, -os, -as)**
su(s)	**suyo(-a, -os, -as)**
nuestro(-a, -os, -as)	**nuestro(-a, -os, -as)**
vuestro(-a, -os, -as)	**vuestro(-a, -os, -as)**
su(s)	**suyo(-a, -os, -as)**

OBSERVACIONES:

(a) Los adjetivos posesivos indican el número (singular o plural) del objeto, no el de la(s) persona(s) que lo posee(n), y todos menos **mi, tu** y **su** muestran el género (la masculinidad o la feminidad).

(b) Cuando la referencia en el uso de **su, sus, suyo(a)** o **suyos(as)** no es evidente, se puede aclarar, usando una frase preposicional.

Le devolví **su** libro. ¿El libro **de ella**? No, el libro **de él**.
El libro es **suyo**. ¿**De ella**? No, **de él**.

D. LOS POSESIVOS USADOS COMO PRONOMBRE

Tú tienes tu libro, pero yo no tengo **el mío**.
Las interpretaciones que nos dio eran (**las**) **suyas**.
Es **nuestro**.

Los posesivos que siguen al sustantivo pueden ser usados como pronombre si se añade (*adds*) el artículo definido. El pronombre indica el género y el número del objeto. Normalmente el artículo no se usa después de formas del verbo **ser.** Cuando se usa el artículo, indica más énfasis.

OBSERVACIÓN: Si se añade el artículo neutro **lo** al adjetivo posesivo enfático (forma masculina singular), se puede indicar la posesión colectiva.

Yo traje **lo mío** (todo lo que es mío).
Llevamos **lo nuestro** (todo lo que es nuestro).
Él le devolvió a ella **lo suyo** (todo lo que es de ella).

Expresión

20. *¿DE QUIÉN ES?*

*Haga declaraciones de posesión usando **de**.*

1. cuadro / Goya
2. símbolos / artista
3. interpretación / estudiantes
4. decisión / profesora
5. explicación / estudiante
6. tema favorito / Picasso
7. temas favoritos / Goya
8. observaciones / artista

21. *¿QUÉ TIENES?*

Usted y sus compañeros(as) han terminado el año académico y se preparan para volver a casa. Conteste las preguntas para indicar quién tiene qué artículos.

MODELO ¿Qué tienes? (gafas)
Tengo mis gafas.

1. ¿Qué tienes? (calculadora, televisor, suéteres)
2. ¿Qué tiene ella? (secador de pelo, lámpara, zapatos)
3. ¿Qué tienen ustedes? (ropa, plantas, libros)
4. ¿Qué tienen ellos? (fotos, bicicleta, discos)

22. MÁS IDENTIFICACIÓN

Ustedes siguen identificando los artículos. Indique de quién son.

MODELO ¿De quién es la alfombra? ¿Es de Diego?
Sí, es suya.

1. ¿De quién es el suéter? ¿Es de Jaime?
2. ¿De quién son las gafas? ¿Son de Javier?
3. ¿De quién son las fotos? ¿Son de ustedes?
4. ¿De quién es la radio? ¿Es de ustedes?
5. ¿De quién es el secador de pelo? ¿Es tuyo, Juana?
6. ¿De quién es la planta? ¿Es tuya, Juana?
7. ¿De quién es la lámpara? ¿Es de Jaime y Javier?
8. ¿De quién es la calculadora? ¿Es mía?
9. ¿De quién es el disco? ¿Es mío?

23. CARLOS Y LOS OTROS

Carlos tiene sus cosas, pero queremos confirmar que las personas menciona-
das también tienen las suyas. Indique esto, usando las referencias dadas.

MODELO Carlos tiene sus cosas, y yo . . .
. . . tengo las mías.

1. Carlos tiene su ropa, y Luisa . . .
   y yo . . .
   y nosotros . . .
2. Carlos tiene sus discos, y Juan . . .
   y Luisa y Teresa . . .
   y yo . . .
3. Carlos tiene sus maletas, y yo . . .
   y tú . . .
   y ustedes . . .
4. Carlos tiene su mapa, y Luisa . . .
   y yo . . .
   y nosotros . . .

24. ¡HAN LLEGADO LAS VACACIONES!

Ustedes hacen planes para volver a casa en un vehículo. Indique quiénes van
y lo que llevan.

MODELO yo
Voy y llevo todo lo mío.

1. ella   3. nosotros   5. tú
2. ellos   4. mi novio(a)   6. nuestros amigos

25. ACTIVIDAD

*Usted y su compañero(a), hablen de aspectos de su vida personal o acadé-
mica, por ejemplo, sus clases, sus padres, su coche, su compañero o compañera de cuarto, su hermano o su hermana, su casa.*

MODELO **Hablando de las clases, las mías son muy interesantes,** etc.
¿Cómo son las tuyas?
Las mías (o mis clases) son . . .

ACLARACIONES

agarrar
Tomar o coger fuerte o violentamente. (*to grab, seize, clutch*)
En desesperación el hombre **agarró** la gaviota.

coger
Tomar, agarrar. (*to grasp, take hold of, catch, pick*)
Trató de **coger** la gaviota pero no pudo.

recoger
Juntar o unir cosas con otras y guardarlas. (*to gather, pick up, harvest*)
Recogió varias cosas flotantes para construir una balsa.

tomar
Coger, recibir, aceptar/ Ocupar por la fuerza/ Beber o comer. (*to take, seize, drink*)
Tomó el barco a Colombia.
Los soldados **tomaron** la ciudad.
Soñaba con **tomar** agua fresca.

llevar
Transportar o mover una cosa de un lugar a otro. (*to carry, take*)
Todo esto es del náufrago. ¿Puedes **llevár**selo a él?

hablar
Conversar, cambiar palabras con otra persona. (*to speak, talk*)
No tenía a nadie con quien **hablar.**

decir
Pronunciar o manifestar con palabras/ Revelar el pensamiento. (*to say, tell*)
Me **dijo** que ya no quería viajar en barco.

contar (ue)
Narrar o referir un incidente, una historia o un suceso/ Numerar las cosas. (*to tell* "as a story, event"; *to count*)
El náufrago nos **contó** su historia dramática.

pensar (ie)
Considerar, reflexionar, formar ideas. (*to think*)
Las personas inteligentes y maduras **piensan** mucho antes de hablar.

pensar + infinitivo	Tener la intención de. (*to intend*)
	Piensa pedirle a ella el perdón.
pensar de	Opinar/ Formar o expresar una opinión de algo o de alguien. (*to think of, about*)
	Creo que es una buena persona. ¿Qué **piensa** usted **de** él?
pensar en	Enfocar, concentrar los pensamientos en algo o en alguien. (*to think about, on*)
	Está **pensando en** las consecuencias de sus acciones.
creer	Tener por cierto/ Pensar, reflejar una actitud, opinión o creencia. (*to believe, think*)
	Creo que podemos hacerlo.
conseguir (i)	Obtener, lograr lo que se pretende. (*to obtain, come by, get, get hold of*)
	Consiguió el permiso y los documentos necesarios para hacer el viaje.
obtener	Alcanzar lo que se desea. (*to obtain, get*)
	Obtuvieron buenos resultados.
recibir	Tomar lo que le dan o le envían/ Aceptar. (*to receive*)
	Recibimos una carta de ella ayer.

Experiencia

UN MATONEADO
Carlos Salazar Herrera (Costa Rica, 1906–   )

Ya nada tenía que pensar. Todo estaba pensado ya.
Eran las cinco y media de la tarde.

thicket   Gabriel Sánchez, **escondido** en el matorral°, abrazando su **carabina,**
watched/shortcut acechaba° la vuelta del atajo° por donde solía pasar todos los días Rafael
Cabrera, a las seis de la tarde, cuando iba para su casa.

¡Todo estaba pensado ya!

edge   Gabriel **dispararía,** distante a ochenta pasos largos del corte° caminero
que da la vuelta al Cerro de los Pavones. . . .

Por allá pasaría Cabrera.
Por aquí dispararía Gabriel.

keep   "¡Las pagarás todas juntas!", habíase dicho, y estaba dispuesto a cumplir°
su palabra. . . .

heels/caressing Y ahora, sentado sobre los talones°, acariciando° el arma, esperaba y es-
turn, bend   peraba, sin apartar la vista del recodo° del camino.

Había decidido **matonear** a Rafael Cabrera, y para matonearlo estaba allí,
monolith   inconmovible, como un monolito°.

"¡Las pagarás todas juntas!" . . .

. . .

round
colored cloud

became angry

breech of a
gun/breath/
aiming/shot
rolling
incline/dust

return
cliff/edge/threw

scrub/shore

open/pass, gorge
having reached

calm

bird similar to
penguin

crossed
meadow/pleasant
happy
pinch of cut
tobacco/clipping
sucking/fill

enjoying
success

oath

general store/
owners

being surprised

Escondíase, grande y rojo el sol de marzo.

Por fin, allá, al despuntar° la vuelta del Cerro de los Pavones, con un fondo luminoso de celajes°, apareció la silueta del otro.

Gabriel miró su reloj. Eran las seis en punto de la tarde.

¡Cumpliría su palabra! Ya era cosa de unos segundos.

Entonces empezó a oír apresuradamente sus palpitaciones, y se enojó° con su débil **corazón.** . . .

Aquél había llegado al lugar elegido para matarlo.

Éste se puso la culata° al hombro, sostuvo el resuello° apuntando° con toda precisión . . . y disparó. El eco repitió el carabinazo°.

Aquél se llevó las manos al pecho y cayó violentamente, rodando° luego por un pequeño declive°, donde quedó boca abajo, hundido en el polvo°.

Gabriel Sánchez se alegró de haberlo matado, y comenzó a realizar su plan de regreso°.

Bajó por un despeñadero° hasta la orilla° del río, en cuya profundidad arrojó° la carabina. Halló luego la canoa, que días antes había escondido entre las breñas° de la ribera° y la puso a flote.

Remó. Remó usando toda la fortaleza de sus músculos, para librarse bien pronto de tan franca° cortadura°.

Alcanzada° la ribera opuesta, abandonó la canoa a la voluntad del río y se metió en la **selva.**

Ahora iba lento y sosegado°, como si nada hubiera ocurrido. No pensaba siquiera en lo que había hecho; eso lo dejaba para después.

Un pájaro bobo° lo siguió largo rato, saltando de árbol en árbol, hasta que se volvió, cansado de aquel hombre sin importancia.

El hombre sin importancia acabó de atravesar° la selva y salió a un campo de pasto°; después al camino carretero, ancho y sabroso°.

Llegó a su casa, regocijadamente°. Nadie había. Envolvió una toma de picadura de tabaco° en un recorte° de papel amarillo y le dio fuego, chupándola° hasta colmar° los pulmones.

¡Nadie lo había visto! . . .

Echóse sobre una hamaca y sopló una columna de humo.

Entró la noche. . . .

Fue cuando se dio a gustar la **venganza** a su sabor, gozándose° del acierto° en todo, y de su dominio contra la flaca naturaleza de los nervios.

Necesitó luego **fortalecer** su conciencia con las poderosas razones que tuvo para matar, llevando a su memoria los motivos que originaron aquel juramento°: "Las pagarás todas juntas".

"Rafael Cabrera estaba ahora muerto. . . . Él lo había querido. . . . Se lo había ganado. . . . ¡No faltaba más! . . ."

De pronto, recordó que él solía ir por las noches, a esas horas, al comisariato° del chino Acón, donde llegaban a conversar los peones y patronos° de las haciendas vecinas.

La **ausencia** suya en el comisariato podría dar lugar a una **sospecha.** Por otra parte, su hermano no tardaría en llegar, sorprendiéndose°, seguramente, de encontrarle metido en la casa, lo cual originaría una pregunta que resolvió evitar.

Era preciso considerarlo todo. Hasta los más despreciables detalles, ahora y el futuro, podrían ser una imprudencia.

Entonces Gabriel comprendió que, en cierto modo, había perdido su libertad.

Se dirigió al comisariato del chino Acón, igual que todas las noches, a **charlar** un rato con los peones.

54 SEGUNDA UNIDAD

Allí, posiblemente se comentaba ya el asesinato de Cabrera.

astonishment
would add/feigned

Gabriel debería escuchar la noticia con asombro°. Quizás reprocharía indignado el crimen; quizás agregaría° luego con fingida° tristeza: "¡Pobre Cabrera! . . . No hay derecho para matar."

. . .

crickets

Iba caminando a paso lento, bajo la noche y entre los grillos°.

rid himself/bundle
burden/heavy
bore down/
approached

Resolvió desembarazarse° en el camino de un fardo° de cosas por pensar, pero la carga° se le hizo más pesada°, con una **angustia** que, no supo por qué, se le encajó encima°. Perdía la serenidad conforme se acercaba° al grupo de sus amigos.

face

Tuvo la impresión de que llevaba marcada en el semblante° la tremenda verdad que quería encubrir. Tuvo el **temor** de que sus propios ojos lo fueran a delatar°. Sintió miedo de que él mismo, inesperadamente y contra su propia voluntad, fuera a **contar**lo todo, víctima de una turbación.

accuse

once and for all

Quiso arrancarse de golpe° aquellas **inquietudes** . . . pero ya no pudo. Nuevos temores se le incrustaron en el cerebro.

gun powder
precipice
adrift/meadow

"¿Alguien vería el humo de la pólvora°? ¿Alguien lo miraría bajar por el despeñadero°? ¿Arrojar la carabina al río? ¿Remar en la canoa? ¿Echarla a la deriva°? ¿Atravesar la selva? ¿Cruzar el pastizal°? . . . Aquel pájaro bobo que lo siguió largo rato, ¿sería capaz de contar algo? . . ." Y se echó a reír; luego se asustó° de oírse riendo.

was frightened
success
stretched out

"No, nadie lo sabía. Todo fue un acierto°. Era preciso matar, y ahora Rafael Cabrera es un cadáver, tirado° en la vuelta del Cerro de los Pavones."

pockets

Miró el reloj. Eran las ocho recién pasadas. Y echándose las manos en los bolsillos°, con aire indiferente.

Entró en el comisariato del chino Acón.

. . .

touching/rim
cartons

El comisariato del chino Acón estaba lleno de gente. Gabriel saludó a los muchachos rozando° con sus dedos el ala° del sombrero, y se fue a sentar en un ángulo de la tienda, sobre unos cajones° de mercaderías. Encendió un cigarrillo y, al levantar la vista, notó que varios peones lo miraban con marcada insistencia.

surge/passed

Un hervor° de sangre le recorrió° atropelladamente todo el cuerpo.

Observó que entre los peones se había hecho un silencio lleno de crueldad. A las **miradas** de aquéllos se unieron las de otros, y otros y otros más.

Tembló.

froze

Se le helaron° las manos y comenzó a **sudar.**

corner of eye

Algunos hombres comentaron algo en voz baja, mientras lo miraban de soslayo° con aire misterioso. Después . . . ¡nada! . . .

Se oía el silencio.

twisted

Gabriel creyó necesario sonreír. Fue una sonrisa dolorosa, estrujada° por el miedo. Notó que le temblaban los ángulos de la boca. Se dio cuenta de que no tenía fuerzas para hablar ni para moverse, que no tenía valor, ni siquiera para quedarse allí mismo, inmóvil.

El Jefe Político **acababa de** entrar, y Gabriel Sánchez pudo oír que dos o tres voces le decían sucesivamente:

—A usted le toca°.

it's up to you
approached

El Jefe Político se adelantó° con paso lento en dirección a Gabriel, seguido de algunos hombres.

En aquel momento, Gabriel reaccionó. Lo **negaría** todo. Además, nadie podría **probar**le nada porque . . . ¡no hubo error alguno! Estaba seguro.

Levantó la cabeza y se llenó de magnificencia.

—Gabriel—dijo el Jefe Político—, venga usted conmigo. Y ya afuera del comisariato, con voz piadosa:

En el comisariato algunos hombres miraban a Gabriel y comentaban en voz baja.

—Hará poco más o menos dos horas, matonearon a su hermano en la vuelta del Cerro de los Pavones.

DEFINICIONES

esconder	Poner en un lugar secreto.
la carabina	Rifle, arma.
disparar	Descargar un arma, rifle, pistola.
matonear	Matar, asesinar (regionalismo).
el corazón	Órgano impulsor de la circulación de la sangre.
remar	Mover una canoa con pala larga.
la selva	Jungla.
la venganza	Acción de tomar satisfacción de un daño, agravio o insulto.
fortalecer	Fortificar.
la ausencia	No estar allí.
la sospecha	Conjetura/ Idea vaga.
charlar	Hablar, conversar.
la angustia	Aflicción.
el temor	Miedo.
contar (ue)	Referir o narrar un suceso o incidente.

la inquietud Falta de tranquilidad o paz.

la mirada Acción de observar, mirar.

sudar Salir líquido de los poros de la piel/ Transpirar.

acabar de Haber ocurrido un poco antes. (*to have just*)

negar (ie) Decir que no es verdad.

probar (ue) Demostrar o confirmar la inocencia o la culpa.

PALABRAS SIMILARES A LAS EQUIVALENTES EN INGLÉS

aparecer	el eco	la naturaleza
el arma (*f.*)	la hamaca	el nervio
el cadáver	la importancia	notar
la canoa	la impresión	originar
el cigarrillo	indiferente	la palpitación
la columna	inmóvil	la serenidad
conversar	la libertad	el silencio
comentar	la memoria	la silueta
la crueldad	misterioso	el tabaco
distante	el motivo	tremendo
el dominio	el músculo	

Expresión

26. *DEFINICIONES*

Practiquen las definiciones en parejas. Primero, un(a) estudiante define la palabra; su compañero(a) le da la palabra correspondiente. Después, un(a) estudiante da la palabra, y su compañero(a) le define la palabra, usando sinónimos, frases o la definición completa.

27. *PREGUNTAS*

1. ¿Qué hora del día es?
2. ¿Dónde está escondido Gabriel Sánchez?
3. ¿Qué tiene en las manos?
4. ¿Quién va a pasar por el camino que da la vuelta al Cerro de los Pavones?
5. ¿Qué había decidido Gabriel?
6. ¿Cómo se siente Gabriel después de matar a su víctima?
7. ¿Cómo se escapa Gabriel de la escena?
8. ¿Qué lo sigue por la selva?
9. ¿Cómo fortalece su conciencia?
10. ¿Qué suele hacer Gabriel por las noches?
11. ¿Qué puede causar o provocar la ausencia suya?
12. Caminando al comisariato, ¿por qué pierde la serenidad?
13. Al entrar en el comisariato, ¿qué nota Gabriel?
14. ¿Qué sensaciones tiene Gabriel al notar las miradas de otros?

15. ¿De qué se da cuenta en este momento?
16. ¿Quién se adelanta para hablar con Gabriel?
17. ¿Qué le dice el Jefe Político?

28. ASOCIACIÓN

¿Con qué palabras o frases asocia usted las referencias que siguen? ¿Y en qué piensa usted al oír las palabras?

1. la carabina
2. los nervios
3. la selva
4. la angustia

5. matonear
6. remar
7. el motivo
8. temblar

29. RECONSTRUCCIÓN

Imagínese que usted es el pájaro bobo que observa todas las acciones de Gabriel. Narre en el tiempo presente lo que ve. Use las palabras que siguen como clave. [Complete el ejercicio con un(a) compañero(a) de clase.]

1. escondido
2. carabina
3. silueta
4. disparar
5. río
6. selva

7. casa
8. comisariato
9. peones
10. sudar
11. Jefe
12. hermano

Exploración y síntesis oral

En grupos pequeños, contesten las preguntas y discutan las posibles diferencias de opinión.

A. *Preguntas para discutir (basadas en el cuento)*

1. ¿Cuál es la razón o el motivo principal de matar a Rafael?
2. ¿Qué simboliza tal vez el pájaro bobo?
3. ¿De qué sufre el protagonista después del incidente?
4. ¿Por qué va perdiendo la libertad?
5. ¿Quiénes son las víctimas en este incidente?
6. ¿Cuál es la ironía o la paradoja que se ve en el clímax del cuento?
7. ¿Cuál es el momento más crítico para el protagonista? ¿Cuando mata a su enemigo? ¿Cuando vuelve a su casa? ¿Cuando va al comisariato? ¿Cuando habla con el Jefe Político? ¿Por qué piensa usted esto?

B. *Preguntas para discutir (personales)*

1. Si usted ha hecho algo malo, ¿cómo se siente? ¿Por qué se siente usted así? ¿Cuál es el origen de sus conflictos, emociones, sentimientos?
2. ¿Cree usted que una persona puede matar a otra sin sentirse culpable? ¿Por qué sí o no?
3. Si alguien entra en su casa para robarle o tal vez hacerle daño, ¿lo

mataría? ¿Cómo se sentiría usted después? ¿Llevaría usted la angustia, el sentido de culpa por toda la vida? ¿Cómo fortalecería usted su conciencia?

4. De los protagonistas, el náufrago y Gabriel Sánchez, ¿quién es el más culpable por su acto? ¿y el menos culpable? ¿Por qué en cada caso?
5. ¿Por qué vaciló el náufrago, y no Gabriel Sánchez, antes de matar a su víctima? ¿Quién sufrirá y sentirá más su acto?

Exploración y síntesis escrita

Todos nosotros a veces participamos en actos maliciosos y desagradables. Describa algunos de los actos en que usted y/o sus amigos participan. Explique por qué algunas personas, como usted, hacen estos actos aunque saben que son malos.

EL INDIVIDUO

la autorrealización

el potencial humano

autorrealización Acción o efecto de convertir sueños, planes, ideas o ilusiones en verdad.

Experiencia

NO HAY SERES INÚTILES

magazine

fall
measles/small pox
deaf/suffered

skinny/awkward
languish/wheel chair

astonish

He leído en una revista° americana un reportaje sobre la historia de una muchacha americana, Kitty O'Neil, hija de una india cherokee, sobre cuya infancia parecieron derrumbarse° todas las **enfermedades:** a los cuatro años el sarampión° y la viruela° destrozaron sus nervios auditivos y quedó completamente sorda°; años más tarde padeció° una meningitis y tuvo que sufrir una histerectomía como consecuencia de un cáncer. Nadie daba ninguna **esperanza** de vida para aquella muchachita flacucha° y desgarbada° cuyo destino parecía languidecer° en una silla de ruedas°.

Treinta años más tarde, Kitty O'Neil, aparte de tocar el piano y el cello,[1] de poder danzar y correr, es la más conocida de las "especialistas" del cine norteamericano. Salta desde trampolines y realiza todas esas maravillas que nos asombran° en el cine. Y todo después de haber representado a los Estados Unidos en la Olimpiada de Tokio.

[1]La palabra mantiene la pronunciación italiana. Hoy día la palabra italiana "cello" se usa frecuentemente en vez de la palabra española "violoncelo".

"Coraje," una palabra repetida y practicada durante millones de horas. Juegos Panamericanos.

¿Cuál fue la **clave** del **cambio**? Una sola palabra: **coraje.** Una palabra repetida millones de veces y practicada durante millones de horas. Una maravillosa "victoria silenciosa". La propia Kitty está asustada° de haberlo conseguido. Cuando vio por vez primera el documental que han hecho sobre su vida, comentó: "Mientras lo veía **lloré** como hacía mucho tiempo no lloraba. Lloré de vergüenza por haberme permitido, en mi adolescencia, **dejar de** tener **fe** y haber pensado en suicidarme." . . .

frightened

Hoy Kitty, la supuesta inútil, la predestinada a la silla de ruedas, es una mujer admirada por sus hazañas° ante la cámara. . . . Jamás aceptaré la absurda idea de que hay hombres que sirven y hombres que no sirven. Todos sirven. Y toda mi admiración para aquellos que tienen que **luchar** continuamente contra la corriente°. Creo que todos **estamos de acuerdo** en que el hombre es un **tesoro** único para algo y para alguien; que en cada uno de nosotros hay un **don** que tal vez sea, incluso, exclusivo: y que toda la felicidad de la vida consiste en entregarse° apasionadamente a profundizar° ese don. Déjenme que repita que no creo en los seres inútiles, aunque sí en los que se resignan y autocondenan a la esterilidad. La lucha por la condición humana puede mutilarlos, pero nunca anularlos°.

feats

current

devote oneself to/
deepen, broaden

nullify

(Selección tomada de *Diario de Yucatán,* de noviembre de 1986, Samuel Bernardo Lemus)

DEFINICIONES

inútil   Que no sirve, no vale/ Lo que no es útil.
la enfermedad   Alteración del bienestar físico o mental.

la esperanza	Idea o confianza que una persona tiene de obtener, alcanzar o realizar algo/ Acto de esperar.
la clave	Idea precisa y necesaria para hacer comprensible algo que antes era problemático o enigmático. (*key*)
el cambio	Acción de cambiar o alterar.
el coraje	Valor, ánimo.
llorar	Derramar lágrimas (*cry*).
dejar de + inf.	Abandonar u omitir una acción (*to stop . . . -ing*).
la fe	Confianza, fidelidad, creencia religiosa.
luchar	Tener conflicto/ Combatir.
estar de acuerdo	Estar conforme respecto a una resolución tomada por una o más personas. (*to agree, to be in agreement*)
el tesoro	Cantidad de dinero u otros valores.
el don	Regalo o talento especial para hacer una cosa.

PALABRAS SIMILARES . . .

absurdo	danzar	predestinado
aceptar	el destino	representar
la admiración	la esterilidad	resignarse
admirar	la histerectomía	servir (i, i)
la adolescencia	la infancia	sufrir
el cáncer	la meningitis	suicidar
la consecuencia	permitir	el trampolín
consistir (en)	practicar	

Expresión

1. DEFINICIONES

Practiquen las definiciones en parejas.

2. PREGUNTAS

1. ¿Dónde leyó el autor el reportaje?
2. ¿Qué sufrió Kitty cuando era joven y pequeña?
3. ¿Qué tipo de futuro parecía tener Kitty?
4. Treinta años más tarde, ¿qué pudo hacer ella?
5. ¿Qué palabra representa la clave del cambio de Kitty?
6. ¿Por qué lloró ella al ver el documental sobre su vida?
7. ¿Qué idea nunca va a aceptar el autor?
8. ¿Por qué es cada persona un tesoro?
9. ¿A qué tipo de persona critica el autor?
10. En su opinión, ¿qué significa "resignarse a la esterilidad"?

3. ASOCIACIÓN

¿Con qué palabras o frases asocia usted las referencias que siguen? ¿Y en qué piensa usted al oír las palabras?

1. la enfermedad
2. la silla de ruedas
3. el coraje
4. el documental
5. la fe
6. luchar
7. el don
8. inútil
9. sufrir

4. RECONSTRUCCIÓN

Para dar esperanza y confianza a un(a) amigo(a) suyo(a) que acaba de sufrir una enfermedad seria, narre en sus propias palabras el episodio de Kitty y algunas de las ideas del periodista, el señor Lemus. Use las palabras que siguen como clave. [Complete el ejercicio con un(a) compañero(a) de clase.]

1. leer / reportaje
2. sufrir / enfermedades
3. parecer / predestinada
4. nadie / esperanza
5. adolescencia / dejar de
6. adolescencia / pensar en
7. 30 años más tarde
8. clave / cambio
9. luchar
10. tesoro

5. ACTIVIDAD

Imagínese que usted es un(a) reportero(a) y su compañero(a) de clase es una persona que ha sufrido una enfermedad o un accidente muy serio. Preparen el diálogo que ocurre entre las dos personas durante la entrevista.

I. LA FORMACIÓN DEL IMPERFECTO DE INDICATIVO

A. VERBOS REGULARES EN EL IMPERFECTO

1. Yo **esperaba** ir.
   Tú **estabas** enojado.
   Él **recordaba** muchas cosas.
   Llorábamos de vergüenza.
   ¿**Pensabais** en mí?
   Temblaban de miedo.

A los verbos que tienen la terminación **-ar**, se añaden **-aba, -abas, -aba, -ábamos, -abais, -aban.**

2. Yo **creía** en sus talentos.
   Te **sentías** mucho mejor, ¿no?
   Ella siempre **sonreía.**
   Preferíamos creer lo que decía.
   ¿**Volvíais** frecuentemente?
   Ellos **sabían** la diferencia.

A los verbos que tienen las terminaciones **-er** o **-ir,** se añaden **-ía, -ías, -ía, -íamos, -íais, -ían.**

B. VERBOS IRREGULARES EN EL IMPERFECTO

Ellos **iban** a resolver todos sus problemas.
Ella **era** una mujer admirada por sus acciones extraordinarias.
Siempre la **veíamos** en la televisión.

Hay sólo tres verbos irregulares en el imperfecto.

ir: iba, ibas, iba, íbamos, ibais, iban
ser: era, eras, era, éramos, erais, eran
ver: veía, veías, veía, veíamos, veíais, veían

II. FUNCIÓN DEL IMPERFECTO

El imperfecto se usa para narrar una acción en el pasado pero con énfasis en la característica progresiva o habitual de la acción, o con énfasis en el elemento descriptivo.

1. Cada día ella se **dedicaba** a sus ejercicios.
   Los **repetía** hasta perfeccionarlos.
   Cada vez que me **sentía** triste, **leía** su historia inspiradora.

El imperfecto expresa una acción en el pasado que es *repetida* hasta ser *habitual* (la misma acción indicada por el verbo **soler**). Frecuentemente se traduce la acción repetida *used to* o *would = was in habit of.*

2. Nadie le **daba** ninguna esperanza de vida a aquella muchacha.
   Tocaba el piano y **danzaba.**
   Hacía los ejercicios en el trampolín.

El imperfecto indica una acción continua en el pasado sin poner énfasis en cómo resultó o en cuándo terminó.

3. Yo **pensaba** en su vida difícil mientras ella **hablaba.**
   Entendíamos bien lo que **estaba** diciendo.
   Mientras **charlábamos** con Kitty, varios amigos entraron.

El imperfecto indica una acción en el pasado que ocurre al mismo tiempo de otra acción simultánea (imperfecto también), o de otra acción que la interrumpe (pretérito).

OBSERVACIÓN: Para dar énfasis a la acción progresiva se puede usar **estar** en el imperfecto + *el gerundio.*

Estaba sufriendo tanto que decidió hablar con el médico.

4. **Era** "especialista" de cine.
   Estaba desesperada.
   Sabíamos que todo el mundo la **amaba.**
   No **estaba** resignada a su destino.
   Llovía y **hacía** mucho viento la noche que la llevaron al hospital.

El imperfecto se usa para *describir* en el pasado: (1) características y condiciones de personas u objetos y del tiempo, (2) un estado o una acción mental o emocional, o (3) una acción que sirve de fondo (*background*).

5. ¿Qué hora **era**?
   Eran las dos y media cuando llegó el médico.
   ¿Cuál **era** la fecha?
   Era el dos de junio.

El imperfecto se usa para indicar las horas del día y las fechas en el pasado.

Expresión

6. CUANDO ÉRAMOS MÁS JÓVENES

Usted y un(a) amigo(a) suyo(a) hablan de su pasado cuando eran más jóvenes. Indique en el pasado las acciones que solían hacer las personas indicadas.

1. ir al cine los viernes (nosotros, mis hermanos, yo)
2. jugar a los deportes (mi padre, mis hermanas, tú)
3. devorar las galletas hechas por mamá (yo, tú, nosotros)
4. decir cosas locas a mi hermana (mis hermanos, yo, tú y yo)

. . . y siendo niños perfectos, . . .

5. no mentir (yo, mi hermana, nosotros)
6. obedecer a nuestros padres (yo, tú, nosotros)
7. recoger todas las cosas en el cuarto (yo, mis hermanas, tú)

7. EN EL HOSPITAL

¿Qué hacía usted cuando estaba en el hospital?

1. pensar en mis amigos
2. leer periódicos y revistas
3. mirar la televisión
4. escuchar la radio
5. dormir por la tarde
6. tomar la medicina
7. tratar de tener paciencia
8. ser un(a) buen(a) paciente
9. charlar con mis amigos

8. MI COMPAÑERO(A) Y YO

En parejas, háganse preguntas y contéstense para saber cómo era su vida durante los años cuando estaban en la escuela secundaria.

MODELO   dónde / vivir
> **¿Dónde vivías?**
> **Vivía en San Antonio.**

1. cómo / ser
2. cómo / ser tu escuela
3. quién / ser tu mejor amigo(a)
4. cómo / ser él (ella)
5. qué / hacer los sábados
6. qué / hacer los domingos
7. dónde / trabajar
8. adónde / ir durante los veranos

9. ACTIVIDAD

En forma escrita o conversando con un(a) compañero(a), describa: (a) la casa/el apartamento, etc., en que usted vivía cuando era niño(a); (b) una persona a quien usted admiraba mucho cuando era niño(a); (c) un lugar que era muy especial para usted (tal vez adonde iba para pensar y estar solo(a), etc., cuando era niño(a). Use el imperfecto.

III. LA FORMACIÓN DEL PRETÉRITO

A. VERBOS REGULARES EN EL PRETÉRITO

1. Me **recuperé** pronto.
   ¿**Aceptaste** la decisión suya?
   Quedó completamente sorda.
   Lloramos tanto por ella.
   ¿**Dejasteis** de creer en sueños?
   Solucionaron el problema.

A los verbos que tienen la terminación **-ar** se añaden: **-é, -aste, -ó, -amos, -asteis, -aron.**

2. **Leí** la historia de la muchacha.
   ¿**Viste** el programa en la televisión?
   Sufrió otra operación.
   No nos **permitimos** perder la confianza.
   ¿**Obedecisteis** a los médicos?
   Vivieron así un año más.

A los verbos que tienen las terminaciones **-er** o **-ir** se añaden: **-í, -iste, -ió, -imos, -isteis, -ieron.**

B. VERBOS QUE TIENEN UN CAMBIO ORTOGRÁFICO EN EL PRETÉRITO

1. **Llegué** a las 8:00.
   Les **indiqué** lo que había ocurrido.
   Empecé a explicarle la situación.

En los verbos que terminan en **-car, -gar** o **-zar,** los cambios ortográficos ocurren en la primera persona singular del pretérito.

-car *qu*	-gar *gu*	-zar *z → c*
acercar(se) *to*	**apagar** *to turn off,*	**alcanzar** *to reach,*
approach **me**	*put out* **apagué**	*catch up with*
acerqué	**jugar (ue)** *to play*	**alcancé**
aplicar *to apply*	**juzgar** *to judge*	**almorzar (ue)** *to eat*
buscar *to look for*	**llegar** *to arrive*	*lunch*
indicar *to indicate*	**negar (ie)** *to deny*	**avanzar** *to advance*
pecar *to sin*	**pagar** *to pay for*	**comenzar (ie)** *to*
practicar *to practice*	**rogar (ue)** *to beg,*	*begin*
tocar *to play*	*request, ask*	**cruzar** *to cross*
		destrozar *to destroy*
		empezar (ie) *to*
		begin
		gozar (de) *to enjoy*
		rezar *to pray*

[handwritten in left margin:]
almorzar
almorcé
almorzaste
almorzó
almorzamos
almorzasteis
almorzaron

2. No **oyeron** el programa en la radio.
   No **creyó** lo que había pasado.
   ¿**Leyeron** ustedes el reportaje?

Otro grupo de verbos tiene un cambio de la **i** a la **y** en la tercera persona singular y plural del pretérito.

caer: cayó, cayeron
construir
creer
destruir
excluir
huir
incluir
leer
oír
sustituir

C. VERBOS CON CAMBIOS EN LA RAÍZ EN EL PRETÉRITO

No **durmieron** bien anoche.
Sintieron el temblor.
¿Alguien **consiguió** un periódico?

Un grupo de verbos tiene un cambio en la raíz (o——→u, e——→i) en la tercera persona singular y plural.

   o——→u
dormir (ue, u): d̲urmió, d̲urmieron
morir (ue, u)
   e——→i
conseguir (i, i): cons̲iguió, cons̲iguieron

elegir (i, i)	**repetir (i, i)**
herir (ie, i)	**seguir (i, i)**
mentir (ie, i)	**sonreír (i, i)**
pedir (i, i)	**resentir (ie, i)**
perseguir (i, i)	**sentir (ie, i)**
preferir (ie, i)	**servir (i, i)**
reír (i, i)	**sugerir (ie, i)**

OBSERVACIÓN: Los únicos verbos que aceptan este cambio tienen la terminación **-ir.**

D. VERBOS IRREGULARES EN EL PRETÉRITO

1. **Tuve** que sufrir una operación.
Mi amigo **vino** a visitarme.
Pudimos hablar unos pocos minutos.

En el pretérito un grupo de verbos es completamente irregular en la raíz de su formación. Muchos se pueden agrupar según sus raíces diferentes. Estos verbos tienen las mismas terminaciones: **-e, -iste, -o, -imos, -isteis, -(i)eron.**

Verbos con **u** en la raíz
**andar (anduv-): anduve, anduviste, anduvo, anduvimos,
   anduvisteis, anduvieron**
estar (estuv-)
haber (hub-)
poder (pud-)   (quis-)
poner (pus-)
saber (sup-)
tener (tuv-)
Verbos con **j** en la raíz
**conducir (conduj-): conduje, condujiste, condujo, condujimos,
   condujisteis, condujeron**
decir (dij-)
distraer (distraj-)
introducir (introduj-)
producir (produj-)
traducir (traduj-)
traer (traj-)

Verbos con **i** en la raíz
hacer (**hic-**): **hice, hiciste, hizo, hicimos, hicisteis, hicieron**
querer (**quis-**)
venir (**vin-**)

OBSERVACIONES:

(a) **Hacer** en la tercera persona singular tiene un cambio ortográfico—
     hizo.
(b) Los verbos que adoptan la **j** eliminan la **i** en la tercera persona plural:
     condujeron, dijeron, distrajeron, etc.

2. ¿Cuál **fue** la clave del cambio?
    ¿Adónde **fueron** ellas?
    Me **di** cuenta de que la **vieron** ayer.

Los verbos **ir** y **ser** son idénticos en el pretérito.

   fui, fuiste, fue, fuimos, fuisteis, fueron

Dar y **ver** son idénticos en sus terminaciones.

   di, diste, dio, dimos, disteis, dieron
   vi, viste, vio, vimos, visteis, vieron

IV. LA FUNCIÓN DEL PRETÉRITO

El pretérito se usa para narrar incidentes o sucesos, o una serie de éstos, ya
terminados en el pasado, poniendo énfasis en el principio y/o el fin de la
acción.

1. **Vimos** el documental.
    Lloré durante toda la película.
    Tuvo un ataque de meningitis y **quedó** completamente sorda.
    Todos **empezaron** a creer en sus propios talentos.

El pretérito se usa para indicar: (1) que la acción, o una serie de acciones, está
terminada, o (2) que se inició una acción.

2. **Resolvió** el problema anoche.
    ¿Cuánto tiempo **estuvieron** allí?
    Pasamos cinco años trabajando en el proyecto.

El pretérito se usa para poner énfasis en los *límites de tiempo* de la acción; no
importa si la acción es de un tiempo breve o extendido.

3. Su cara se **puso** pálida cuando vio a la víctima.
   Se **volvió** loco al oír la noticia.
   Nos **desilusionamos** cuando supimos la verdad.

El pretérito se usa para indicar un cambio abrupto en la descripción mental, emocional o física de una persona o de un objeto.

USOS ESPECIALES DEL PRETÉRITO

Cuando entré en el hospital, yo **conocí** a Kitty O'Neil. (*met*)
Supimos que ella entendía bien su situación. (*found out*)
Quiso hacer el esfuerzo pero no **pudo**. (*tried*) (*failed*)
No quisieron decirle la verdad. (*refused*)

En el imperfecto los verbos **conocer, saber, querer** y **poder** indican un estado o una condición mental o emocional. En el pretérito indican más un esfuerzo físico.

Pretérito	*Imperfecto*
conocer *met*	*knew*
poder *succeeded*	*was able*
no poder *failed* (after trying)	*was not able*
querer *tried*	*wanted*
no querer *refused*	*did not want*
saber *found out, learned*	*knew*

Expresión

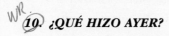

10. **¿QUÉ HIZO AYER?**

Indique si usted participó o no participó en las siguientes actividades ayer. ¿y su compañero(a) de cuarto?

MODELO jugar al fútbol
   (No) Jugué al fútbol.
   ¿y su compañero(a) de cuarto?
   Sí, (No, no) jugó al fútbol.

1. leer el periódico
2. almorzar en la cafetería
3. buscar libros en la librería
4. pagar la cuenta de teléfono
5. comenzar a estudiar para los exámenes finales
6. pedir pizza
7. mirar la televisión
8. dormir bien

11. MI COMPAÑERO(A) Y YO

Háganse preguntas y contéstense para saber lo que hicieron el lunes pasado.

MODELO estar aquí
¿Estuviste aquí el lunes pasado?
Sí, (No, no) estuve aquí.

condujiste, conduje
anduviste
fuiste

1. conducir a la universidad
2. andar por la universidad en tu coche
3. ir a todas las clases
4. hacer la tarea
5. tener problemas con la tarea
6. poder contestar las preguntas

trajiste

7. traer las respuestas a la clase
8. ver al profesor (a la profesora) en la cafetería

12. ¿CÓMO REACCIONARON?

Cuando vieron el accidente, indique cómo reaccionaron varias personas.

1. venir pronto / dos policías
2. sugerir un plan de acción / un policía
3. querer ayudar / nosotros
4. ir por una ambulancia / nosotros
5. tener que llamar al hospital / nosotros
6. buscar a un médico / mi madre
7. empezar a llorar / mi hermanito
8. huir de la escena / dos personas
9. seguir caminando / algunos
10. no querer ayudar / algunos
11. hacer mucho para ayudar / nosotros
12. morir en el accidente / nadie
13. estar contentos / nosotros

13. PREGUNTAS

Actividades en la universidad . . .

1. ¿A qué hora cenó usted anoche?
2. ¿Qué sirvieron en la cafetería?
3. ¿A qué hora comenzó usted a estudiar anoche?
4. ¿A qué hora salió usted de la residencia estudiantil (dormitorio) esta mañana?
5. ¿A qué hora llegó usted a la clase hoy?
6. ¿Qué hizo usted en las clases hoy?

Actividades durante el verano pasado . . .

7. ¿Fue su familia de vacaciones el verano pasado? ¿Adónde? ¿Cuándo?
8. ¿Qué hicieron ustedes durante las vacaciones?
9. ¿Qué más hizo usted durante el verano?

10. ¿Qué hizo usted en preparación para venir a la universidad?
11. ¿Cuándo llegó usted a la universidad?
12. ¿Qué hizo usted al llegar a la universidad?

14. ¿CUÁNTAS POSIBILIDADES?

En parejas o en grupos pequeños, completen las siguientes oraciones con tantas variaciones como sea posible.

1. Yo estaba saliendo del cuarto cuando . . .
2. Yo estaba estudiando cuando . . .
3. Yo estaba caminando a la clase cuando . . .
4. Yo estaba hablando con el (la) profesor(a) cuando . . .
5. Yo estaba comiendo en la cafetería cuando . . .
6. Yo estaba conduciendo a la casa de un(a) amigo(a) cuando . . .
7. Mis amigos estaban riendose y hablando cuando . . .

15. REPASANDO LA HISTORIA DE KITTY

Describa la vida de Kitty usando el pretérito o el imperfecto.

1. ser / hija de una india cherokee *Fue*
2. ser / una chica enfermiza *Era*
3. a los cuatro años / sufrir / un ataque de sarampión y de viruela *sufrió*
4. quedar / completamente sorda *quedó*
5. parecer / destinada a pasar su vida en una silla de ruedas *parecía*
6. no tener / mucha esperanza *tenía*
7. decidir / luchar contra sus adversidades
8. creer / en sus propios talentos *creía*
9. no querer / aceptar / la idea de vivir así
10. el coraje / ser / la clave de su cambio *fue*
11. unos años después, Kitty / representar / los Estados Unidos en la Olimpiada *representó* .

16. DESAPARECIÓ EN LA NOCHE

En parejas o en grupos pequeños, lean la historia y después narren la historia en el pasado (imperfecto y pretérito).

Es el 5 de febrero. *Hace* mucho frío. *Nieva. Son* las once de la noche. *Estoy* mirando la televisión cuando *oigo* a alguien a la puerta. *Miro* por la vantana y *veo* que *es* un hombre viejo. *Voy* a la puerta. El hombre me *dice* que *tiene* hambre y frío. Lo *invito* a entrar. Le *preparo* sopa caliente y un café. *Hablamos* mientras *come. Aprendo* que *pasa* por el pueblo en camino a la capital. *Va* allí para buscar a su hija. *Insiste* en salir inmediatamente. Le *doy* un abrigo y *desaparece* en la noche. Unos meses después, *recibo* una carta de él.

17. ACTIVIDAD—UNA EXPERIENCIA DRAMÁTICA

En forma escrita, describa en el pasado una experiencia dramática tomada de su vida personal o imaginada. Indique: la fecha; la hora; una descripción del tiempo; una descripción de la escena (cosas, lugar, personas); lo que estaba haciendo usted; y las varias acciones y actividades que resultaron.

No hay en todo el mundo otro niño
exactamente como tú. Venezuela.

Experiencia

Pablo Casals, famoso violoncelista, gran humanista, nos dice en sus propias
palabras lo que es su sueño para cada persona y para toda la humanidad.

"¿SABES LO QUE ERES?"
Pablo Casals (Cataluña, España, 1876–1973)

En cada segundo vivimos un momento nuevo y único del universo, un momento que no existió nunca y no existirá jamás otra vez. ¿Y qué les **enseñamos** a los niños en las escuelas? Les enseñamos que dos más dos son
cuatro y que París es la capital de Francia. ¿Cuándo les enseñaremos también lo que ellos son? Deberíamos decirle a cada niño: ¿Sabes lo que eres?
Eres una **maravilla.** Único. No hay en todo el mundo otro niño exactamente
como tú. Mira tu cuerpo ¡qué maravilla tus piernas, tus brazos, tus dedos
llenos de arte, el modo en que te mueves! Podrías ser otro Shakespeare, un
Miguel Angel, un Beethoven. Tienes la capacidad para ello y para cualquier
cosa. Sí, eres una maravilla. Y cuando **crezcas,** ¿podrías hacerle daño a otra
persona que, al igual que tú, es también una maravilla? Debéis querer a los
demás. Debemos trabajar, todos debemos trabajar, para hacer que este
mundo sea digno° de sus niños. ¡Qué extraordinarios cambios y avances he
presenciado en mi vida! ¡Qué asombroso° progreso en la ciencia, la industria, la exploración del espacio! ¡Y, sin embargo°, el hambre, la opresión racial
y la tiranía todavía atormentan al mundo! Seguimos **portándonos** como bár-
baros. Como salvajes les tememos a nuestros **vecinos** en la tierra, nos arma
mos contra ellos y ellos se arman contra nosotros. Deploro haber tenido que
vivir en una época en que la **ley** del hombre es matar. ¿Cuándo nos acostum-
braremos al hecho° de que somos seres humanos? El amor que cada uno
siente por su país es algo natural. Pero ¿por qué habrá el amor de detenerse°

worthy
astonishing
nevertheless

the other
the rest

fact
stop

leaves

en las fronteras? Nuestra familia es una sola, cada uno de nosotros tiene un **deber** para sus hermanos. Todos somos hojas° de un solo árbol y ese árbol es la humanidad.

Título añadido por los autores. Selección tomada de *Joys and Sorrows: Reflections by Pablo Casals,* por Albert E. Kahn (New York: Simon & Schuster, 1970. Traducida por Fernando Alegría.

DEFINICIONES

enseñar Vocación de profesores y maestros/ Instruir, doctrinar/ Indicar o mostrar.

la maravilla Incidente o cosa extraordinaria que causa admiración.

crecer Hacerse más grande, maduro. (*to grow*)

presenciar Ver, observar/ Hallarse presente en un incidente o suceso.

portar(se) Obrar o conducirse bien o mal.

vecino Que vive cerca de otros en un mismo pueblo.

la ley Regla o precepto dictado por una suprema autoridad/ Regla o norma constante e invariable.

el deber Obligación.

PALABRAS SIMILARES . . .

armar	la época	la industria
el avance	el espacio	integrar
el arte	existir	el momento
atormentar	extraordinario	natural
bárbaro	la exploración	la opresión
la capacidad	la familia	racial
la capital	la humanidad	la tiranía
la ciencia	humano	el universo
deplorar		

Expresión

---

18. PREGUNTAS

1. Para Casals, ¿cómo es cada momento de la vida?
2. Según él, ¿qué no les enseñamos a los niños?
3. Según Casals, ¿qué es un niño?
4. ¿Qué capacidad tiene cada niño?
5. ¿Para qué debemos todos trabajar?
6. ¿Qué avances ha presenciado Casals en su vida?
7. ¿Pero qué problemas se manifiestan todavía?
8. Según Casals, ¿cómo nos portamos?

 9. Según Casals, ¿cuál es la ley de esta época?
10. ¿A qué idea debemos acostumbrarnos?
11. ¿Cómo es la familia humana?
12. En la opinión de usted, ¿qué deber tenemos para nuestros hermanos?
13. En la opinión de usted, ¿cuál es la mayor frustración que sufre el famoso músico español?

V. *HACER* EN EXPRESIONES DE TIEMPO (HORAS, MESES, AÑOS, ETC.)

1. ¿Cuánto tiempo **hace** que **da** conciertos?
   (*How long has he been giving concerts?*)
   Hace más de ochenta años que **toca** el cello.
   Hace mucho tiempo que **practica.**

   Hace + tiempo + **que** + verbo (en el presente de indicativo) se usa para poner énfasis en cuánto tiempo ha estado ocurriendo una acción (*has, have been . . . -ing*) que se inició en el pasado pero que continúa hasta el momento presente en que habla la persona.

2. **Hacía** once años que **estudiaba** música.
   (*She had been studying music for eleven years.*)
   Hacía mucho tiempo que **practicaban** juntos.
   ¿Cuánto tiempo **hacía** que **tocaba** en conciertos?

   Hacía + tiempo + **que** + verbo (en el imperfecto de indicativo) se usa para poner énfasis en cuánto tiempo había estado ocurriendo una acción (*had been . . . -ing*) que se inició en un momento del pasado anterior al momento en que hablaba la persona.

3. ¿Cuánto tiempo **hace** que **aprendió** a tocar el cello?
   (*How long ago did he learn to play the cello?*)
   Su padre le **enseñó** a tocar **hace** cinco años.
   Se **compró** un instrumento **hace** un mes.

   Hace + tiempo + **que** + verbo (en el pretérito de indicativo) se usa para poner énfasis en cuánto tiempo ha pasado entre la terminación de una acción (*ago*) y el momento presente en que habla la persona.

   OBSERVACIÓN: Se puede cambiar el orden de palabras:

   Estuvo en París **hace** cinco años. (o)
   Hace cinco años que **estuvo** en París.

Expresión

19. UN(A) REPORTERO(A)

*Imagínese que usted es un(a) reportero(a) que tiene una entrevista con Pablo Casals. Hágale preguntas para saber cuánto tiempo **hace** que él **sigue** las actividades indicadas.*

1. tocar el cello
2. estudiar la música
3. viajar por el mundo
4. escribir composiciones
5. hablar en contra de la opresión
6. vivir en Puerto Rico
7. estar en los Estados Unidos

20. MI COMPAÑERO(A) Y YO

*Cada estudiante debe hacer una lista de cinco actividades en que participa. En parejas, háganse preguntas y contéstense para descubrir cuánto tiempo **hace** que siguen participando en cada actividad.*

MODELO Estudiante #1: pregunta (basada en la lista de actividades)
¿Cuánto tiempo hace que . . . ?

Estudiante #2: respuesta
Hace . . . que . . .

21. ¿CUÁNTO TIEMPO HACÍA?

Los estudiantes estaban en una fiesta. De pronto se apagaron las luces. Indique cuánto tiempo hacía que ellos participaban en las actividades antes de la interrupción.

1. conversar / dos horas
2. mirar la televisión / media hora
3. danzar / quince minutos
4. escuchar la banda / una hora
5. comer / veinte minutos
6. jugar a las cartas / cuarenta minutos

22. ¿CUÁNTO TIEMPO HACE . . . ?

Usted tiene esta información:

1. Pablo Casals visitó Puerto Rico, donde nació su madre, en 1955.
2. Sufrió un ataque al corazón en 1957.
3. Tocó para las Naciones Unidas en 1958.
4. Dio un concierto en la Casa Blanca en 1961.
5. Murió en 1973.

*Indique cuánto tiempo **hace** que **ocurrieron** estos sucesos o eventos.*

23. UNA ENTREVISTA

En una entrevista con Kitty O'Neil usted quiere saber cuánto tiempo hace que los incidentes indicados ocurrieron en su vida. Hágale a ella las preguntas.

1. sufrir la primera enfermedad
2. quedar sorda
3. padecer la meningitis
4. tener que sufrir la operación
5. empezar a practicar en el trampolín
6. comenzar a danzar
7. decidir hacerse especialista del cine

24. ACTIVIDAD—IMPORTANTES EVENTOS PERSONALES

Piense en cinco eventos importantes de su vida. Ahora en grupos pequeños, indíqueles a sus compañeros(as) lo que pasó y cuánto tiempo hace que ocurrió.

ACLARACIONES

realizar(se) Convertir una cosa como sueños, planes, ideas o ilusiones en verdad/ Llevar a cabo/ Tener o tomar lugar. (*to realize, carry out, accomplish*)

> Después de muchos años y mucho esfuerzo ella **realizó** sus sueños como profesional.

darse cuenta de Considerar, figurarse, comprender/ Ver con claridad mental. (*to realize*)

> **Se dio cuenta de** que no pudo realizar sus planes.

dejar de + infinitivo Omitir o cesar otra acción. (*to stop [doing something]*)

> En su adolescencia ella **dejó de** tener fe.

parar(se) Cesar en el movimiento o en la acción/ Llegar a un término/ Detener(se). (*to stop*)

> El camión **se paró** enfrente de la casa del señor Sullivan.

detener(se) (ie) Impedir el movimiento o acción/ Pararse a considerar una cosa. (*to stop, pause*)

> Los niños **se detuvieron** para mirar el camión.

asistir (a) Ir y tomar parte en/ Estar presente. (*to attend*)

> Mi hermano no puede **asistir** a la escuela hoy, ni mañana, ni la próxima semana.

atender(ie) Cuidar de alguno/ Prestar atención. (*to attend to, take care of, pay attention to someone*)

> En el hospital **atendieron** bien a Kitty O'Neil.

hacerse	Cambiar de estado o condición/ Transformarse (implica un esfuerzo personal). (*to become*)
	Kitty O'Neil **se hizo** especialista de cine.
llegar a ser	Cambiar de estado/ Transformarse (implica mucho esfuerzo personal y un proceso de tiempo). (*to become*)
	Pablo Casals **llegó a ser** un músico de fama mundial.

Experiencia

"**Cajas** de **cartón**" es un cuento autobiográfico basado en las experiencias del autor cuando era niño. La acción ocurre cuando su familia y él eran obreros migratorios. La influencia positiva sobre el niño por parte de un maestro de inglés le animó a escribir. El niño siguió estudiando y escribiendo y hoy día tiene su doctorado y es profesor de español y cuentista. El cuento "Cajas de cartón" nos permite introducirnos en la vida de un joven obrero migratorio para ver sus desilusiones y sus esperanzas.

CAJAS DE CARTÓN
Francisco Jiménez (México, 1943; California–   )

contractor
strawberries/ laborers

Era a fines de agosto. Ito, el contratista°, ya no sonreía. Era natural. La **cosecha** de fresas° terminaba, y los trabajadores, casi todos braceros°, no recogían tantas cajas de fresas como en los meses de junio y julio.

picker/liked

Cada día el número de braceros disminuía. El domingo sólo uno—el mejor pizcador°—vino a trabajar. A mí me caía bien°. A veces hablábamos durante nuestra media hora de almuerzo. Así es como aprendí que era de Jalisco, de mi tierra natal. Ese domingo fue la última vez que lo vi.

signaled
broken

Cuando el sol se escondía detrás de las montañas, Ito nos señaló° que era hora de ir a casa. "Ya hes horra", **gritó** en su español mocho°. Ésas eran las palabras que yo ansiosamente esperaba doce horas al día, todos los días, siete días a la semana, semana tras semana, y el pensar que no las volvería a oír me **entristeció**.

on the way
steering wheel
quiet
cough

Por el camino rumbo° a casa, Papá no dijo una palabra. Con las dos manos en el volante° miraba fijamente hacia el camino. Roberto, mi hermano mayor, también estaba callado°. Echó para atrás la cabeza y cerró los ojos. El polvo que entraba de fuera lo hacía toser° repetidamente.

weight

Era a fines de agosto. Al abrir la puerta de nuestra **chocita** me **detuve**. Vi que todo lo que nos pertenecía estaba **empacado** en cajas de cartón. De repente sentí aún más el peso° de las horas, los días, las semanas, los meses de trabajo. Me senté sobre una caja, y se me llenaron los ojos de lágrimas al pensar que teníamos que **mudarnos** a Fresno.

morning
closed
yells/happy
move/dawn
barking

Esa noche no pude dormir, y un poco antes de las cinco de la madrugada° Papá, que a la cuenta tampoco había pegado° los ojos en toda la noche, nos levantó. A pocos minutos los gritos° alegres° de mis hermanitos, para quienes la mudanza° era una gran aventura, rompieron el silencio del amanecer°. Los ladridos° de los perros pronto los acompañaron.

dishes
start

affectionately

carefully
parakeet
noise

owner

Mientras empacábamos los trastes° del desayuno, Papá salió para encender° la "Carcanchita". Ése era el nombre que Papá le puso a su viejo Plymouth negro del año '38. Lo compró en una agencia de carros usados en Santa Rosa en el invierno de 1949. Papá estaba muy **orgulloso** de su carro. "Mi Carcanchita" lo llamaba cariñosamente°. Tenía derecho a sentirse así. Antes de comprarlo, pasó mucho tiempo mirando otros carros. Cuando al fin escogió la "Carcanchita", la examinó palmo a palmo°. Escuchó el motor, inclinando la cabeza de lado a lado como un perico°, tratando de detectar cualquier ruido° que pudiera indicar problemas mecánicos. Después de satisfacerse con la apariencia y los sonidos del carro, Papá insistió en saber quién había sido el dueño°. Nunca lo supo, pero compró el carro de todas maneras. Papá pensó que el dueño debió haber sido alguien importante porque en el asiento de atrás encontró una corbata azul.

carry
loaded
hood
tied/knots

Papá estacionó el carro enfrente a la choza y dejó andando el motor. "Listo", gritó. Sin decir palabra, Roberto y yo comenzamos a acarrear° las cajas de cartón al carro. Roberto cargó° las dos más grandes y yo las más chicas. Papá luego cargó el **colchón** ancho sobre la capota° del carro y lo amarró° con lazos° para que no se volara con el viento en el camino.

dents/nicks

Todo estaba empacado menos la **olla** de mamá. Era una olla vieja y galvanizada que había comprado en una tienda de segunda en Santa María el año en que yo nací. La olla estaba llena de abolladuras° y mellas°, y mientras más abollada estaba, más le gustaba a Mamá. "Mi olla" la llamaba orgullosamente.

held
handles/spill
beans

floor
sweat/sleeves

Sujeté° abierta la puerta de la chocita mientras Mamá sacó cuidadosamente su olla, agarrándola por las dos asas° para no derramar° los frijoles° cocidos. Cuando llegó al carro, Papá tendió las manos para ayudarle con ella. Roberto abrió la puerta posterior del carro y Papá puso la olla con mucho cuidado en el piso° detrás del asiento. Todos subimos a la "Carcanchita". Papá suspiró, se limpió el sudor° de la frente con las mangas° de la camisa, y dijo con cansancio: "Es todo".

drove off/knot

Mientras nos alejábamos°, se me hizo un nudo° en la garganta. Me volví y miré nuestra chocita por última vez.

foreman
scratching

fence

Al ponerse el sol llegamos a un campo de trabajo cerca de Fresno. Ya que Papá no hablaba inglés, Mamá le preguntó al capataz° si necesitaba más trabajadores. "No necesitamos a nadie", dijo él, rascándose° la cabeza, "pregúntele a Sullivan. Mire, siga este mismo camino hasta que llegue a una casa grande y blanca con una cerca° alrededor. Allí vive él".

rows/doorbell
robust
hurried
season
overwhelmed

Cuando llegamos allí, Mamá se dirigió a la casa. Pasó por la cerca, por entre filas° de rosales hasta llegar a la puerta. Tocó el timbre°. Las luces del portal se encendieron y un hombre alto y fornido° salió. Hablaron brevemente. Cuando el hombre entró en la casa, Mamá se apresuró° hacia el carro. "¡Tenemos trabajo! El señor nos permitió **quedarnos** allí toda la temporada°", dijo un poco sofocada° de gusto y apuntando hacia un garaje viejo que estaba cerca de los establos.

worn out/eaten/
termites
leaky
covered

El garaje estaba gastado° por los años. Roídas° por comejenes°, las paredes apenas sostenían el techo agujereado°. No tenía ventanas y el piso de tierra suelta ensabanaba° todo de polvo.

sweep/floor/
holes
tin
corners

Esa noche, a la luz de una lámpara de petróleo, **desempacamos** las cosas y empezamos a preparar la habitación para vivir. Roberto, enérgicamente se puso a barrer° el suelo°: Papá llenó los agujeros° de las paredes con periódicos viejos y con hojas de lata°. Mamá les dio de comer a mis hermanitos. Papá y Roberto entonces trajeron el colchón y lo pusieron en una de las esquinas° del garaje. "Viejita", dijo Papá, dirigiéndose a Mamá, "tú y los niños duerman en el colchón, Roberto, Panchito, y yo dormiremos bajo los árboles".

pick

soaked/sweat
chewing/furrow

warn
pitcher/slid

buzzing
mud
boil

nuts
wrote down
designs
whispered

got off

hiding place

smelly

swallowed

grapevines/covered/

Muy tempranito por la mañana al día siguiente, el señor Sullivan nos en-señó donde estaba su cosecha y, después del desayuno, Papá, Roberto y yo nos fuimos a la viña a pizcar°.

A eso de las nueve, la temperatura había subido hasta cerca de cien grados. Yo estaba empapado° de sudor° y mi boca estaba tan seca que parecía como si hubiera estado masticando° un pañuelo. Fui al final del surco° cogí la jarra de agua que habíamos llevado y comencé a beber. "No tomes mucho; te vas a enfermar", me gritó Roberto. No había acabado de advertirme° cuando sentí un gran dolor de estómago. Me caí de rodillas y la jarra° se me deslizó° de las manos.

Solamente podía oír el zumbido° de los insectos. Poco a poco me empecé a recuperar. Me eché agua en la cara y en el cuello y miré el lodo° negro co-rrer por los brazos y caer a la tierra que parecía hervir°.

Todavía me sentía **mareado** a la hora del almuerzo. Eran las dos de la tarde y nos sentamos bajo un árbol grande de nueces° que estaba al lado del camino. Papá apuntó° el número de cajas que habíamos pizcado. Roberto trazaba diseños° en la tierra con un palito. De pronto vi palidecer a Papá que miraba hacia el camino. "Allá viene el **camión** de la escuela", susurró° alar-mado. Instintivamente, Roberto y yo corrimos a escondernos entre las viñas. El camión amarillo **se paró** frente a la casa del señor Sullivan. Dos niños muy limpiecitos y bien vestidos se apearon°. Llevaban libros bajo sus brazos. Cruzaron la calle y el camión se alejó. Roberto y yo salimos de nuestro escon-dite° y regresamos a donde estaba Papá. "Tienen que tener cuidado", nos advirtió.

Después del almuerzo volvimos a trabajar. El calor oliente° y pesado, el zumbido de los insectos, el sudor y el polvo hicieron que la tarde pareciera una eternidad. Al fin las montañas que rodeaban el valle se tragaron° el sol. Una hora después estaba demasiado obscuro para seguir trabajando. Las parras° tapaban° las uvas y era muy difícil ver los racimos°. "Vámonos", dijo

Los trabajadores apuntan el número de cajas de fresas que han pizcado. California.

bunches

raised/sunken
moist

hose
noodles/flour

bruised

savoring

crestfallen

cotton
rubbed

relief
slope

crowd

startled

desk

Papá señalándonos que era hora de irnos. Entonces tomó un lápiz y comenzó a figurar cuánto habíamos ganado ese primer día. Apuntó números, borró algunos, escribió más. Alzó° la cabeza sin decir nada. Sus tristes ojos sumidos° estaban humedecidos°.

Cuando regresamos del trabajo, nos bañamos afuera con el agua fría bajo una manguera°. Luego nos sentamos a la mesa hecha de cajones de madera y comimos con hambre la sopa de fideos°, las papas y tortillas de harina° blanca recién hechas. Después de cenar nos acostamos a dormir, listos para empezar a trabajar a la salida del sol.

Al día siguiente, cuando me desperté, me sentía magullado°, me dolía todo el cuerpo. Apenas podía mover los brazos y las piernas. Todas las mañanas cuando me levantaba me pasaba lo mismo hasta que mis músculos se acostumbraron a ese trabajo.

Era lunes, la primera semana de noviembre. La **temporada** de uvas se había terminado y yo podía ir a la escuela. Me desperté temprano esa mañana y me quedé acostado mirando las estrellas y saboreando° el pensamiento de no ir a trabajar y de empezar el sexto grado por primera vez ese año. Como no podía dormir, decidí levantarme y desayunar con Papá y Roberto. Me senté cabizbajo° frente a mi hermano. No quería mirarlo porque sabía que él estaba triste. Él no **asistiría a** la escuela hoy, ni mañana, ni la próxima semana. No iría hasta que se acabara la temporada de algodón°, y eso sería en febrero. Me froté° las manos y miré la piel seca y manchada de ácido enrollarse y caer al suelo.

Cuando Papá y Roberto se fueron a trabajar, sentí un gran alivio°. Fui a la cima de una pendiente° cerca de la choza y contemplé a la "Carcanchita" en su camino hasta que desapareció en una nube de polvo.

Dos horas más tarde, a eso de las ocho, esperaba el camión de la escuela. Por fin llegó. Subí y me senté en un asiento desocupado. Todos los niños se entretenían hablando o gritando.

Estaba nerviosísimo cuando el camión se paró delante de la escuela. Miré por la ventana y vi una muchedumbre° de niños. Algunos llevaban libros, otros juguetes. Me bajé del camión, metí las manos en los bolsillos, y fui a la oficina del director. Cuando entré oí la voz de una mujer diciéndome: "May I help you?" Me sobresalté°. Nadie me había hablado inglés desde hacía meses. Por varios segundos me quedé sin poder contestar. Al fin, después de mucho esfuerzo, conseguí decirle en inglés que me quería matricular en el sexto grado. La señora entonces me hizo una serie de preguntas que me parecieron impertinentes. Luego me llevó a la sala de clase.

El señor Lema, el maestro de sexto grado, me saludó cordialmente, me asignó un pupitre°, y me presentó a la clase. Estaba tan nervioso y tan asustado en ese momento cuando todos me miraban que deseé estar con Papá y Roberto pizcando algodón. Después de pasar la lista, el señor Lema le dio a la clase la asignatura de la primera hora. "Lo primero que haremos esta mañana es terminar de leer el cuento que comenzamos ayer", dijo con entusiasmo. Se acercó a mí, me dio su libro y me pidió que leyera. "Estamos en la página 125", me dijo. Cuando lo oí, sentí que toda la sangre me subía a la cabeza, me sentí mareado "¿Quisieras leer?", me preguntó en un tono indeciso. Abrí el libro a la página 125. Mi boca estaba seca. Mis ojos se me comenzaron a aguar. El señor Lema entonces le pidió a otro niño que leyera.

Durante el resto de la hora me empecé a **enojar** más y más conmigo mismo. Debí haber leído, pensaba yo.

Durante el recreo me llevé el libro al baño y lo abrí a la página 125. Empecé a leer en voz baja, pretendiendo que estaba en clase. Había muchas palabras que no sabía. Cerré el libro y volví a la sala de clase.

El señor Lema estaba sentado en su escritorio. Cuando entré me miró sonriéndose. Me sentí mucho mejor. Me acerqué a él y le pregunté si me podía ayudar con las palabras desconocidas. "Con mucho gusto", me contestó.

El resto del mes pasé mis horas de almuerzo estudiando ese inglés con la ayuda del buen señor Lema.

Un viernes durante la hora del almuerzo, el señor Lema me invitó a que lo acompañara a la sala de música. "¿Te gusta la música?", me preguntó. "Sí, muchísimo", le contesté entusiasmado, "Me gustan los corridos° mexicanos".
El sonido me hizo estremecer°. Me encantaba° ese sonido. "¿Te gustaría aprender a tocar este instrumento?", me preguntó. Debió haber comprendido la expresión en mi cara porque antes que yo respondiera, añadió: "Te voy a enseñar a tocar esta trompeta durante las horas del almuerzo".

Ese día casi no podía esperar el momento de llegar a casa y contarles las nuevas° a mi familia. Al bajar del camión me encontré con mis hermanitos que gritaban y brincaban° de **alegría.** Pensé que era porque yo había llegado, pero al abrir la puerta de la chocita, vi que todo estaba empacado en cajas de cartón. . . .

(margin glosses:) ballads / shiver/loved / news / jumped

DEFINICIONES

la caja	Objeto hueco de metal, madera, etc., que sirve para guardar o contener cosas.
el cartón	Material hecho de papel, etc. (*cardboard*).
la cosecha	Frutos que se recogen de la tierra.
gritar	Dar gritos o manifestación vocal y vehemente de un sentimiento.
entristecer	Causar tristeza.
la chocita (choza)	Cabaña o casita pequeña y rústica.
detener(se)	Parar(se) a considerar una cosa/ Impedir o terminar el movimiento o la acción.
empacar	Poner o meter cosas en maletas, cajas o cajones.
mudar(se)	Irse a otra parte.
orgulloso	Exceso de orgullo o estimación propia/ Sentirse demasiado importante.
el colchón	Tipo de saco relleno de plumas, etc., que sirve para dormir sobre él.
la olla	Vasija o pieza redonda y concava que se usa para cocinar. (*pot, kettle*)
quedar(se)	Estar o permanecer en un sitio.
desempacar	Quitar o sacar cosas de maletas, cajas, cajones.
mareado	Sentirse indispuesto o mal de estómago y/o de cabeza/ Vertiginoso.
el camión	Autobús.
parar(se)	Detener(se)/ Cesar en el movimiento o en la acción.
la temporada	Espacio de tiempo/ Estación.

asistir (a)   Ir a/ Matricular.

enojar(se)   Ponerse furioso.

alegría   Sentido contento que generalmente se manifiesta con signos exteriores.

PALABRAS SIMILARES . . .

la acción	figurar	el motor
acompañar	el garaje	el músculo
la agencia	el grado	nervioso
autobiográfico	inclinar	el petróleo
el autor	la influencia	positivo
la aventura	el insecto	preparar
contemplar	insistir (en)	el problema
la desilusión	el instrumento	recuperar
detectar	invitar (a)	el resto
el doctorado	la lámpara	satisfacer
el entusiasmo	la lista	el silencio
la eternidad	matricular	la temperatura
examinar	mecánico	la trompeta
la experiencia		

Expresión

25. DEFINICIONES

Practiquen las definiciones en parejas.

26. PREGUNTAS

1. ¿Por qué disminuía cada día el número de trabajadores?
2. ¿Por qué esperaba el niño las palabras "Ya hes horra"?
3. Cuando volvieron a casa, ¿qué cambio había ocurrido?
4. ¿Cómo se sintió el niño al saber que tenía que mudarse la familia?
5. Para sus hermanitos, ¿cómo era la mudanza?
6. ¿Por qué estaba el padre tan orgulloso del viejo Plymouth?
7. ¿Por qué era tan importante "la olla" para su mamá?
8. En Fresno, ¿dónde tenían que vivir por la temporada? ¿Cómo era?
9. ¿Por qué tenía tanta sed el niño? ¿Qué le pasó al beber el agua?
10. Durante la hora del almuerzo, ¿por qué se puso pálido el padre?
11. Después de terminar el trabajo, ¿qué hizo el padre?
12. Cuando podía ir a la escuela, ¿de qué conflicto interior sufría el niño?
13. Al llegar a la escuela, ¿qué problemas tuvo el niño?
14. ¿Qué le parece a usted el maestro, el señor Lema? ¿Por qué?
15. ¿Cómo pasaron las horas del almuerzo el niño y el señor Lema?
16. ¿Qué le entusiasmó al niño tanto?
17. Al volver a casa, ¿qué supo el niño cuando entró?
18. Bajo las mismas circunstancias, ¿cuál sería la reacción de usted? ¿Por qué?

27. ASOCIACIÓN

Imagínese que usted es el autor. ¿Con qué palabras o frases de su juventud asocia usted cada palabra?

1. las cajas
2. la cosecha
3. la choza o chocita
4. mudarse
5. la temporada
6. el camión
7. la temperatura

8. el colchón
9. asistir
10. la alegría
11. empacar
12. el carro
13. la olla

Y ahora, ¿en qué piensa usted personalmente al oír las palabras?

28. RECONSTRUCCIÓN

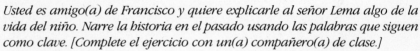

Usted es amigo(a) de Francisco y quiere explicarle al señor Lema algo de la vida del niño. Narre la historia en el pasado usando las palabras que siguen como clave. [Complete el ejercicio con un(a) compañero(a) de clase.]

1. cosecha / terminar
2. mudarse
3. buscar / trabajo
4. garaje
5. viñas
6. temperatura
7. camión

8. noviembre / escuela
9. matricularse / grado
10. almuerzo / leer
11. música
12. un día / volver
13. todo / empacado

Exploración y síntesis oral

En grupos pequeños, contesten las preguntas (a) explorando las diferencias de opinión y las interpretaciones individuales, y (b) comparando sus experiencias personales. Preguntas para discutir:

1. En el cuento, ¿cuál era la mayor frustración del niño? ¿Por qué?
2. En la vida de usted, ¿cuál ha sido su mayor frustración?
3. ¿Qué piensa el niño de su vida como obrero migratorio en general?
4. ¿Qué piensa usted de su vida en comparación con la del niño? ¿Es más difícil o fácil? ¿Por qué?
5. ¿Por qué tienen los padres tanto orgullo de su carro viejo y de su olla vieja?
6. ¿Está usted orgulloso(a) de una posesión similar? ¿Cuál es, y por qué?
7. ¿Cree usted que el niño quería asistir a la escuela? ¿Por qué?
8. ¿Le gusta a usted asistir a la escuela? ¿Por qué sí o no?
9. ¿Por qué se entristece el niño cada vez que tienen que mudarse?
10. ¿Se ha mudado usted alguna vez? ¿Cómo se sintió?
11. En su opinión, ¿cómo reaccionó el niño ese último día al verlo todo empacado? ¿Cómo habría reaccionado usted?

Exploración y síntesis escrita

A. Casals decía: "¿Y qué les enseñamos a los niños en las escuelas? Les enseñamos que dos más dos son cuatro y que París es la capital de Francia. ¿Cuándo les enseñaremos también lo que ellos son?" En la opinión de usted, ¿qué relación tienen las palabras de Casals con lo que hacía el profesor Lema?

B. Hace unos cuantos años usted posiblemente tenía un sueño o un plan para el futuro que quería realizar. Descríbalo y explique lo que hizo para tratar de realizarlo. (o) Explique qué planes o sueños usted tiene para el futuro. ¿Cómo piensa usted realizarlos?

Cuarta Unidad

LAS RELACIONES INTERPERSONALES

el prejuicio
las actitudes perjudiciales

el prejuicio Acción de prejuzgar/ Idea preconcebida.

perjudicial Que daña la salud, la fama, etc., de alguien/ Que disminuye o desacredita la reputación de una persona o la estimación de una cosa.

Experiencia

Pablo Casals, cuando joven, decidió salir de España para probar en Bruselas su suerte y perfeccionar su técnica de tocar el cello. Llegó a Bruselas para matricularse en uno de los mejores conservatorios. Allí se encontró él en una situación que le impresionó y que le cambió la vida.

"EL ESPAÑOLITO"[1]
Pablo Casals (Cataluña, España, 1876–1973)

string/back

Me sentía muy nervioso a causa de la reputación del conservatorio como la mejor escuela del mundo para instrumentos de cuerda°. Me senté al fondo° de la sala y escuché a los demás alumnos. No me impresionaron gran cosa, em-

[1]Título añadido por los autores.

Pablo Casals (España, 1876–1973).

sign

pecé a sentirme más tranquilo. Cuando terminó la clase el profesor, que no había dado señas° de **fijarse en** mí, me llamó y dijo: "De modo que usted es el españolito de quien me habló el director." No me gustó el tono con que me hablaba. Le respondí que sí, que era yo.

—Bueno, españolito, dijo, parece que usted toca el cello. ¿Quisiera tocar algo para nosotros?

Le contesté que sí, que con gusto.

—¿Y qué cosas toca?

turned

Algunas, más bien dicho, bastantes, le dije. Nombró varias composiciones preguntándome si las podía tocar y cada vez que yo decía que sí se volvía° hacia la clase para exclamar:

—¡Bien, bien! ¡Notable! Parece que nuestro joven español lo sabe todo. Debe ser realmente sorprendente.

began/manners

Los estudiantes se pusieron a° reír. Primero me molestaron los modales° del profesor—era mi segundo día en un país **extranjero**—, pero ahora me daba cólera° que me pusiera en ridículo. No dije nada.

angered

—¿Tal vez, continuó, nos hará el honor de tocar "Souvenir de Spa"?

Se trataba de una composición superficialmente brillante, popular en la escuela belga. Contesté que sí, que la tocaría. —Estoy seguro de que vamos a oírle algo **asombroso** a este joven que lo sabe todo. Pero, ¿y en qué va a tocar?

reconsidered
snatched

Más **risa** entre los estudiantes. Yo estaba tan furioso que estuve a punto de irme. Pero, recapacité°. Quiera o no quiera, me dije, me va a escuchar. Le arrebaté° el cello al estudiante que estaba a mi lado y empecé a tocar. Se produjo un gran silencio en la sala. Cuando concluí no se oía un ruido. El profesor me observaba intensamente, tenía una rara expresión en la cara. —¿Quiere venir a mi oficina?—dijo.

Su tono había cambiado. Salimos de la sala juntos. Los estudiantes no se movieron. Cuando llegamos a la oficina el profesor me invitó a pasar y cerró la puerta.

—Joven, me dijo, le diré que usted tiene un gran talento. Si decide estudiar aquí y consiente en **ingresar** a mi clase, le **prometo** que ganará el Primer **Premio** del conservatorio. Fíjese bien, no es reglamentario° que yo le diga tal cosa, pero le doy mi palabra que ganará ese premio.

obligatory

Tan furioso estaba que casi no podía hablar, pero le dije: —Usted se portó **grosero** conmigo, me ridiculizó frente a sus alumnos. No me quedo aquí ni un segundo más.

El hombre se levantó, pálido, y en silencio me abrió la puerta.

(Selección tomada de *Joys and Sorrows: Reflections by Pablo Casals,* por Albert E. Kahn. New York: Simon and Schuster, 1970. Traducida por Fernando Alegría.)

DEFINICIONES

fijarse (en)   Notar, dirigir la atención a/ Reconocer, mirar.

extranjero   De otro país o nación.

tratar(se) de   Ser una cuestión de/ Tener que ver con. (*to be about, to be a question of*)

asombroso   Que causa admiración/ Sorprendente y admirable.

la risa   Movimiento de la boca y otras partes de la cara que demuestra alegría/ Lo que mueve a reír.

ingresar   Entrar/ Matricularse/ Inscribirse.

prometer   Hacer una promesa o garantía/ Dar la palabra.

el premio   Recompensa/ Lo que se gana. (*award, prize*)

grosero   Indecente, repugnante/ Insensible.

PALABRAS SIMILARES . . .

brillante	nervioso
la composición	notable
concluir	observar
consentir (ie)	popular
el conservatorio	producir
continuar	la reputación
el director	responder
exclamar	ridículo
la expresión	el silencio
furioso	superficial
el honor	el talento
el instrumento	el tono
intenso	tranquilo

Expresión

1. DEFINICIONES

Practiquen las definiciones en parejas.

2. PREGUNTAS

1. ¿Cómo se sentía Casals, y por qué?
2. ¿Por qué empezó a sentirse más tranquilo?
3. En su opinión, ¿qué insinuaba el profesor al llamar a Pablo "españolito"?
4. ¿Por qué llama el profesor a Pablo un "sabelotodo"?
5. ¿Cómo reaccionaron los otros estudiantes?
6. ¿Cómo reaccionó Pablo a lo que hacía el profesor?
7. ¿De dónde consiguió el cello?
8. ¿Qué pasó cuando Pablo se puso a tocar?
9. Cuando estaban solos en la oficina, ¿qué le prometió a Pablo el profesor?
10. ¿Qué le dijo Pablo? Y después, ¿qué hizo?
11. ¿Qué piensa usted del profesor?
12. ¿De qué manera ridiculizó el profesor a Pablo?
13. En su opinión, ¿por qué se portó así el profesor?
14. ¿Por qué se fue Pablo?
15. ¿Se ha encontrado usted en una situación en que fue ridiculizado(a)? Explique.

3. ASOCIACIÓN

¿Con qué palabras o frases asocia usted las referencias que siguen? ¿Y en qué piensa usted al oír las palabras?

1. el prejuicio
2. fijarse
3. conservatorio
4. tocar
5. la risa
6. el extranjero
7. grosero
8. ingresar
9. furioso

4. RECONSTRUCCIÓN

Imagínese que usted era Pablo Casals ese primer día de clases y ahora está en casa. En sus propias palabras y usando las referencias que siguen como clave, cuéntele a su madre lo que pasó, cómo se sentía, y lo que hizo usted. [Complete el ejercicio con un(a) compañero(a) de la clase.]

1. sentir(me)
2. el españolito
3. gustar / tono
4. estudiantes / reír
5. furioso
6. empezar / tocar
7. silencio
8. oficina
9. talento
10. prometer / premio
11. portar(se)
12. quedar(me)

5. ACTIVIDAD

Usted es el (la) director(a) de la escuela en que quería ingresar Pablo Casals, pero acaba de oír de uno de los estudiantes que Casals salió furioso. Hágale una entrevista al profesor [un compañero(a) de la clase] preguntándole acerca de (about) *lo que ocurrió, cómo se portó, y por qué se portó así.*

I. PRONOMBRES PERSONALES—SUJETOS DEL VERBO

Singular
Yo soy una persona singular.
Tú debes ayudarme.
Él no se fijó en mí.
Ella quiere ganar el premio.
Usted (**Ud.**) lo sabe todo.
Plural
Nosotros(as) estábamos furiosos(as).
Vosotros(as) no podíais aceptarlo como igual.
Ellos negaban la verdad.
Ellas querían ser populares.
¿**Ustedes** (**Uds.**) no pudieron tolerarlo?

Los pronombres personales se usan: (1) para dar énfasis a lo que se dice, y (2) para eliminar posible confusión. Por lo general, son omitidos, con la excepción de **usted** y **ustedes.**

OBSERVACIONES: Hay varios pronombres personales para indicar *you* en inglés:
(a) **Tú** es la forma familiar del singular y se usa con personas a quienes conocemos bien (amigos, niños, miembros de la familia);
(b) **Vosotros** es la forma familiar del plural y se usa en España. En Hispanoamérica se usa **ustedes.**
(c) **Usted** (**Ud.**), forma formal del singular, y **ustedes** (**Uds.**), forma formal del plural, se usan con personas a quienes no conocemos bien y a quienes les debemos respeto por su fama o reputación, edad, profesión, etc.

II. PRONOMBRES PERSONALES—OBJETOS DE LA PREPOSICIÓN

Singular
¿Quién estaba detrás de **mí**?
Niño, esto no es para **ti.**
Delante de **él** estaba sentado el profesor.
Sin **ella** no es posible terminar la tarea.
¿Me permite ir con **usted**?

Plural
¿Puede usted hacer algo por **nosotros**?
No queremos oír más de **vosotros**.
Siempre quería estar al lado de **ellos**.
Se volvió hacia **ellas**.
El conflicto existe dentro de **ustedes**.

Con la excepción de **mí** y **ti,** las formas preposicionales son idénticas a los pronombres personales usados como sujeto.

OBSERVACIÓN: Usados con la preposición **con,** los pronombres **mí** y **ti** forman una nueva palabra: **conmigo, contigo.**

Expresión

6. *PREFERENCIAS*

Indique cuáles son sus preferencias. Conteste las preguntas usando los pronombres usados como objetos de la preposición.

1. ¿Quieres estar cerca de (nombre de estudiante)?
2. ¿Prefieres estar cerca de o lejos de (nombre de estudiante)?
3. ¿Quiere (nombre de estudiante) estar sentado junto a ti? (Pregúntele a él o a ella.)
4. ¿Tienes ganas de ir a la cafetería conmigo?
5. ¿Prefieres ir a un partido de fútbol o a un concierto con nosotros?
6. ¿Tiene tu novio(a) ganas de ir a un restaurante contigo?
7. ¿Tienes ganas de ir a un restaurante con tu novio(a)?
8. Aquí en la universidad, ¿piensas mucho en tus padres? ¿Y piensan ellos mucho en ti?
9. Cuando no estás en mi clase, ¿hablas de mí? (¿Qué dices?)

III. OTRAS PREPOSICIONES Y LOS USOS DE *POR* Y *PARA*

A. OTRAS PREPOSICIONES

Además de las preposiciones de localización o lugar (véase Primera Unidad, p. 12), otras preposiciones comunes son:

a	*to*	Fue **a** Bruselas.
a causa de	*because of*	**A causa de** ella, estamos aquí.
acerca de	*about*	Aprendí mucho **acerca de** ellos.
además de	*besides, in addition to*	**Además de** nosotros, ¿quién va?
antes de	*before*	**Antes de** salir, hablé con él.
a pesar de	*in spite of*	Pude dormir **a pesar del** ruido.
como	*like*	No soy **como** mi hermano.
contra	*against*	¿Quieres competir **contra** él?

de	*from, of, about*	Son **de** España.
desde	*from, since*	Han estado aquí **desde** junio.
después de	*after*	Llamé **después de** las once.
en vez de	*instead of*	**En vez de** estudiar, fui al concierto.
hacia	*toward*	Se volvió **hacia** mí.
hasta	*until, to, up to*	Estarán allí **hasta** septiembre.
→ menos	*except*	Todos van **menos** Carlos.
para	*for*	Salió **para** Bruselas.
por	*for*	Fue **por** su madre.
respecto a	*with respect to*	¿Tienes información **respecto al** examen?
según	*according to*	**Según** mis amigos, no hay clase hoy.
sin	*without*	**Sin** ti, la vida no es nada.

OBSERVACIÓN Con algunas preposiciones como **entre, según, menos** y **como** se usan los pronombres personales usados como sujetos del verbo, no la forma preposicional.

> **Entre él** y **yo** había una gran diferencia.
> No hay otra persona **como yo.**

Expresión

7. ¿CUÁNTAS POSIBILIDADES?

En parejas o en grupos pequeños, completen las siguientes oraciones con tantas variaciones como sea posible.

1. Voy a trabajar en vez de . . .
2. Voy al cine en vez de . . .
3. Quiero hablar acerca de . . .
4. No quiero hablar acerca de . . .
5. Quiero información respecto a . . .
6. Voy a dormir a pesar de . . .
7. Debo hablar con mis padres antes de . . .
8. Voy a estar aquí desde . . . hasta . . .
9. Quiero ser como . . .
10. Algunas personas no pueden vivir sin . . .
11. Durante el invierno me gusta . . .
12. Soy una persona extraordinaria a causa de . . .

B. LAS PREPOSICIONES *POR* Y *PARA*

Las preposiciones **por** y **para** producen ciertas dificultades porque en algunos casos sus usos parecen casi idénticos y porque las dos preposiciones, sobre todo **por,** llevan tantas posibilidades de traducción en inglés. A continuación se encuentran los usos más comunes de cada preposición.

LOS USOS DE *POR*

1. **Por** estar furioso, decidió salir del conservatorio. (*because of*)
   Lo hicieron **por** él. (*on behalf, on account of, for*)
   Sus padres han trabajado mucho **por** su educación. (*on behalf of, for the sake of*)
   Debemos declararnos **por** la igualdad. (*in favor of, on behalf of*)
   Silvia no puede ir. ¿Puedes ir **por** ella? (*for, in place of, on behalf of*)

Por se usa en casos donde hay énfasis sobre la causa, la razón o el motivo general de una acción.

2. Es imposible trabajar **por** la noche. (*at, during*)
   ¿**Por** cuánto tiempo vas a estar en Costa Rica?
   Estaremos en Costa Rica **por** dos años.

Por se usa para indicar la duración de tiempo.

3. Vamos a pasar **por** Lima en camino a Santiago. (*through*)
   Caminaba **por** el parque cuando lo vi. (*through, in, by*)
   ¿Puedes pasar **por** mi cuarto a las tres? (*by*)
   Venían **por** la playa cuando ocurrió el accidente. (*along, down, by*)

Por se usa para expresar movimiento o acción en un espacio o lugar determinado.

4. ¿Es posible cambiar este instrumento **por** otro? (*for, in exchange for*)
   Compré el cello **por** mil doscientos dólares. (*for, in exchange for*)
   Te daré éste **por** ése. (*for, in exchange for*)

Por se usa para indicar la acción de cambiar una cosa **por** otra.

5. ¿Cómo viaja Casals? Creo que llega **por** tren. (*by means of*)
   Los libros de música fueron enviados **por** correo. (*by*)
   Lo realizó **por** la práctica. (*by means of, through*)
   La composición fue escrita **por** Casals. (*by*)

Por se usa (a) para indicar el medio o la manera de hacer algo, y (b) para expresar el agente de la acción en la voz pasiva.

6. Practico el piano tres veces **por** semana.
   ¿Cuánto gana **por** mes?
   El tren viajaba a 80 kilómetros **por** hora.
   La inflación estaba en un cinco **por** ciento. (*percent*)

Por se usa para indicar la frecuencia, el número o la velocidad (*per*).

7. Fue al banco **por** dinero. (*for, to get*)
   Salieron para el mercado **por** pan y leche. (*for, to get*)
   Había ido **por** un médico. (*for, in search of*)

Por se usa con un verbo de movimiento (**ir, venir,** etc.) para expresar el objeto y la razón de la acción.

8. Algunas expresiones comunes en que se encuentra **por** son:

por allá *over there*
por Dios *for goodness sake*
por ejemplo *for example*
por eso *for that reason, therefore*
por favor *please*
por fin *finally*
por lo general *generally*
por lo menos *at least*
por mí (sí) mismo(a) *all by myself (himself, herself)*
por supuesto *of course*
por todas partes *everywhere*

por si acaso (in case of need, just in case)

Expresión

8. **¿POR QUÉ GANÓ LOS PREMIOS?**

*Pablo Casals ganó muchos premios. Indique las razones usando **por**.*

MODELO Es buen intérprete de la música.
Ganó muchos premios por ser buen intérprete de la música.

1. Toca el cello.
2. Escribe muchas composiciones brillantes.
3. Sabe tocar la música clásica.
4. Es un músico extraordinario.
5. Sobresale en su profesión.
6. Es una persona de un talento increíble.

9. PREGUNTAS PARA USTED

1. Cuando sus padres están trabajando, ¿va usted al supermercado por ellos?
2. Normalmente, ¿va usted al mercado por la mañana, por la tarde o por la noche?
3. ¿Cuántas veces por semana o por mes va su familia al supermercado?
4. En camino al supermercado, ¿pasa usted normalmente por otros lugares? ¿Cuáles?
5. La familia americana frecuentemente vuelve al mercado por ciertos artículos específicos. ¿Por cuáles vuelve su familia generalmente?
6. ¿Come su familia en restaurantes con frecuencia? ¿Cuántas veces por semana o por mes?
7. En un restaurante elegante, donde usted vive, ¿cuánto se paga por un plato de langosta? ¿por un plato de rosbif o bistec? ¿por uno de pollo?

10. ACTIVIDAD—UN VIAJE A SU CIUDAD FAVORITA

A usted y a su compañero(a) les gusta viajar a ciudades diferentes. Cada uno debe identificar su ciudad favorita y explicar por qué viaja allí. Indiquen:

1. los medios o las maneras posibles de llegar allí (por tren, por avión, etc.);
2. qué medio prefiere usted y por qué;
3. por cuánto tiempo se queda usted allí normalmente;
4. por dónde anda usted y los lugares que explora mientras está allí;
5. a qué lugares especiales se puede ir por ciertas cosas específicas;
6. cuánto paga usted en general por cada cosa;
7. mientras allí, cuántas veces por día, semana, etc., usted generalmente (a) cambia dinero, (b) va a restaurantes, (c) va a espectáculos culturales de la ciudad (teatros, conciertos, cine, etc.), y (d) llama a casa.

11. POR FAVOR

Complete de una manera original.

1. Por allá . . .
2. Por fin . . .
3. Por todas partes . . .
4. Por lo general . . .
5. Tengo seis clases difíciles este semestre y, por eso . . .
6. Mi compañero(a) de cuarto tiene por lo menos . . .
7. ¡Por Dios!

LOS USOS DE *PARA*

1. Se volvió hacia la clase **para** exclamar: "¡Notable!" (*to, in order to*)
   Lo hizo **para** comprobar su valor. (*in order to*)
   Estudia **para** ser músico. (*to, in order to*)
   ¿Qué clase de música es? Es música **para** guitarra. (*for*)
   Es un papel especial **para** escribir composiciones musicales. (*for*)

Para se usa para expresar un propósito (*purpose*) específico.

OBSERVACIÓN: **Para que** (*so that, in order that*) es una conjunción que se usa para hacer conexión entre una cláusula subordinada en que se usa el subjuntivo y una cláusula independiente. (Véase la Octava Unidad, p. 206.)

2. Salimos **para** Miami en dos días. (*for*)
   ¿**Para** dónde van ellos? (*for, headed for*)
   ¿Quisiera tocar algo **para** nosotros? (*for*)
   Compramos la guitarra **para** ti. (*for*)

Para se usa para indicar: (a) un lugar a donde va alguien o una destinación específica, y (b) la persona a quien va dirigida o destinada una cosa.

3. ¿Puedes terminarlo **para** el lunes? (*by*)
   Lo quiero **para** mañana. (*for, by*)
   ¿**Para** cuándo lo necesitas? (*for, by*)

Para se usa para indicar una fecha específica y determinada que sirve de límite futuro de tiempo.

4. Nos hemos preparado **para** cualquier situación. (*for*)
   Estábamos listos **para** practicar. (*to*)
   Estamos **para** salir. (*ready to*)

Para se usa para indicar que la persona está lista o preparada para realizar una acción futura.

5. **Para** (ser) americanos, ellos hablan bien el castellano.
   Para ser tan joven, tiene mucha experiencia.
   Para algunos estudiantes, todo esto es fácil. **Para** otros, no.

Para se usa frecuentemente con **ser** para indicar una comparación indirecta o un contraste.

> OBSERVACIÓN Hay varios verbos en español que incluyen dentro del verbo mismo la idea de la preposición *for.* Normalmente no se usa **por** o **para** con estos verbos: **buscar**—*to look for, search for;* **esperar**—*to hope for, wait for;* **pagar**—*to pay for* (con la mención de una cantidad de dinero se usa **por**); **pedir**—*to ask for.*

6. Algunas expresiones comunes en que se usa **para** son:

   no es para tanto *there is no need to make such a fuss, it's no big deal*
   para abajo *downward(s), down*
   para arriba *upward(s), up*
   para atrás *backward(s), behind*
   para concluir *in conclusion*
   para mí *as far as I am concerned, in my opinion*
   para siempre *forever*

Expresión

12. ¿CUÁNTAS POSIBILIDADES? ¿CUÁL ES EL PROPÓSITO?

En parejas o en grupos pequeños, completen las siguientes oraciones con tantas variaciones como sea posible.

MODELO Quiero una buena educación . . .
   Quiero una buena educación para no ser ignorante, etc.

1. Quiero ser médico(a) . . .
2. Quiero ser profesor(a) . . .
3. Quiero ser presidente . . .
4. Quiero ir al centro . . .
5. Quiero ir a California . . .
6. Quiero viajar a Europa . . .
7. Quiero estudiar mucho . . .
8. Quiero aprender español . . .

13. UN CONCIERTO

Un músico famoso tiene que hacer un viaje para presentar un concierto. ¿Cuál es su destinación y cuándo tiene que estar allí?

> MODELO Acapulco / el lunes
> **Sale para Acapulco. Tiene que estar allí para el lunes.**

1. Madrid / el viernes
2. la capital / 1:00 de la tarde
3. Buenos Aires / la semana que viene
4. San Salvador / el mes que viene
5. Santiago / el fin de semana
6. San Juan / el mediodía
7. Lima / el miércoles por la noche
8. Barcelona / esta noche a las siete

14. ¿ESTÁ USTED LISTO(A)?

*¿**Para qué** está usted preparado(a) si tiene estas cosas? Indique en oraciones completas actividades para cada cosa.*

> MODELO Tengo mi abrigo.
> **Estoy para salir.**

1. Tengo un traje de baño.
2. Tengo mis libros.
3. Tengo un cello.

4. Tengo mi licencia de chófer.
5. Tengo mi coche.
6. Tengo un cheque.

15. ¿EL PREJUICIO?

*Muchas veces tenemos ideas predeterminadas de cómo debe ser una persona. Usando **para**, haga comparaciones indirectas entre estas ideas y las personas indicadas.*

> MODELO un extranjero
> **Para un extranjero conoce este país bien.**

1. un(a) profesor(a) de español
2. una persona del campo
3. una persona de la ciudad
4. un(a) niño(a)
5. un(a) estudiante de esta escuela
6. un hombre (¡para las mujeres exclusivamente!)
7. una mujer (¡para los hombres exclusivamente!)
8. un(a) atleta

16. EXPRESIONES PARA LA OCASIÓN

*Usando expresiones con **para**, conteste estas preguntas.*

1. Una persona estaba en el segundo piso y descendió al primero. ¿Adónde fue?
2. Una persona estaba en el primer piso y subió al décimo. ¿Adónde fue?

3. Una persona estaba sentada en la primera fila del teatro y se movió a la última. ¿Adónde fue?

4. Una persona agitada exagera una situación que usted considera insignificante. ¿Qué dice usted?

5. Una persona quiere terminar lo que está diciendo. ¿Qué dice?

6. Una persona quiere interrumpir la conversación expresando una opinión personal. ¿Cómo empieza su declaración?

7. Una persona declara su amor eterno. ¿Cuánto tiempo durará su amor?

17. ¿YO, UN MÚSICO PROFESIONAL?

*Su amigo, guitarrista en una banda de "rock", se pone enfermo el día de un gran concierto. Usted necesita tocar por él. Para narrar lo que ocurrió, haga oraciones completas con las frases siguientes, usando **por** o **para**. [Complete el ejercicio con un(a) compañero(a) de la clase.]*

1. Mi amigo no pudo ir / estar enfermo.
2. Decidí ir / él.
3. Tuve que estar en San Diego / las ocho.
4. Salí / la estación.
5. Fui / tren.
6. En camino pasé / varios pueblos.
7. Viajé al sur / la costa.
8. Al llegar descubrí que mi guitarra había sido rota (*broken*) / alguien.
9. ¿Qué iba a hacer / conseguir otra?
10. Fui a la tienda de música / otra.
11. Me permitieron cambiarla / una nueva.
12. Estuve en la tienda / una hora.
13. Tuve que darme prisa / llegar al teatro a tiempo.
14. ¡Caramba! El taxista manejó como un loco / la ciudad.
15. Fuimos a ochenta kilómetros / hora.
16. Cuando llegué, los otros músicos estaban listos / empezar.
17. Me dijeron que ya tenían un sitio reservado / mí.
18. Toqué bastante bien / una persona nerviosa e inexperta.

18. PROPÓSITOS Y RAZONES

Preguntas

1. ¿Para qué viajó Pablo Casals a Bruselas?
2. ¿Para qué quería ingresar en el conservatorio?
3. ¿Para qué le llevó el profesor a Casals a la oficina?
4. ¿Por qué salió Casals del conservatorio?
5. En su opinión, ¿por qué se portó el profesor de una manera tan grosera?

Experiencia

José Martí, famoso poeta, cuentista, ensayista, pensador, político y revolucionario cubano, escribió algunas ideas y opiniones sobre el racismo en su ensayo *Mi raza*, parte del cual sigue a continuación.

Todo lo que divide, todo lo que aparta es un pecado contra la humanidad. Venezuela.

MI RAZA
José Martí (Cuba, 1853–1895)

Ésa de racista está siendo una palabra confusa y hay que ponerla en claro. El hombre no tiene ningún **derecho** especial porque pertenezca a una raza o a otra: dígase hombre, y ya se dicen todos los derechos. El negro, por negro, no es inferior ni superior a ningún otro hombre; peca por redundante el blanco que dice: "Mi raza"; peca por redundante el negro que dice: "Mi raza". Todo lo que divide a los hombres, todo lo que especifica, **aparta** o acorrala es un pecado° contra la humanidad. . . .

sin

   El racista blanco, que le cree a su raza derechos superiores, ¿qué derechos tiene para **quejarse** del racista negro que también le vea especialidad a su raza? El racista negro, que ve en la raza un carácter especial, ¿qué derecho tiene para quejarse del racista blanco? . . . El blanco que se **aísla,** aísla al negro. El negro que se aísla, provoca a aislarse al blanco. La **paz** pide los derechos comunes de la naturaleza; los derechos diferenciales, contrarios a la naturaleza, son **enemigos** de la paz.

DEFINICIONES

la raza   Casta/ Grupo humano caracterizado principalmente por el color de la piel.

el derecho Justicia, razón/ Los principios y las leyes a que están sometidas las relaciones humanas/ Privilegio legal. (*right*)

apartar Separar, desunir.

quejarse Dar quejas/ Manifestar dolor o pena/ Formular acusaciones. (*to complain*)

aislar Dejar a una persona o cosa sola y separada de otras/ Retirar del trato de la gente.

la paz Tranquilidad, armonía, concordia/ Estado del país que no está en guerra/ Sin conflicto.

el enemigo Adversario/ Contrario de amigo/ Persona por la que uno tiene adversión u odio.

PALABRAS SIMILARES . . .

el carácter	famoso	provocar
común	la humanidad	el racismo
contrario	la idea	el (la) racista
diferencial	inferior	redundante
dividir	el poeta	superior
especial		

Expresión

19. PREGUNTAS

Según Martí . . .

1. ¿Por qué creen algunos hombres que tienen derechos especiales?
2. ¿Cómo es el negro o el blanco?
3. ¿Qué es un pecado contra la humanidad?
4. El racista blanco, ¿qué le cree a su raza? ¿y el racista negro?
5. ¿Qué ocurre cuando una persona se aísla?
6. ¿Qué pide la paz?
7. ¿Qué tipo de derechos son enemigos de la paz?
8. Para concluir, ¿a quién se aplica la palabra "racista"?

Según usted . . .

9. ¿Qué piensa usted de las ideas de Martí sobre lo que constituye "raza" y "racista"?
10. ¿Estaría Martí de acuerdo con las ideas y la filosofía de Martin Luther King? Explique.

IV. PRONOMBRES USADOS COMO OBJETO DIRECTO E INDIRECTO DEL VERBO

A. OBJETOS DIRECTOS

> **La** vi ayer en el centro.
> **Nos** llamó por teléfono anoche.
> Dijo que compraron un coche nuevo y que están preparándo**lo** para el viaje.

El pronombre usado como **objeto directo** recibe directamente la acción del verbo. Los objetos directos son:

me (*me*)	**nos** (*us*)
te (*you*)	**os** (*you*)
lo (*it* m., *him, you* m.) .	**los** (*them* m., *you* m.)
la (*it* f., *her, you* f.)	**las** (*them* f., *you* f.)

OBSERVACIONES:
(a)   La forma **os** se usa en España.
(b)   En España es común oír el uso de **le** o **les** como objeto directo refiriéndose a personas masculinas.

B. OBJETOS INDIRECTOS

> **Me** escribieron de Panamá.
> **Nos** trajeron varios regalos.
> Voy a comprar**les** algo cuando esté en España.

El pronombre usado como **objeto indirecto** es generalmente una persona que recibe indirectamente la acción del verbo. En inglés normalmente se traduce como *to . . . , for . . . ,* o *from . . . .* Los objetos indirectos son:

me (*to me*)	**nos** (*to us*)
te (*to you*)	**os** (*to you*)
le (*to him, her, you*)	**les** (*to them, you*)

OBSERVACIÓN: Con el objeto directo o indirecto se puede usar **a** + el pronombre preposicional para aclarar o dar énfasis.

> **Lo** vi **a él.**
> **Les** dije **a ustedes** que no era la verdad.

C. OBJETOS DIRECTOS E INDIRECTOS EN COMBINACIÓN

1. **Me la** mandaron por correo.
   Nos los trajeron ayer.
   Te los muestro esta tarde.

Cuando hay dos pronombres, uno directo y el otro indirecto, el indirecto precede al directo.

2. **Se** la mandé a él por correo.
   Se la mandé a ellas por correo.

Cuando hay dos pronombres de tercera persona, es necesario cambiar el indirecto **le** o **les** a **se.** A veces es bueno explicar y aclarar **se** con la forma preposicional **a** + pronombre.

> OBSERVACIONES:
>
> (a) Frecuentemente se usa un pronombre indirecto aún (*even*) cuando se da el nombre de la persona.
>
> **Le** di el libro **a Elena.**
>
> (b) Cuando hay dos pronombres de tercera persona, es obligatorio el uso de **se.**
>
> **Se** lo expliqué **a Carlos.**

D. POSICIÓN DE LOS OBJETOS DIRECTOS E INDIRECTOS

1. **Se lo** dije ayer.
   Pero se fue sin hacer**lo.**
   Hablándo**me** más tarde, dijo que **lo** sentía.

Por lo general el pronombre o los pronombres se ponen delante del verbo conjugado; pero si hay infinitivo o gerundio, sin verbo conjugado, se ponen al final del infinitivo o del gerundio formando una sola palabra. Aquí es necesario mantener el acento donde caía en el verbo original, por ejemplo, ha*blan*do—ha*blán*dome.

2. Estaba explicándo**melo.** (o) **Me lo** estaba explicando.
   No podía decir**me** la verdad. (o) No **me** podía decir la verdad.

Cuando el infinitivo o el gerundio se usa con un verbo conjugado como **estar, ir, poder, querer** o **saber,** el pronombre o los pronombres o (a) se ponen al final del infinitivo o del gerundio, o (b) se ponen delante del verbo conjugado.

Expresión

20. *LA CRÍTICA PERJUDICIAL*

Se cometió un error. Una persona injusta critica a varias personas. ¿A quién(es) critica?

> MODELO ¿a los hombres?
> **Sí, los critica.**

1. ¿a las mujeres?	5. ¿a mí?	8. ¿a nosotros?
2. ¿a los blancos?	6. ¿a ti?	9. ¿a vosotros?
3. ¿a los negros?	7. ¿a los estudiantes?	10. ¿al profesor?
4. ¿a la médica?		

21. SIEMPRE MIRANDO

Conteste las preguntas para indicar quién está mirando a quién. Use el objeto directo en su respuesta.

1. ¿Estás mirando a (nombre de alumna)?
2. ¿Estás mirando a (nombre de alumno)?
3. ¿Estás mirando a (nombres de alumnos)?
4. ¿Estás mirando a (nombres de alumnas)?
5. ¿Estás mirándome?
6. ¿Está (nombre de alumno) mirándote?
7. ¿Estoy yo mirándote?

22. MI COMPAÑERO(A) Y YO—¿QUÉ HICISTE HOY?

En parejas, háganse preguntas y contéstense.

MODELO tratar de terminar la tarea
   ¿Trataste de terminar la tarea?
   Sí, traté de terminarla.

1. tratar de escribir los ejercicios
2. tratar de leer el cuento
3. poder interpretar el cuento
4. poder traducir la selección
5. ir a ver la película española
6. ir a visitar al (a la) profesor(a)
7. poder resolver el problema

23. TERESA VUELVE DEL PERÚ.

Teresa acaba de volver del Perú. Trajo muchos regalos para sus amigos. ¿Qué regalos les dio ella a ellos?

MODELO a Esteban / una pintura
   Le dio una pintura.

1. a mí / unas fotos
2. a Teri / una flauta india
3. a su novio / un suéter
4. a mí / un sombrero
5. a nosotros / unos discos
6. a ti / un cassette de música peruana
7. a sus amigos / joyas bonitas
8. a sus profesores / libros

24. ¿QUÉ QUERÍA MOSTRARLES EL (LA) PROFESOR(A)?

El (la) profesor(a) acaba de volver de un viaje a la América del Sur. Usando la combinación de objeto directo e indirecto, diga lo que él (ella) quería mostrarles a ustedes.

MODELO a mí / el libro de arte
   Quería mostrármelo.

1. a mí / el poncho argentino
2. a Juan / la flauta india
3. a Luisa / el sombrero boliviano
4. a nosotros / los mapas
5. a Elena y a Teresa / algunos pesos chilenos
6. a Juan y a José / una pintura del Cuzco
7. a ti / un disco de música ecuatoriana
8. a nosotros / las fotos del viaje

25. ACTIVIDAD

1. Cada estudiante le da un artículo suyo a otro estudiante (un libro, una chaqueta, un reloj, etc.).
2. Todos los estudiantes se levantan y, andando por la clase con los artículos
   en la mano, hacen preguntas a seis estudiantes diferentes para saber quién
   les dio los artículos.

   MODELO (Pedro), ¿quién te dio la chaqueta?
   　　　　　(Nombre de estudiante) **me la dio.**

3. Los estudiantes vuelven a sus asientos y contestan las preguntas del profesor (de la profesora).

   MODELO (Pedro), ¿a quién tienes que devolver la chaqueta?
   　　　　　Tengo que devolvérsela a (nombre de estudiante).

V. GUSTAR (*to like*) Y OTROS VERBOS SIMILARES

A. GUSTAR

Me gusta lo que decía Martí.
A algunos no **les gustaban** sus comentarios.
¿Te gustaron sus ideas?
Nos gusta hablar de este tema.

Me gustó
Me gustaron

　　Gustar tiene una construcción especial. El sujeto en inglés—*I, you*, etc.—
en español se convierte en el pronombre indirecto—**me, te,** etc. El verbo
en español se usa casi exclusivamente en la tercera persona singular o plural
para indicar la cosa o las cosas que dan gusto.

B. OTROS VERBOS SIMILARES A *GUSTAR*

doler (ue)	*to hurt*	**¿Te duele** la cabeza?
encantar	*to love, be delighted*	**Me encanta** la poesía.
faltar	*to lack, need*	**¿Le falta** un libro más?
fascinar	*to fascinate*	**Me fascinó** la idea.
hacer falta	*to be necessary, to need, to lack*	**Nos hace falta** hacerlo mejor.

importar	to matter, be important	¿No **os importa** lo que dicen?
interesar	to interest	No **le interesaba** el cuento.
parecer	to seem	A ellos **les parece** ridículo.
pasar	to happen	¿Qué **les pasó** a ustedes?
quedar	to remain, have left	No **me quedaba** ni un centavo.
sobrar	to be (have) left over, to have more than enough	**Le sobraba** dinero.
sorprender	to surprise	¿**Te sorprendió** su reacción a la acusación?

Estos verbos son similares a **gustar** en que comúnmente usan el pronombre indirecto y la tercera persona singular o plural del verbo.

OBSERVACIÓN: A veces se usa una frase preposicional antes del verbo para poner énfasis en la persona.

A mí me encantan las dos películas.
A nuestra madre le importa saber exactamente lo que hicimos.

Expresión

26. ¿LES GUSTABA O NO?

Indique si a las personas mencionadas les gustaban o no les gustaban las referencias dadas abajo. Repita la forma preposicional para dar más énfasis.

1. a José Martí / el concepto de "razas" separadas
2. a José Martí / la idea de unir a las personas
3. a José Martí / las actitudes de superioridad
4. a Pablo Casals / tocar el cello
5. a Pablo Casals / las referencias como "españolito"
6. a Pablo Casals / los comentarios perjudiciales

27. MI COMPAÑERO(A) Y YO

En parejas, háganse preguntas y contéstense para saber lo que les gusta.

MODELO qué / gustar / hacer por la tarde
¿Qué te gusta hacer por la tarde?
Me gusta jugar al tenis, etc.

1. qué aspectos / gustar / de esta universidad
   ¿y a los estudiantes en general?
2. qué / no gustar / de esta universidad
   ¿y a los estudiantes en general?
3. qué / gustar / hacer los fines de semana
   ¿y a los estudiantes en general?

    4. qué / no gustar / hacer los fines de semana
       ¿y a los estudiantes en general?
    5. adónde / gustar / viajar para las vacaciones
    6. qué / gustar / hacer durante las vacaciones
    7. qué / gustar / hacer cuando estás en casa
    8. qué / no gustar / hacer cuando estás en casa
    9. qué / gustar / hacer cuando estás solo(a)

28. ¿CUÁNTAS POSIBILIDADES?

En parejas o en grupos pequeños formen tantas oraciones como sea posible con las palabras indicadas.

    MODELO a mí / doler
               Me duele el estómago.
               Me duele la cabeza, etc.

    1. a mí / faltar
    2. a mis amigos / encantar
    3. a nosotros / importar
    4. a mí / parecer bueno (malo, ridículo, etc.)
    5. a mí / quedar
    6. a mis padres / fascinar
    7. a nosotros / interesar
    8. a mis padres / sobrar

ACLARACIONES

tratar(se) de	Ser una cuestión de/ Tener que ver con. (*to be a question of, to have to do with, be about*)
	
	    Se trataba de cuánto queríamos y podíamos hacer por ellos.
	
	    ¿Leíste el cuento? ¿**De** qué **se trata**?

tratar	Tener relaciones/ Proceder bien o mal con uno/ También, discurrir o hablar sobre un asunto/ Dar tratamiento. (*to treat, handle, deal with*)
	
	    Debes **tratar** a otras personas con más paciencia.
	
	    La profesora **trató** el tema del prejuicio con delicadeza y diplomacía.

tratar de + infinitivo	Intentar, procurar, esforzarse para conseguir u obtener una cosa. (*to try to*)
	
	    Trataron de controlar la situación pero no pudieron.
	
	    Vamos a **tratar de** resolver el problema.

faltar	No tener o no existir una cosa. (*to be missing, lack, need*) **Me falta** la información necesaria para hacer una decisión.

hacer falta Ser necesario/ No tener o no existir una cosa. (*to be necessary, to need, to lack*)

> **Nos hace falta** hacerlo mejor.
> ¿Necesitas dinero? No, no **me hace falta.**

faltar a No asistir a. (*to miss*)

> Varios alumnos **faltaron a** la clase ayer.

parecer Opinar/ Creer/ Tener opinión. (*to look, seem*)

> La idea me **parece** ridícula.

parecer(se) (a) Ser semejante o casi idéntico a otra cosa o persona. (*to look like, resemble*)

> La mujer **se parecía** a su hermana.

mirar Fijar la vista/ Observar/ Apreciar o estimar una cosa. (*to look at*)

> **Miró** la televisión por dos horas.
> Se **miraban** con admiración.

Experiencia

LA NOCHE DE LOS FEOS
Mario Benedetti (Uruguay, 1920–   )

cheekbone — Ambos somos feos. Ni siquiera vulgarmente feos. Ella tiene un pómulo° hun-
sunken — dido°. Desde los ocho años, cuando le hicieron la operación. Mi **asquerosa**
burn — marca junto a la boca viene de una quemadura° feroz, ocurrida a comienzos de mi adolescencia.

Tampoco puede decirse que tengamos ojos **tiernos**. . . . No, de ningún modo. Tanto los de ella como los míos son ojos llenos de resentimiento, que sólo reflejan la poca o ninguna resignación con que enfrentamos nuestro infortunio. Quizá eso nos haya unido. Tal vez unido no sea la palabra más apropiada. Me refiero al **odio** implacable que cada uno de nosotros siente por su propio **rostro.**

Nos conocimos a la entrada del cine, **haciendo cola** para ver en la panta-
screen/any — lla° a dos hermosos cualesquiera°. Allí fue donde por primera vez nos examinamos sin simpatía pero con oscura solidaridad; allí fue donde registramos,
glance — ya desde la primera ojeada°, nuestras respectivas **soledades.** En la cola todos estaban de a dos, pero además eran auténticas **parejas:** esposos, novios, amantes, abuelitos, vaya uno a saber. Todos—de la mano o del
loose — brazo—tenían a alguien. Sólo ella y yo teníamos las manos sueltas° y
tense — crispadas°. . . .
rows — Por fin entramos. Nos sentamos en filas° distintas, pero contiguas. Ella no
darkness/nape — podía mirarme, pero yo, aun en la penumbra°, podía distinguir su nuca° de pelos rubios, su oreja fresca, bien formada. Era la oreja de su lado normal.

Durante una hora y cuarenta minutos admiramos las respectivas bellezas
rough — del rudo° héroe y la suave heroína. Por lo menos yo he sido siempre capaz de
ill will — admirar lo lindo. Mi animadversión° la reservo para mi rostro, y a veces para

Tanto los de ella como los míos son
ojos llenos de amor y cariño.

scarecrows

pity

cheek
seam

tearoom

trained

normal/miraculously

coughs/clearing of
throat

well
Two birds of a
feather

candor/cutting

Dios. También para el rostro de otros feos, de otros espantajos°. Quizá debería sentir piedad°, pero no puedo. La verdad es que son algo así como es-
pejos. A veces me pregunto qué suerte habría corrido el mito si Narciso[1]
hubiera tenido un pómulo hundido, o el ácido le hubiera quemado la mejilla°, o
le faltara media nariz, o tuviera una costura° en la frente.

La esperé a la salida. Caminé unos metros junto a ella, y luego le hablé.
Cuando se detuvo y me miró, tuve la impresión de que vacilaba. La invité a
que charláramos un rato en un café o una confitería°. De pronto aceptó.

La confitería estaba llena, pero en ese momento se desocupó una mesa. A
medida que pasábamos entre la gente, quedaban a nuestras espaldas las
señas, los gestos de asombro. Mis antenas están particularmente adiestradas°
para captar esa curiosidad enfermiza, ese inconsciente sadismo de los que
tienen un rostro corriente°, milagrosamente° simétrico. Pero esta vez ni siquiera era necesaria mi adiestrada intuición, ya que mis oídos alcanzaban
para registrar murmullos, tosecitas°, falsas carrasperas°. Un rostro horrible y
aislado tiene evidentemente su interés; pero dos fealdades juntas constituyen
en sí mismas un espectáculo mayor, poco menos que coordinado; algo que
se debe mirar en compañía, junto a uno (o una) de esos **bien parecidos** con
quienes merece **compartirse** el mundo.

Nos sentamos, pedimos dos helados, y ella tuvo coraje para sacar del
bolso su espejito y arreglarse el pelo. Su lindo pelo.

"¿Qué está pensando?", pregunté.

Ella guardó el espejo y sonrió. El pozo° de la mejilla cambió de forma.

"Un lugar común", dijo. "Tal para cual°."

Hablamos largamente. A la hora y media hubo que pedir dos cafés para
justificar la prolongada permanencia. De pronto me di cuenta de que tanto ella
como yo estábamos hablando con una franqueza° tan hiriente° que amena-

---

[1] Narciso—hombre de la mitología griega que se enamoró de su propia belleza.

threatened
dive in

be friends

frowned
crazy

immerse

cleft

inquiring

deep wrinkle
caress

skin/smooth

dawn/unfortunate

zaba° traspasar la sinceridad y convertirse en un casi equivalente de la hipo-
cresía. Decidí tirarme a fondo°.

"Usted se siente excluída del mundo, ¿verdad?"

"Sí", dijo, todavía mirándome.

"Usted admira a los hermosos, a los normales. Usted quisiera tener un rostro tan equilibrado como esa muchachita que está a su derecha, a pesar de
que usted es inteligente, y ella, a juzgar por su risa, irremisiblemente estúpida."

"Sí."

Por primera vez no pudo sostener mi mirada.

"Yo también quisiera eso. Pero hay una posibilidad ¿sabe? de que usted y
yo lleguemos a algo."

"¿Algo como qué?"

"Como querernos, caramba. O simplemente congeniar°. Llámele como
quiera, pero hay una posibilidad."

Ella frunció el ceño°. No quería concebir esperanzas.

"Prométame no tomarme por un chiflado°."

"Prometo."

"La posibilidad es meternos° en la noche. En la noche íntegra. En lo oscuro
total. ¿Me entiende?"

"No."

"¡Tiene que entenderme. Lo oscuro total. Donde usted no me vea, donde
yo no la vea. Su cuerpo es lindo, ¿no lo sabía?

Se sonrojó, y la hendedura° de la mejilla se volvió súbitamente escarlata.

"Vivo solo, en un apartamento, y queda cerca."

Levantó la cabeza y ahora sí me miró preguntándome, averiguando° sobre
mí, tratando desesperadamente de llegar a un diagnóstico.

"Vamos", dijo.

No sólo apagué la luz sino que además corrí la doble cortina. A mi lado ella
respiraba. . . .

Yo no veía nada, nada. Pero igual pude darme cuenta de que ahora estaba
inmóvil, a la espera. . .

Tuve que recurrir a todas mis reservas de coraje, pero lo hice. Mi mano
ascendió lentamente hasta su rostro, encontró el surco° de horror, y empezó
una lenta, convincente y convencida caricia°. En realidad, mis dedos (al principio un poco temblorosos, luego progresivamente serenos) pasaron muchas
veces sobre sus lágrimas.

Entonces, cuando yo menos lo esperaba, su mano también llegó a mi cara,
y pasó y repasó el costurón y el pellejo° liso°, esa isla sin barba, de mi marca
siniestra.

Lloramos hasta el alba°. Desgraciados°, felices. Luego me levanté y des-
corrí la cortina doble.

DEFINICIONES

asqueroso   Que da asco/ Que causa una impresión desagradable o
repugnante.

tierno   Delicado, blando/ Cariñoso. (*tender*)

el odio   El sentido de antipatía o aversión hacia algo o alguien/
Odiar. (*hatred*)

el rostro	Cara.
hacer cola	Hacer fila para esperar su turno.
la soledad	Carencia o falta de compañía/ Estar solo.
la pareja	Dos personas o cosas.
bien parecido	Guapo, bello.
compartir	Usar y poseer algo en común con otros/ Dividir una cosa entre varias personas/ Participar en dar o recibir una parte de algo. (*to share*)

PALABRAS SIMILARES . . .

admirar	la forma	prolongar
la adolescencia	la hipocresía	la realidad
anormal	horrible	el resentimiento
el apartamento	el horror	reservar
ascender	implacable	la resignación
la compañía	la impresión	respectivo
constituir	inconsciente	el sadismo
coordinar	el infortunio	sereno
la curiosidad	la insolencia	simétrico
distinguir	el interés	la sinceridad
doble	la intuición	la solidaridad
el espectáculo	la marca	total
estúpido	normal	unir
examinar	la operación	vacilar
excluir	la posibilidad	vulgar
falso		

Expresión

29. DEFINICIONES

Practiquen las definiciones en parejas.

30. PREGUNTAS

1. ¿Por qué se creían feos?
2. ¿Cómo eran sus ojos?
3. ¿Dónde se conocieron? *meet each other*
4. ¿Por qué parecían los dos diferentes de los otros que hacían cola?
5. ¿Qué es lo que admiraban del héroe y de la heroína en la película?
6. ¿Para qué reservaba él su odio? *hatred*
7. Cuando él y ella entraron en la confitería, ¿cómo reaccionaron las personas que estaban allí?
8. ¿Qué hicieron los dos en el café? ¿Cuánto tiempo pasaron allí?
9. ¿Qué admiraban los dos?
10. ¿Qué posibilidad existía para ellos?

11. ¿Adónde decidieron ir?
12. ¿Qué hicieron hasta el alba? ¿Cómo se sintieron después?
13. ¿Qué representan el correr y el descorrer de las cortinas dobles?
14. ¿Qué importancia tiene para ellos la oscuridad de la noche y del cuarto?
15. En su opinión, ¿qué futuro tienen los dos?

31. ASOCIACIÓN

¿Con qué palabras o frases asocia usted las siguientes referencias? ¿Y en qué piensa usted al oír las palabras?

1. asqueroso
2. el rostro
3. las parejas
4. bien parecido

5. llorar
6. las cortinas
7. la soledad
8. excluir

32. RECONSTRUCCIÓN

Usando las palabras que siguen como clave, invente un monólogo en que usted, como una de las dos personas (hombre o mujer) describe lo que pasó esa noche. Use tantos pronombres como sea posible. [Complete el ejercicio con un(a) compañero(a) de clase.]

1. conocer
2. rostro
3. parejas
4. entrar
5. admirar / héroe / heroína
6. esperar / salida
7. invitar

8. confitería
9. hablar de
10. apartamento
11. cortinas
12. pasar / mano
13. felices

Exploración y síntesis oral

Preguntas para discutir. En grupos pequeños, contesten las preguntas (a) explorando las diferencias de opinión y las interpretaciones individuales, y (b) comparando sus experiencias personales.

1. ¿Por qué se sentían estas dos personas excluídas del mundo?
2. ¿Por qué había cierto sentido de solidaridad entre ellos?
3. Si usted está en un restaurante y ve a una pareja como la del cuento, ¿cómo reacciona usted?
4. En su opinión, ¿por qué expresamos consciente o inconscientemente ciertos prejuicios?
5. Muchas veces se puede observar a los niños jugando en un grupo pero hay un(a) niño(a) que está aislado(a) de los demás y de quien se burlan (*make fun*) algunos. ¿Qué debe usted hacer?
6. Alguna vez en su vida, ¿se ha sentido usted solo(a) o aislado(a)? Explique.

Exploración y síntesis escrita

1. En este capítulo hemos visto varios incidentes o situaciones en que el prejuicio es evidente en la sociedad. Haga un resumen en el cual usted explica las maneras diferentes en que se manifiesta el prejuicio, refiriéndose a las experiencias e ideas de Pablo Casals, José Martí y la pareja en el cuento de Mario Benedetti.
2. Describa un incidente en que usted haya presenciado o experimentado el prejuicio o el daño perjudicial en alguna forma directa o sutil. ¿Cómo se sentía usted y qué hizo?

LAS RELACIONES INTERPERSONALES

el amor

mujeres y hombres

el amor Cariño o inclinación que atrae una persona hacia otra persona/
Afecto que atrae el espíritu hacia lo que le da gusto o le place.

Experiencia

NO HAY QUE COMPLICAR LA FELICIDAD
Marco Denevi (Argentina, 1922–   )

stone

(Un parque. Sentados en un banco de piedra°, bajo los árboles, ÉL y ELLA se
besan.)
ÉL.—Te amo.
ELLA.—Te amo.
(**Vuelven a** besarse.)
ÉL.—Te amo.
ELLA.—Te amo.
(Vuelven a besarse.)
ÉL.—Te amo.
ELLA.—Te amo.
(Él **se pone** violentamente **de pie.**)

haber que + inf.
— to be necessary
to

No hay que complicar la felicidad del amor.

enough!

ÉL.—¡Basta!° ¡Siempre lo mismo! ¿Por qué, cuando te digo que te amo, no contestas, por ejemplo, que amas a otro?

ELLA.—¿A qué otro?

Jealous

nourishes

ÉL.—A nadie. Pero lo dices para que yo tenga celos. Los celos alimentan° al amor. Nuestra felicidad es demasiado simple. Hay que complicarla un poco. ¿Comprendes?

ELLA.—No quería **confesár**telo porque pensé que sufrirías. Pero lo has **adivinado**.

ÉL.—¿Qué es lo que adiviné? *steps*

moves away

(ELLA se levanta, se aleja° unos pasos.)

ELLA.—Que amo a otro.

(ÉL la sigue.)

ÉL.—Lo dices para **complacer**me. Porque yo te lo pedí.

ELLA.—No. Amo a otro.

ÉL.—¿A qué otro?

ELLA.—A otro.

(Un silencio)

ÉL.—Entonces, ¿es verdad?

sweetly

ELLA.—(Vuelve a sentarse. Dulcemente°.)—Sí. Es verdad.

paces back and forth/feigns

(ÉL se pasea°. Aparenta° un gran furor.)

ÉL.—Siento celos. No **finjo**. Siento celos. Estoy muerto de celos. Quisiera matar a ese otro.

ELLA. (Dulcemente.)—Está allí.

ÉL.—¿Dónde?

ELLA.—Allí, entre los árboles.

ÉL.—Iré en su busca. *in search of*

ELLA.—Cuidado. Tiene un revólver.

ÉL.—Soy valiente.

shot

(ÉL sale. Al quedarse sola, ELLA ríe. Se escucha el disparo° de un arma de fuego. ELLA deja de reír.)

ELLA.—Juan.

(Silencio. ELLA se pone de pie.)

ELLA.—Juan.

(Silencio. ELLA corre hacia los árboles.)

ELLA.—Juan.
(Silencio. ELLA desaparece entre los árboles.)
ELLA.—Juan.

heartrending (Silencio. La escena permanece vacía. Se oye, lejos, el **grito** desgarrador° de
ELLA.)
ELLA.—¡Juan!
Después de unos instantes, desciende silenciosamente el

curtain Telón°

DEFINICIONES

la felicidad	Alegría/ Placer/ Satisfacción.
besar	Tocar con los labios.
volver a (ue)	Repetir una acción/ Otra vez.
ponerse de pie	Acción de levantarse.
confesar (ie)	Declarar o admitir los pecados.
adivinar	Descubrir por conjeturas las cosas ignoradas o no conocidas/ Sospechar/ Imaginar. (*to guess*)
complacer	Dar gusto a/ Satisfacer/ Acceder a lo que otro desea/ Consentir en lo que otro desea.
fingir	Dar a entender lo que no es/ Simular/ Pretender.
el grito	Voz levantada/ Manifestación verbal y vehemente de un sentimiento.

PALABRAS SIMILARES . . .

complicar
descender (ie) el revólver
el furor simple

Expresión

1. DEFINICIONES

Practiquen las definiciones en parejas.

2. PREGUNTAS

1. Cuando vemos por primera vez a la pareja, ¿qué están haciendo?
2. ¿Qué repiten ellos constantemente?
3. Según él, ¿cuál es el problema de su felicidad o de su amor?
4. ¿Qué no quería confesar la mujer?
5. ¿Qué siente el hombre al adivinar la "verdad"?
6. ¿Qué quiere hacer él?

42.26
cuenta del teléfono

7. ¿Dónde está el otro y qué tiene?
8. Cuando ÉL se va en busca del otro, ¿qué se oye?
9. En su opinión, ¿era verdad que ella amaba a otro? ¿Por qué cree usted esto?
10. En su opinión, ¿qué pasó allí entre los árboles del parque? ¿Mató al otro? ¿Se suicidó? ¿Otra posibilidad?
11. En su opinión, ¿es este drama una representación realista del amor? ¿Es una sátira? ¿Es el drama una comedia o una tragedia?

3. PALABRAS DE ASOCIACIÓN

¿Con qué palabras o frases asocia usted las referencias que siguen? ¿Y en qué piensa usted al oír las palabras?

1. besar
2. el amor
3. confesar
4. el parque

5. el revólver
6. el grito
7. la felicidad

4. RECONSTRUCCIÓN

Usted está en el parque y es testigo (witness) *de lo que pasó. Narre en sus propias palabras lo que oyó y vio. Use las palabras que siguen como clave. [Complete el ejercicio con un(a) compañero(a) de clase.]*

1. banco
2. besar
3. decir / amar
4. de pie
5. simple / complicar

6. confesar / otro
7. celos
8. árboles
9. disparo
10. grito

I. PRONOMBRES Y VERBOS REFLEXIVOS

A. PRONOMBRES REFLEXIVOS CON VERBOS

Me desperté temprano y después desperté a los niños.
¿Vas a bañar**te**? Sí, después de bañar a los niños.
Marta está lavándo**se** el pelo.
Nos cepillamos los dientes con Crest.
¿**Os** podéis ver en el espejo?
Vistieron a los niños y después **se** vistieron y salieron.

Un verbo es reflexivo cuando la persona o la cosa que inicia la acción también la recibe directa o indirectamente. Los pronombres reflexivos se usan como objeto de un verbo y son idénticos a los pronombres directos e indirectos con la excepción de la tercera persona del singular y del plural (**se**).
Los pronombres reflexivos son:

me	**nos**
te	**os**
se	**se**

En inglés los pronombres reflexivos pueden ser traducidos como *myself, yourself, him/herself, ourselves, yourselves, themselves.* Se usa el reflexivo mucho más en español que en inglés.

POSICIÓN DE LOS PRONOMBRES REFLEXIVOS

Los pronombres reflexivos se sitúan delante o detrás del verbo según las mismas reglas (*rules*) que controlan la posición de los pronombres directos e indirectos (véase Cuarta Unidad, p. 101).

> OBSERVACIÓN: Al referirse a las partes del cuerpo o a la ropa, el artículo definido se usa frecuentemente (en vez de los posesivos) cuando la referencia es clara.

> Marta está lavándose **el** pelo.
> ¿Vas a quitarte **los** zapatos?

El uso del reflexivo con algunos verbos indica un cambio de significado. Algunos de los verbos más comunes son:

acercar	to draw close	**acercarse**	to approach
acostar (ue)	to put to bed	**acostarse**	to go to bed
bañar	to bathe	**bañarse**	to take a bath
burlar	to trick, deceive	**burlarse**	to make fun of
decidir	to decide	**decidirse (a)**	to make up one's mind
despedir (i, i)	to fire, discharge	**despedirse (de)**	to say good-bye (to)
despertar (ie)	to awaken	**despertarse**	to wake up
divertir (ie, i)	to amuse, entertain	**divertirse**	to have a good time
dormir (ue, u)	to sleep	**dormirse**	to fall asleep
enamorar	to win the heart of, to court	**enamorarse (de)**	to fall in love (with)
encontrar (ue)	to find	**encontrarse**	to meet, run into
fijar	to fasten, fix	**fijarse (en)**	to notice
hacer	to do, make	**hacerse**[1]	to become
ir	to go	**irse**	to go away
levantar	to raise, lift	**levantarse**	to get up
negar (ie)	to deny	**negarse a**	to refuse
parecer	to seem	**parecerse (a)**	to resemble, look alike
poner	to put, place	**ponerse**[1]	to put on, become
preocupar	to preoccupy	**preocuparse (de, en, por)**	to worry about
probar (ue)	to taste, try	**probarse**	to try on

quedar	to be located, to be left	**quedarse**	to remain, stay
quitar	to take away, remove	**quitarse**	to take off
reír (i, i)	to laugh	**reírse (de)**	to laugh (at)
reunir	to gather	**reunirse**	to meet, get together
sentar (ie)	to seat	**sentarse**	to sit down
sentir (ie, i)	to feel, be sorry, regret	**sentirse**	to feel (+ adjetivo o adverbio)
tratar	to treat	**tratarse (de)**	to be a question of
volver (ue)	to return	**volverse**[1]	to become, turn around

En muchos casos el uso del reflexivo indica el equivalente inglés de *to get, to be, to become.* Algunos verbos comunes son:

aburrirse	to get, be, become bored
acostumbrarse (a)	to get, be, become accustomed
alarmarse	to get, be, become alarmed
alegrarse	to be happy
asustarse	to get, be scared
callarse	to get, be, become quiet
calmarse	to get, be, become calm, calm down
cansarse	to get, be, become tired
casarse (con)	to get married
comprometerse	to get, be, become engaged
divorciarse	to get, be divorced
educarse	to get, be, become educated
emocionarse	to get, be moved, touched, excited, thrilled
emborracharse	to get drunk
enfermarse	to get, be, become sick
enojarse	to get, be, become angry
entristecerse	to be, become sad
interesarse (en)	to be, become interested (in)
lastimarse	to be, get hurt
llamarse	to be called, named
sorprenderse (de)	to be, become surprised (at)
vestirse (i, i)	to get dressed

Otros verbos que en español se usan casi exclusivamente en su forma reflexiva son:

---

[1]Véase **Aclaraciones,** p. 135, esta Unidad.

acordarse (de) (ue) *to remember*
aprovecharse (de) *to take advantage (of)*
arrepentirse (de) (ie, i) *to repent*
atreverse (a) *to dare (to)*
(com)portarse *to behave*
darse cuenta (de) *to realize*
equivocarse *to be mistaken, make a mistake*
graduarse *to graduate*
quejarse (de) *to complain (about)*
suicidarse *to commit suicide*

Expresión

5. SUS ACTIVIDADES DIARIAS

A. *Refiriéndose a la lista que sigue, indique en oraciones completas lo que usted **hizo** esta mañana. ¿Y su compañero(a) de cuarto?*

Esta mañana (yo, él/ella) . . .

1. despertar(se) (¿a qué hora?)
2. levantar(se) (¿temprano o tarde?)
3. quitar(se) los pijamas
4. bañar(se)
5. lavar(se) el pelo
6. cepillar(se) los dientes
7. peinar(se) el pelo
8. vestir(se)

B. *Ahora indique lo que usted y su compañero(a) de cuarto van a hacer esta noche.*

Esta noche vamos a . . .

1. despedir(se) de nuestros amigos
2. sentar(se) al escritorio para estudiar
3. quitar(se) la ropa
4. poner(se) los pijamas
5. cepillar(se) los dientes
6. lavar(se) la cara
7. acostar(se) (¿A qué hora?)
8. dormir(se)

6. ¡UNAS RELACIONES IMPOSIBLES!

Mi novio(a) y yo ya no nos veíamos. ¿Por qué? ¡Porque tantas veces no me gustaban sus acciones! Indique lo que él/ella hacía habitualmente. Use los verbos siguientes en oraciones completas.

1. burlar(se) de
2. nunca fijar(se) en

3. reír(se) de
4. emborrachar(se) frecuentemente
5. quejar(se) de mis hábitos
6. aprovechar(se) de
7. no interesar(se) en

 7. ¿CÓMO REACCIONÓ USTED?

Usando los verbos reflexivos, indique sus reacciones al encontrarse en las circunstancias siguientes.

1. En mi clase de historia oí un monólogo largo y monótono.
2. Recibí una "A" en un examen importante.
3. Recibí una "A" aunque no estudié.
4. Oí al (a la) profesor(a) decir, "¡Silencio!"
5. Comí dos pizzas grandes y una torta de chocolate entera.
6. Oí una ambulancia y otros vehículos de emergencia que venían hacia el dormitorio (la residencia estudiantil).
7. Vi un fantasma en el cementerio.
8. Vi una película muy, muy triste.
9. Vi una película muy, muy cómica.
10. Un estudiante de la clase se burló de mí.
11. Al salir de la clase de prisa, me caí por la escalera.
12. ¡Qué estúpido! Bebí diez cervezas.

8. MI COMPAÑERO(A) Y YO

En parejas, háganse preguntas y contéstense.

> MODELO de qué / preocuparse
> **¿De qué te preocupas?**
> **Me preocupo de los exámenes.**

1. de qué / quejarse
2. cómo / divertirse los fines de semana
3. andando por el campus / en qué / fijarse
4. aquí en la universidad / en qué / interesarse más
5. en qué clases / aburrirse más
6. cuándo / graduarse
7. bajo qué condiciones / ponerse furioso
8. cuándo / cansarse
9. cuándo / entristecerse
10. en qué situaciones / emocionarse
11. de qué / reírse frecuentemente
12. cuándo / alarmarse
13. cuándo / alegrarse más
14. de qué / asustarse

B. EL REFLEXIVO PARA INDICAR UNA ACCIÓN RECÍPROCA

Se amaban con todo el corazón.
Nos miramos a la vez.

¿Os hablasteis?
Se criticaron.

Los pronombres reflexivos en la forma plural—**se, nos,** u **os**—también pueden tener una función recíproca, es decir, los sujetos reciben la acción mutuamente (*each other*).

OBSERVACIÓN: Para dar mayor énfasis o para distinguir entre la función recíproca (*each other*) y la función reflexiva (*yourselves, ourselves, themselves*), se puede añadir la construcción siguiente:

(el) uno	*la una a la otra*	(el) otro
(la) una	**+ a (de, con,** etc.) **+**	(la) otra
(los) unos		(los) otros
(las) unas		(las) otras

Él y ella se asustaron. *He and she became scared.*
Él y ella se asustaron el uno al otro. *They scared each other.*
Nos miramos en el espejo. *We looked at ourselves in the mirror.*
Nos miramos el uno al otro. *We looked at each other.*

Esta construcción también se usa cuando el verbo no es reflexivo y hay una preposición.

Hablaron el uno del otro. *They talked about each other.*

Expresión

9. DOS PERSONAS EN CONFLICTO

*Indique lo que se hicieron el uno al otro. Use la construcción recíproca y la forma para aclarar o dar énfasis (**el uno a/de,** etc. . . . **el otro**).*

1. criticarse
2. reírse (de)
3. quejarse (de)
4. tratarse mal
5. burlarse (de)
6. despedirse (de)

10. NUESTRA HISTORIA IMAGINARIA DE AMOR

*Primero, determine el orden de los verbos siguientes (de uno a trece) para dar una posible secuencia de incidentes que ocurren en camino al matrimonio. Después, use cada verbo en una oración completa para indicar la acción reflexiva o recíproca **de usted** y **de su novio(a)**. [Complete el ejercicio con un(a) compañero(a) de la clase.]*

irse de luna de miel (¿Adónde?)
conocerse (¿Dónde?)
llamarse por teléfono (¿Cuándo?)
encontrarse (¿Dónde?)
casarse (¿Dónde?)

mirarse (¿Cómo?)

comprometerse (¿Dónde?)

acercarse (¿Cómo?)

decidirse a

besarse

reunirse (¿Dónde?)

enamorarse

abrazarse

C. PRONOMBRES REFLEXIVOS CON PREPOSICIONES

Lo dije para **mí.**

El problema era que él lo hacía todo para **sí mismo.**

Nos criticamos a **nosotros mismos** por no habernos comunicado
mejor.

Ellas no tenían confianza en **sí mismas.**

Los pronombres reflexivos usados como objeto de una preposición son idénticos a los pronombres preposicionales con la excepción de la tercera persona del singular y del plural donde se usa **sí.** Frecuentemente se usa **mis-
mo(-a, -os, -as)** para dar mayor énfasis.

mí (mismo, -a)	**nosotros(as) (mismos, -as)**
ti (mismo, -a)	**vosotros(as) (mismos, -as)**
sí (mismo, -a)	**sí (mismos, -as)**

OBSERVACIÓN: Cuando se usan **mí, ti** y **sí** con la preposición **con,** se forma
una sola palabra: **conmigo, contigo, consigo.**

Ella se lo llevó **consigo.**

Expresión

11. LO COMPRARON PARA SÍ MISMOS.

Conteste para indicar que cada individuo compró el artículo para sí mismo.

MODELO Tu padre, ¿compró los zapatos de tenis para ti?
No. Los compró para sí mismo.

1. Tus padres, ¿compraron el coche para ti?
2. Tus hermanas, ¿compraron el radio para ti?
3. Tu madre, ¿compró la chaqueta para tu hermana?
4. ¿Compraste la pizza para tus amigos?
5. ¿Compraste el periódico para mí?
6. Tú y tu compañero(a) de cuarto, ¿compraron la torta para mí?
7. Tu profesor(a), ¿compró el libro para ti?

12. *EN SU OPINIÓN*

Conteste las preguntas.

1. ¿Tiene usted confianza en sí mismo(a)? ¿Por qué?
2. A veces, ¿duda usted de sí mismo(a)? ¿Cuándo?
3. ¿Tienen los profesores confianza en sí mismos? ¿Por qué?
4. Como estudiantes, ¿tienen ustedes confianza en sí mismos? ¿Por qué?
5. ¿Piensan sus padres en sí mismos primero?
6. ¿Piensa su novio(a) en sí mismo(a) primero?
7. ¿Piensan los políticos más en sí mismos o en la gente que representan?

Experiencia

Elena Poniatowska, famosa escritora mexicana, ha recreado en cartas imaginarias los pensamientos y los recuerdos de Angelina Beloff, exilada rusa, pintora y compañera durante diez años de Diego Rivera, famoso pintor mexicano.

AMOR A PRIMERA VISTA[1]
Elena Poniatowska (Francia, 1923; México–   )

Te conocí en "La Rotonde", y fue amor a primera vista. . . . Llenabas todo el
marco° de la puerta con tu metro ochenta° de altura, tu barba descuidada° y
ondulante°, tu cara de hombre bueno y sobre todo tu ropa que parecía que iba
a reventarse° de un momento a otro, la ropa sucia y arrugada° de un hombre
que no tiene a una mujer que lo **cuide.** Pero lo que más me impresionó fue la
bondad° de tu mirada. En torno a° ti, podía yo percibir una atmósfera magné-
tica que otros después **descubrieron.** Todo el mundo se interesaba en ti, en
las ideas que exponías° con impetuosidad, en tus desordenadas manifesta-
ciones de alegría. Recuerdo aún tu mirada sobre mí, sorprendida, tierna.
Luego cuando nos levantamos de la mesa y quedamos el uno junto al otro,
Zadkin exclamó: "¡Miren qué chistosos° se ven los dos **juntos:** el salvaje mexicano, enorme y llamativo° y ella, criatura pequeña y **dulce** envuelta en una
leve° azulosidad°!" De una manera natural, sin votos°, sin dote°, sin convenio°
económico, sin escritura, sin contrato, **nos unimos.** Juntos afrontamos la vida
y así pasaron diez años, los mejores de mi vida. Si se me concediera volver a
nacer, volvería a escoger esos diez años, llenos° de dolor y de felicidad que
pasé contigo, Diego. Sigo siendo tu pájaro azul, sigo siendo simplemente azul
como solías llamarme, ladeo° la cabeza, mi cabeza herida definitivamente y la
pongo sobre tu hombro y te beso en el cuello, Diego, Diego, Diego a quién
tanto amo.

                                                                   Tu Quiela

Glosses (margin):
frame/six feet/ unkempt/wavy
burst/wrinkled
goodness/around
put forth
funny
flashy
light/blueness/ vows/dowry/ agreement
full
tilt

[1]Título añadido por los autores.

Fue amor a primera vista.

DEFINICIONES

cuidar   Ocuparse de la salud o el bienestar de algo o alguien.

descubrir   Hallar o encontrar lo que estaba escondido o ignorado/ Manifestar.

junto   Unido. (*together*)

dulce   Del sabor del azúcar/ Suave.

unirse   Hacer de varias cosas una/ Combinarse/ Juntarse.

PALABRAS SIMILARES . . .

la atmósfera   interesarse en
el contrato   magnético
impresionar

Expresión

13. PREGUNTAS

1. Al conocer a Diego, ¿qué tipo de amor experimentó Quiela?
2. ¿Qué cosas le impresionaron al ver a Diego por primera vez?
3. ¿Qué explicación da ella al hecho de que él lleva ropa sucia y arrugada?
4. ¿Qué podía percibir ella en torno a él?
5. ¿Por qué se veían chistosos cuando los dos estaban juntos?
6. ¿Cómo se unieron?

7. ¿Cuántos años pasaron juntos? ¿Cómo fueron esos años?
8. ¿Cómo la llamaba él?
9. ¿Por qué dice ella al final de la carta que tiene la cabeza "herida definitivamente"?
10. ¿Cree usted que los sentimientos expresados aquí reflejan el amor "verdadero" o una pasión? ¿Para ella? ¿Para él? ¿Por qué?
11. ¿Cree usted que el amor a primera vista existe? ¿Por qué sí o no?
12. ¿Cree usted que entre ciertos hombres y mujeres existe un magnetismo especial? ¿Por qué sí o no? ¿En qué se basa, si existe?
13. ¿Recuerda usted alguna experiencia personal de "amor a primera vista"? Explique.

II. OTROS USOS DEL *SE*

A. EL USO DEL *SE* REFLEXIVO PARA INDICAR UNA ACCIÓN ACCIDENTAL

¿Olvidaste el anillo (*ring*)? Lo siento pero **se me olvidó.** (*I'm sorry, but it slipped my mind.*)

Se nos escaparon los recién casados. (*The newlyweds got away from us.*)

Se le cayó el anillo; no lo dejó caer con intención. (*The ring slipped out of his hand; he didn't drop it intentionally.*)

Para dar la idea de que la acción fue accidental o sin intención y que la persona no tiene la culpa o no quiere aceptar toda la responsabilidad, se puede usar el reflexivo **se** con un pronombre indirecto y el verbo en la tercera persona del singular o del plural.

> **se** + pronombre indirecto + verbo (tercera persona, singular o plural)

Algunos verbos que se usan así son:

acabárse(le a uno, -a) *to run out of, to have no more*
caérse(le a uno, -a) *to slip out of one's hands*
escapárse(le a uno, -a) *to get away from*
ocurrírse(le a uno, -a) *to occur to one, to pop into one's mind*
olvidárse(le a uno, -a) *to slip one's mind, to forget*
perdérse(le a uno, -a) *to get lost, to lose*
rompérse(le a uno, -a) *to get broken, to break*

Expresión

14. *¿CUÁNTAS POSIBILIDADES?*

En parejas o en grupos pequeños, completen las siguientes oraciones con tantas variaciones como sea posible.

1. Usted trabaja en un supermercado. Un cliente se queja porque faltan muchas cosas.
   Usted dice: **"Lo siento, señor, pero se nos acabó / acabaron . . .**
2. Usted trabaja en un jardín zoológico. Usted llega temprano por la mañana y los animales no están en ninguna parte.
   Usted le explica al director: **"Señor, se nos escapó / escaparon . . .**
3. Durante un viaje largo por Europa, usted descubre que ha perdido varias cosas.
   Usted le dice a su amigo: **"Se me perdió / perdieron . . .**
4. Usted va a tener una fiesta grande. Sus amigos llegan en media hora. Pero de repente usted se da cuenta de que no compró o hizo ciertas cosas.
   Usted dice: **"¡Caramba! Se me olvidó / olvidaron . . .**
5. Usted tiene un amigo que es un poco torpe (*clumsy*). Al preparar la comida se le ocurrieron a él varias cosas inesperadas.
   Usted le explica a su madre: **"Se le cayó / cayeron . . .**
   "Se le rompió / rompieron . . .

B. *SE* COMO AGENTE ANÓNIMO

¿Cómo **se** sabe la diferencia?
Se dice que es fácil.
¿Cómo **se** distingue entre los dos?
Se puede ignorarlo completamente.

Se usa el pronombre **se** para indicar un carácter o agente anónimo e impersonal, lo que en inglés es *one, you, people, they*. En este caso el verbo siempre se usa en el singular en español.

OBSERVACIÓN: A veces se puede usar **uno,** sobre todo cuando el verbo ya es reflexivo.

Uno debe arrepentirse de tal acción.

C. *SE* PARA EXPRESAR UNA ACCIÓN PASIVA

Se perdió el mapa. (*The map was lost.*)
Se perdieron las instrucciones. (*The instructions were lost.*)
Se veía una luz extraña. (*A strange light was seen.*)
Se veían varias siluetas en la noche. (*Several silhouettes were seen in the night.*)

Se usa frecuentemente el pronombre **se** en español para expresar una acción pasiva. En este caso el agente no existe o no importa, y el sujeto es **una cosa** (verbo en *la tercera persona del singular*) o **cosas** (verbo en *la tercera persona del plural*).

Expresión

15. CONFUNDIDO

*Usted es un(a) estudiante muy confundido(a). Faltó a una clase y ahora tiene que conseguir la información que perdió. Hágale al (a la) profesor(a) las preguntas necesarias usando el **se** anónimo.*

1. ¿Cómo / traducir esto?
2. ¿Cómo / interpretar el poema?
3. ¿Cuándo / usar el pronombre reflexivo?
4. ¿Cómo / hacer el ejercicio?
5. ¿Cómo / deber practicar el vocabulario?
6. ¿Dónde / encontrar la respuesta?
7. ¿Dónde / conseguir la información?
8. ¿Cómo / aprender todo esto?

16. UN CASO DE NERVIOS

*Usted y su novio(a) están solos en una casa vieja y grande, cuidando a los niños dormidos de un vecino. Todo está tranquilo hasta que empiezan a ocurrir varias cosas extrañas. Indique lo que pasaba usando **se** y la forma correcta del verbo en el imperfecto.*

1. abrir y cerrar la puerta que da al patio
2. apagar las luces
3. oír ruidos extraños en el segundo piso
4. ver una luz que brillaba afuera entre los árboles
5. oír un sonido suave y misterioso
6. mover las cortinas de la ventana
7. sentir pisadas (*footsteps*) en el pasillo
8. percibir unas siluetas en la oscuridad

. . . y entonces . . .
se abrió la puerta y entraron los niños riéndose de nosotros y de cuánto nos habían asustado. ¡Qué barbaridad!

Experiencia

En las selecciones literarias que siguen, se ven varias actitudes expresadas con respecto a los problemas del amor y de las relaciones que pueden existir entre el hombre y la mujer.

DON JUAN TENORIO
José Zorrilla (España, 1817–1893)

(Acto primero, Escena XII)
Don Luis
  ¡Por dios que sois hombre extraño!
use   ¿Cuántos días empleáis°
  en cada mujer que amáis?

Don Juan
divide   Partir° los días del año
  entre las [mujeres] que ahí encontráis;
  uno para enamorarlas,
  otro para conseguirlas,
  otro para abandonarlas,   *to forget*
  dos para sustituirlas,
  y una hora para olvidarlas.

Expresión

17. *PREGUNTAS*

1. ¿Cuánto tiempo emplea don Juan en enamorar a las mujeres? ¿en conseguirlas? ¿en abandonarlas? ¿en sustituirlas? ¿en olvidarlas?
2. En la opinión de usted, ¿por qué dice don Luis que don Juan es un hombre extraño?
3. En la opinión de usted, ¿qué piensa don Juan de las mujeres?
4. En la opinión de usted, ¿qué piensan las mujeres de un hombre como don Juan?
5. ¿Cree usted que don Juan es un chauvinista? ¿Existen personas de este tipo hoy día? ¿Los admiramos o no? Explique.
6. ¿Puede usted identificar personajes del cine o de la televisión, etc., que sean como don Juan? ¿Cuáles son?

Experiencia

HOMBRE PEQUEÑITO . . .
Alfonsina Storni (Argentina, 1892–1938)

  Hombre pequeñito, hombre pequeñito,
loose   suelta° a tu canario que quiere volar . . .   *canary*
  yo soy el canario, hombre pequeñito,
leap   déjame saltar°.

"Ábreme la jaula, que quiero
escapar."

cage

Estuve en tu jaula°, hombre pequeñito,
hombre pequeñito que jaula me das.
Digo pequeñito porque no me entiendes,
ni me entenderás.
    Tampoco te entiendo, pero mientras tanto
ábreme la jaula, que quiero escapar;
hombre pequeñito, te amé media hora,
no me pidas más.

(de *Irremediablemente*, 1919)

Expresión

18. PREGUNTAS

1. ¿Qué insinúa la poetisa cuando dice "pequeñito"?
2. ¿Por qué se considera la poetisa a sí misma un canario?
3. ¿Por qué dice la poetisa "estuve en tu jaula"? ¿Qué simboliza la jaula?
4. En su opinión, ¿qué significa la frase "te amé media hora, no me pidas más"?
5. ¿Cuál es el problema que los dos tienen?
6. En sus relaciones con otras personas, ¿a veces se siente usted igual a la poetisa, es decir, "en una jaula"? Explique.

Experiencia

RIMAS
Gustavo Adolfo Bécquer (España, 1836–1870)

appeared	Asomaba° a sus ojos una lágrima
	y a mi labio una frase de perdón;
wiped away/tears	habló el orgullo y se enjugó° su llanto°,
expired	y la frase en mis labios expiró°.
	Yo voy por un camino, ella por otro;
	pero al pensar en nuestro mutuo amor,
yet, still	yo digo aún°: ¿Por qué callé aquel día?
	Y ella dirá: ¿Por qué no lloré yo?

Expresión

19. *PREGUNTAS*

1. ¿Cómo se sentía ella?
2. ¿Qué quería decir él?
3. ¿Por qué no lloró ella y no se expresó él?
4. ¿Se quedan juntos los dos? ¿Cómo se sabe?
5. En su experiencia personal, ¿conoce usted incidentes de separación causados por el orgullo? Explique.

III. EL PARTICIPIO PASADO O PASIVO

A. FORMACIÓN

VERBOS REGULARES

Estaba completamente **enamorado** de ella.
Había **escogido** la fecha de la boda (*wedding*).
El día **preferido** era el domingo.

El participio pasado se forma añadiendo **-ado** a los verbos que terminan en **-ar.** A los verbos que terminan en **-er** e **-ir**, se añade **-ido**.

amar—am<u>ado</u>
comprometer—compromet<u>ido</u>
sentir—sent<u>ido</u>

VERBOS IRREGULARES

abrir **abierto**
cubrir **cubierto** *to cover*
    también: **descubrir** *descubierto*
decir **dicho**
escribir **escrito**
    también: **describir** *descrito*
hacer **hecho**
    también: **deshacer** *deshecho*
poner **puesto** *put, placed*
    también: **descomponer** (*to break*), **disponer** (*to dispose*), **oponer,**
    proponer, suponer *descompuesto, dispuesto, opuesto,*
resolver **resuelto** *propuesto, supuesto*
romper **roto**
ver **visto**
    también: **prever** (*to foresee*) *previsto*
volver **vuelto**
    también: **devolver, envolver** (*to wrap*)
        devuelto, envuelto

B. FUNCIÓN

1. Te vi con tu barba **descuidada.**
   Llevabas ropa sucia y **arrugada.**
   Es un hombre **enamorado.**
   Recuerdo tus ojos sobre mí, **sorprendidos,** tiernos.

Se puede usar el participio pasado como adjetivo y con tal uso tiene que manifestar concordancia (*agreement*) con el sustantivo que describe o modifica.

2. Estaba **desordenado.**
   Quedó **sorprendida.**
   Se vieron **obligados** a hacer una decisión.
   Salieron **desilusionados.**

Se puede usar el participio pasado como adjetivo para indicar la condición o
la situación del sujeto que resulta de una acción ya terminada. Varios verbos
que se usan así con el participio pasado son: **estar, quedar(se), sentir(se),**
ver(se), encontrar(se) y verbos de movimiento como **volver, llegar, salir**
y **venir.**

3. Se puede usar el participio pasado con **ser** en la formación de la voz
   pasiva. (Véase V de esta Unidad.)

4. Se usa el participio pasado en combinación con **haber** para formar los
   tiempos compuestos o perfectos del indicativo y del subjuntivo: el
   presente perfecto de indicativo y de subjuntivo. (Véase IV de esta
   Unidad.)

Expresión

19. *PROBLEMAS DE AMOR*

Dos amigos suyos han tenido muchos problemas recientemente y han decidido separarse. Usando los participios pasados como adjetivos, describa las circunstancias/situaciones en que se encontraban.

1. Ellos ya no podían imaginarse . . .
   enamorar
   comprometer
   casar
2. Al hablar de la separación, ella le dio una mirada . . .
   sorprender
   entristecer
   alarmar
3. Él se sintió . . .
   confundir
   asombrar
   enojar
4. Al final quedaron . . .
   aislar
   desilusionar
   separar

20. *¿ADÓNDE SE FUERON?*

Usted va a la casa de dos amigos suyos porque nadie contesta el teléfono. ¿Qué encuentra usted al entrar? Usando el participio pasado como adjetivo, describa cómo dejaron las cosas indicadas.

MODELO   la puerta / abrir
   Dejaron la puerta abierta.
   They left

1. las ventanas / abrir
2. una cama / hacer
3. dos camas / deshacer
4. la mesa / poner
5. una nota / medio escribir

6. unos vasos / romper
7. el teléfono / descomponer
8. las sillas / cubrir
9. el refrigerador / abrir
10. varias lámparas / encender

IV. EL PRESENTE PERFECTO Y EL PASADO PERFECTO

A. EL PRESENTE PERFECTO

Te **he visto** entrar por allí varias veces.
¿Qué le **has dicho**?
Se **ha interesado** en ti.
Nos **hemos acostumbrado** a la vida juntos.

¿Habéis descubierto cuál es la solución?
Han tratado de resolverlo.

FORMACIÓN

Para formar el presente perfecto se usa el participio en su forma invariable con **haber** en el presente.

> **haber** (presente) + participio pasado (invariable)

FUNCIÓN

El presente perfecto indica una acción que, aunque terminada recientemente, sigue influenciando el presente.

> OBSERVACIÓN: Recuerde que cuando se quiere expresar la duración de una acción que se inició en el pasado pero que sigue en el presente, se puede usar la construcción **hace** + tiempo + **que** + presente.
>
> **Hace dos horas que están allí.** (*for*)
> versus
> **Han estado allí desde las once.** (*since*)

B. EL PASADO PERFECTO

Lo **había cuidado** bien.
¿**Habías salido** ya cuando ella llegó?
Se **había casado** muy joven.
Los **habíamos visto** juntos en la confitería.
¿Os **habíais separado** antes de hablar con alguien?
Los padres se **habían enojado** al oír de la separación.

FORMACIÓN

Para formar el pasado perfecto se usa el participio pasado en su forma invariable con **haber** en el imperfecto (o de uso limitado con **haber** en el pretérito si se quiere dar énfasis a la terminación de una acción antes de haber empezado otra acción).

FUNCIÓN

El pasado perfecto (pluscuamperfecto) expresa una acción que ocurrió en el pasado anterior a otra acción también iniciada en el pasado.

Expresión

21. LAS PREPARACIONES

*Mi novio(a) y yo acabamos de comprometernos. Decidimos tener una fiesta para celebrar la ocasión. Nosotros y unos pocos amigos nuestros tuvimos mucho que hacer. Usando el presente perfecto de indicativo vamos a repasar lo que las personas mencionadas **han hecho** ya.*

1. fijar la hora (nosotros)
2. llamar al restaurante (Juan)
3. confirmar las reservaciones (Luisa)
4. comprar las flores (Teri y Lisa)
5. escoger la música (tú)
6. escribir las invitaciones (mi novio[a])
7. hacer todos los planes (nosotros)
8. pensar en algunos detalles olvidados (Hernando)
9. prever varios problemas (nosotros)
10. resolver una dificultad inesperada (tú)
11. interesar(se) en las preparaciones (todos nuestros amigos)

22. MI COMPAÑERO(A) Y YO

*Usted es "terapeuta" y habla con su compañero(a) de clase que posiblemente tiene ciertos problemas psicológicos. Hágale preguntas para saber lo que **ha hecho** y cómo **se ha sentido**, etc., recientemente.*

MODELO hablar / con tu compañero(a) de cuarto recientemente
¿Has hablado con tu compañero(a) de cuarto recientemente?
Sí, (No, no) he hablado con él (ella) recientemente.

1. dormir bien / recientemente
2. acostumbrar(se) / a la vida universitaria
3. participar / en varias actividades recientemente (¿Cuáles?)
4. interesar(se) / en alguna actividad nueva (¿Cuál?)
5. conocer / a alguien especial (¿A quién?)
6. enamorar(se) / recientemente (¿De quién?)
7. cómo / sentir(se) recientemente (¿desilusionado, desorganizado, confundido, aislado?)
8. quejar(se) mucho / recientemente (¿De qué?)
9. enfermar(se) / recientemente (¿Cuándo?)
10. emborrachar(se) / recientemente (¿Por qué?)
11. pensar en buscar ayuda profesional

23. ACTIVIDAD—UN MATRIMONIO FELIZ

Hace 30 años que los padres de un amigo suyo están felizmente casados. Usted y un(a) compañero(a) de clase que los conocen personalmente hablan de lo que ellos han hecho para mantener el éxito de su matrimonio. [Hagan una lista de las cosas más importantes.]

24. LO OCURRIDO

Ayer Paco llegó muy tarde a la clase. ¿Qué había ocurrido ya?

El profesor . . .

1. devolver los exámenes
2. ponerlos en los escritorios
3. escribir las instrucciones en la pizarra

4. decir que no habría clase el jueves
5. explicar varios aspectos del examen final
6. recoger las composiciones
7. indicar el tema para la siguiente clase

Los estudiantes . . .

8. repasar los exámenes
9. tomar media página de apuntes (*notes*)
10. ver un video
11. oír un cassette de música española
12. leer una selección literaria
13. hacer varias preguntas
14. preparar(se) para salir

25. ACTIVIDAD—NUESTROS PADRES ANGUSTIADOS

*Fue una noche fantástica, pero en camino a casa su coche tuvo varios problemas mecánicos. Por fin, usted y su compañero(a) llegaron a casa a las cuatro de la mañana. En parejas [usted y su compañero(a)], hablen de lo que **habían hecho** sus padres angustiados por la tardanza de ustedes. [Hagan una lista de las cosas más importantes.]*

V. LA VOZ PASIVA

DEFINICIÓN

En contraste con la voz activa, donde el sujeto inicia la acción, en la voz pasiva el sujeto recibe la acción por el verbo. El agente de la acción puede ser expresado o entendido.

FORMACIÓN

Fueron criticados por sus enemigos.
La ciudad **fue destruída por** los soldados.
El poema **fue escrito por** Delmira Agustini.
Fue amada de todos.

La construcción pasiva en español es idéntica a la del inglés.

> Sujeto + **ser** + participio pasado (muestra concordancia)

Cuando se expresa el agente de la acción, se usa la preposición **por**. Con verbos de acción mental o de emoción, comúnmente se usa **de**.

OBSERVACIONES:

(a) La voz pasiva no se encuentra en español con la frecuencia que aparece en inglés. En español se emplean otras construcciones como sustituto:

se + verbo (singular o plural). (Véase sección II de esta Unidad.)

o

verbo (tercera persona del plural de la voz activa)—*they* anónimo

↱ **Dicen** (*it is said, they say*) que son una pareja perfecta.

(b) Acuérdese de que **estar** + *participio pasado* expresa la condición que resulta de una acción ya terminada; por eso, no es la voz pasiva. ¡No se confunda! (Véase la Primera Unidad, sección II.)

Expresión

26. *UN DÍA NORMAL EN LA VIDA FAMILIAR*

Indique por quién(es) fueron hechas las actividades.

MODELO El padre preparó el desayuno.
   El desayuno fue preparado por el padre.

1. Los padres despertaron a los niños.
2. La madre preparó la comida.
3. La madre lavó la ropa.
4. El padre vistió a los niños.
5. Los padres pagaron las cuentas.
6. Los padres limpiaron la casa.
7. El padre lavó el coche.
8. El hijo mayor hizo las camas.
9. La hija mayor lavó los platos.
10. Los padres hicieron los planes para el fin de semana.

ACLARACIONES

poner(se) + adjetivo	Adquirir cierta condición o estado *momentáneo* que muestra su condición mental, emocional o física. (*to become, get*)
	Se puso furioso al pensar en el incidente.
volverse (ue) + adjetivo	Adquirir cierta condición o estado, tal vez *permanente,* que muestra su actitud o carácter. (*to become, go*)
	¿**Se ha vuelto** loco?
encontrar(se) (ue) con	Reunirse dos o más personas en un lugar. (*to meet, run, bump into*)
	Diego y Quiela **se encontraron** en el museo.
conocer	Tener la idea o noción de quién y cómo es una persona, un lugar o una cosa. (*to know, meet, become acquainted*)

Quiela **conoció** a Diego cuando unos amigos los presentaron.

sentir (ie, i)	Percibir por los sentidos/ Experimentar o tener sensaciones y manifestar "cuáles"/ Lamentar. (*to feel, regret, be sorry*)

¿Qué **sentía** Luisa al mirar a Amadeo?

Sentía cierta frustración.

Lo **siento** mucho.

sentir(se) (ie, i)	Encontrarse en cierto estado físico o de ánimo/ Experimentar o tener sensaciones y manifestar "cómo". (*to feel*)

¿Cómo **se sentía** el poeta al pensar en su amor perdido?

Se siente triste esta noche.

dejar	Abandonar o soltar una cosa. (*to leave*; also *to let, allow*)

Amadeo no pudo **dejar**la.

salir	Partir de adentro afuera/ Irse. (*to leave, go out*)

Luisa **salió** de la casa para buscar a Amadeo.

echar de menos	Notar la falta o la ausencia de alguien o algo. (*to miss*)

Te eché de menos cuando no estuviste aquí.

Luisa **echó de menos** a Amadeo cuando salió de casa.

perder (ie)	Dejar pasar/ No poder utilizar o no disfrutar una cosa por llegar tarde/ No aprovechar una oportunidad. (*to miss, to lose*)

Había perdido el tren porque llegó tarde.

Llegó tarde porque **había perdido** su cartera.

Experiencia

EL AUSENTE
Ana María Matute (España, 1926–   )

Por la noche **discutieron**. Se acostaron llenos de **rencor** el uno por el otro. Era frecuente eso, sobre todo en los últimos tiempos. Todos sabían en el pueblo—y sobre todo María Laureana, su vecina—que eran un matrimonio mal avenido°. Esto, quizá, la amargaba° más. "Quémese la casa y no salga el humo",[1] se decía ella, despierta, vuelta de cara a la pared°. Le daba a él la

on bad terms/ embittered/wall

---
[1] Saying = "Don't let anyone find out what's wrong."

espalda°, deliberada, ostentosamente. También el cuerpo de él parecía es-
currirse° como una anguila° hacia el borde opuesto de la cama. "Se caerá al
suelo°", se dijo, en más de un momento. Luego, oyó sus ronquidos° y su rencor se acentuó. "Así es. Un salvaje, un bruto. No tiene sentimientos." En cambio ella, despierta. Despierta y de cara a aquella pared encalada°, voluntaria-
mente **encerrada.**

Era **desgraciada.** Sí: no había por qué negarlo, allí en su intimidad. Era
desgraciada, y pagaba su culpa de haberse casado sin amor. Su madre (una
mujer sencilla, una campesina) siempre le dijo que era pecado° casarse sin
amor. Pero ella fue orgullosa. "Todo fue cosa del orgullo. Por darle en la
cabeza a Marcos. Nada más." Siempre, desde niña, estuvo enamorada de
Marcos. En la oscuridad, con los ojos abiertos, junto a la pared, Luisa sintió de
nuevo el calor de las lágrimas entre los párpados°.

Se mordió° los labios. A la memoria le venía un tiempo feliz, a pesar de la
pobreza. Las huertas°, la recolección de la fruta. . . . "Marcos". Allí, junto a la
tapia° del huerto, Marcos y ella. El sol brillaba y se oía el rumor° de la ace-
quia°, tras el muro. "Marcos." Sin embargo, ¿cómo fue? . . . Casi no lo sabía
decir: Marcos se casó con la hija mayor del juez°: una muchacha torpe°, **ruda,**
fea. Ya entrada en años, por añadidura°. Marcos se casó con ella. "Nunca creí
que Marcos hiciera eso. Nunca." ¿Pero cómo era posible que aún le doliese,
después de tantos años? También ella había olvidado. Sí: qué remedio. La
vida, la pobreza, las preocupaciones, le borran° a una esas cosas de la cabeza. "De la cabeza, puede . . . pero en algún lugar queda la **pena.** Sí: la
pena renace, en momentos como éste. . . ."

Luego, ella se casó con Amadeo. Amadeo era un forastero°, un desgraciado obrero de las minas. Uno de aquellos que hasta los jornaleros° más
humildes miraban por encima del hombro. Fue aquél un momento malo. El
mismo día de la **boda** sintió el arrepentimiento. No le amaba ni le amaría
nunca. Nunca. No tenía remedio. "Y ahí está: un matrimonio desavenido°. Ni
más ni menos. Este hombre no tiene corazón, no sabe lo que es una deli-
cadeza°. Se puede ser pobre, pero. . . . Yo misma, hija de una familia de apar-
ceros°. En el campo tenemos cortesía, delicadeza. . . . Sí: la tenemos. ¡Sólo
este hombre!" Se sorprendía últimamente diciendo: "este hombre", en lugar
de Amadeo. "Si al menos hubiéramos tenido un hijo. . . ." Pero no lo tenían, y
llevaban ya cinco años largos de matrimonio.

Al amanecer° le oyó levantarse. Luego, sus pasos por la cocina, el ruido de
los cacharros°. "Se prepara el desayuno." Sintió una alegría pueril°: "Que se
lo prepare él. Yo no voy." Un gran rencor la dominaba. Tuvo un ligero sobre-
salto°: "¿Le **odiaré** acaso°?" Cerró los ojos. No quería pensarlo. Su madre le
dijo siempre: "Odiar es pecado, Luisa." (Desde que murió su madre, sus palabras, antes oídas con rutina, le parecían sagradas, nuevas y terribles.)

Amadeo salió al trabajo, como todos los días. Oyó sus pisadas° y el golpe
de la puerta. Se acomodó en la cama, y durmió.

Se levantó tarde. De mal humor aseó° la casa. Cuando bajó a dar de comer
a las gallinas la cara de comadreja° de su vecina María Laureana asomó° por
el corralillo°.

—Anda, mujer: mira que se oían las voces anoche. . . .

Luisa la miró, colérica.

—¡Y qué te importan a ti, mujer, nuestras cosas! María Laureana sonreía
con cara de satisfacción.

—No seas así, muchacha . . . si te comprendemos todos, todos. . . . ¡Ese
hombre no te merece°, mujer!

Prosiguió en sus comentarios, llenos de falsa compasión. Luisa, con el

---

Margin glosses (left column):

back
slide/eel
floor/snores

white-washed

sin

eyelids
bit
orchards
mud wall/noise
irrigation ditch
judge/clumsy
in addition

erase

stranger
day workers

fallen on bad times

delicate gesture
sharecroppers

at dawn
pots and pans/
childish
feeling of sudden
dread/perhaps

footsteps

tidied
weasel/appeared
poultry yard

deserve

frowning	ceño fruncido°, no la escuchaba. Pero oía su voz, allí, en sus oídos, como un
poison	veneno° lento. Ya lo sabía, ya estaba acostumbrada.
fix things up	—Déjale, mujer . . . déjale. Vete con tus hermanas, y que se las apeñe° solo.
bubbled up	Por primera vez pensó en aquello. Algo le bullía° en la cabeza: "Volver a casa." A casa, a trabajar de nuevo la tierra. ¿Y qué? ¿No estaba acaso acos-
sour	tumbrada? "Librarme de él." Algo extraño la llenaba: como una agria° alegría de triunfo, de venganza. "Lo he de pensar", se dijo.
unexpected	Y he aquí que ocurrió lo inesperado°. Fue él quien no volvió.
	Al principio, ella no le dio importancia. "Ya volverá", se dijo. Habían pasado dos horas más desde el momento en que él solía entrar por la puerta de la casa. Dos horas, y nada supo de él. Tenía la cena preparada y estaba sen-
shelling beans	tada a la puerta, desgranando alubias°. En el cielo, azul pálido, brillaba la
poignant/sorrow	luna, hermosa e hiriente°. Su ira se había transformado en una congoja° ín- tima, callada. "Soy una desgraciada. Una desgraciada." Al fin, cenó sola. Es- peró algo más. Y se acostó.
barefoot/hut	Despertó al alba, con un raro sobresalto. A su lado la cama seguía **vacía.** Se levantó descalza° y fue a mirar: la casucha° estaba en silencio. La cena de
shrugged	Amadeo intacta. Algo raro le dio en el pecho, algo como un frío. Se encogió°
tantrums	de hombros y se dijo: "Allá él con sus berrinches°." Volvió a la cama, y pensó: "Nunca faltó de noche." Bien, ¿le importaba acaso? Todos los hombres falta- ban de noche en sus casas, todos bebían en la taberna, a veces más de la cuenta. Qué raro: él no lo hacía nunca. Sí: era un hombre raro. Trató de dor- mir, pero no pudo. Oía las horas en el reloj de la iglesia. Pensaba en el cielo lleno de luna, en el río, en ella. "Una desgraciada. Ni más ni menos." El día llegó. Amadeo no había vuelto. Ni volvió al día siguiente, ni al otro.
weasel	La cara de comadreja° de María Laureana apareció en el marco de la puerta.
foreman	—Pero, muchacha . . . ¿qué es ello? ¿Es cierto que no va Amadeo a la mina? ¡Mira que el capataz° lo va a despedir!
	Luisa estaba pálida. No comía. "Estoy llena de odio. Sólo llena de odio", pensó, mirando a María.
	—No sé—dijo—. No sé, ni me importa.
	Le volvió la espalda y siguió en sus trabajos.
	—Bueno—dijo la vecina—, mejor es así, muchacha . . . ¡para la vida que te daba!
weak	Se marchó y Luisa quedó sola. Absolutamente sola. Se sentó desfalle- cida°. Las manos **dejaron** caer el cuchillo contra el suelo. Tenía frío, mucho
small window/	frío. Por el ventanuco° entraban los gritos de los vencejos°, el rumor del río
martins (birds)	entre las piedras. "Marcos, tú tienes la culpa . . . tú, porque Amadeo. . . ." De pronto, tuvo miedo. Un miedo extraño, que hacía temblar sus manos. "Ama- deo me quería. Sí: él me quería." ¿Cómo iba a dudarlo? Amadeo era brusco,
lacking	desprovisto° de **ternura,** callado, taciturno. Amadeo—a medias palabras ella lo entendió—tuvo una infancia **dura,** una juventud **amarga.** Amadeo era pobre y ganaba su vida—la de él, la de ella y la de los hijos que hubieran podido tener—en un trabajo ingrato que destruía su salud°. Y ella: ¿tuvo ter-
health	nura para él? ¿Comprensión? ¿**Cariño**? De pronto, vio algo. Vio su silla, su ropa allí, sucia, a punto de lavar. Sus botas, en el rincón, aún llenas de ba-
clay, mud	rro°. Algo le subió, como un grito. "Si me quería . . . acaso ¿será capaz de matarse?"
rushed	Se le apelotonó° la sangre en la cabeza. "¿Matarse?" ¿No saber nunca nada más de él? ¿Nunca verle allí: al lado, pensativo, las manos grandes en-
clenched/fire	zarzadas° una en otra, junto al fuego°; el pelo negro sobre la frente, cansado,
cheeks	triste? Sí: triste. Nunca lo pensó: triste. Las lágrimas corrieron por sus mejillas°. Pensó rápidamente en el hijo que no tuvieron, en la cabeza inclinada de Ama-

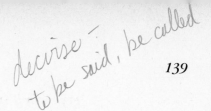

Su compañía, su silencio al lado, su cabeza inclinada, llena de recuerdos, su mirada.

beaten
panting
out of breath/perspiring
anxiety
muddied
vulgar one
old-fashioned print/faded
something out of novels
tired
silent
harsh
tied up in knots
swallowed/blade of grass

deo. "Triste. Estaba triste. Es hombre de pocas palabras y fue un niño triste, también. Triste y apaleado°. Y yo: ¿qué soy para él?"

Se levantó y salió afuera. Corriendo, jadeando°, cogió el camino de la mina. Llegó sofocada° y sudorosa°. No: no sabían nada de él. Los hombres la miraban con mirada dura y reprobativa. Ella lo notaba y se sentía culpable.

Volvió llena de desesperanza. Se echó sobre la cama y lloró, porque había perdido su compañía. "Sólo tenía en el mundo una cosa: su compañía." ¿Y era tan importante? Buscó con ansia° pueril la ropa sucia, las botas embarradas°. "Su compañía. Su silencio al lado. Sí: su silencio al lado, su cabeza inclinada, llena de recuerdos, su mirada." Su cuerpo allí al lado, en la noche. Su cuerpo grande y oscuro pero lleno de sed, que ella no entendía. Ella era la que no supo: ella la ignorante, la zafia°, la egoísta. "Su compañía." Pues bien, ¿y el amor? ¿No era tan importante, acaso? "Marcos . . ." Volvía el recuerdo; pero era un recuerdo de estampa°, pálido y frío, desvaído°. "Pues, ¿y el amor? ¿No es importante?" Al fin, se dijo: "¿Y qué sé yo qué es eso del amor? «Novelerías!°"

La casa estaba vacía y ella estaba sola.

Amadeo volvió. A la noche le vio llegar, con paso cansino°. Bajó corriendo a la puerta. Frente a frente, se quedaron como mudos°, mirándose. Él estaba sucio, cansado. Seguramente hambriento. Ella sólo pensaba: "Quiso huir de mí, dejarme, y no ha podido. No ha podido. Ha vuelto."

—Pasa, Amadeo—dijo, todo lo suave que pudo, con su voz áspera° de campesina—. Pasa, que me has tenido en un hilo°. . . .

Amadeo tragó° algo: alguna brizna°, o quién sabe qué cosa, que mascullaba entre los dientes. Pasó el brazo por los hombros de Luisa y entraron en la casa.

DEFINICIONES

discutir Argumentar/ Dar razones para convencer. (*to debate, discuss, argue, quarrel*)

el rencor	Resentimiento tenaz y fuerte.
desgraciado	Que sufre desgracia o mala suerte/ Desafortunado.
rudo	Poco inteligente, grosero, descortés, sin pulimento. (*coarse*)
la pena	Aflicción, dolor, dificultad.
la boda	Casamiento y fiesta con que se celebra la unión de un hombre y una mujer.
odiar	Tener odio, antipatía, aversión hacia alguna cosa o persona.
vacío	Espacio que no contiene materia/ Contrario de *lleno*.
dejar	Abandonar o soltar una cosa. (*to leave, let, allow*)
la ternura	Calidad de tierno, blando, delicado, suave.
duro	Excesivamente severo, difícil.
amargo	Que causa pena o aflicción/ De sabor desagradable. (*bitter*)
el cariño	Amor, afecto. (*affection*)

PALABRAS SIMILARES . . .

el bruto	la importancia	el remedio
el comentario	la infancia	la rutina
la compañía	intacto	la satisfacción
la compasión	el matrimonio	el sentimiento
la cortesía	la memoria	el silencio
deliberado	la mina	la taberna
el (la) egoísta	el momento	taciturno
falso	notar	terrible
frecuente	posible	transformar
el humor	la preocupación	el triunfo
ignorante	preparar(se)	

Expresión

27. DEFINICIONES

Practiquen las definiciones en parejas.

28. PREGUNTAS

1. ¿Qué hicieron Luisa y Amadeo por la noche?
2. ¿Cómo se sentían al acostarse?
3. ¿Cómo se manifestaba el rencor que tenían el uno por el otro?
4. ¿Por qué se sentía desgraciada?
5. ¿Por qué se casó sin amor?
6. ¿Quién era Marcos? ¿Por qué no se casó Luisa con él?
7. Según ella, ¿cómo es Amadeo?
8. Cuando Amadeo se preparó el desayuno y salió, ¿qué emociones dominaban a Luisa?

9. ¿Cómo describiría usted a la vecina María Laureana?

10. Al pensar en la idea de dejar a Amadeo y volver a casa, ¿qué emociones o sentimientos dominan a Luisa?

11. Al principio, cuando Amadeo no volvió, ¿por qué no se preocupó Luisa?

12. El próximo día, ¿cómo se sintió ella? *as to, as for*

13. ¿De qué se dio cuenta ella por fin en cuanto a Amadeo?

14. Al decir que el amor es algo de novelerías, ¿qué quiere decir Luisa?

15. Cuando volvió Amadeo y los dos se vieron frente a frente, ¿de qué se dio cuenta Luisa?

16. En la opinión de usted, ¿por qué no volvió Amadeo por unos días? ¿Por qué volvió más tarde?

17. En su opinión, ¿por qué echó de menos Luisa a Amadeo? *miss*

18. En su opinión, ¿quién tenía la culpa por los problemas del matrimonio? Explique.

29. ASOCIACIÓN

¿Con qué palabras o frases asocia usted las referencias que siguen? ¿Y en qué piensa usted al oír las palabras?

1. discutir	5. la pena
2. el rencor	6. el cariño
3. desgraciado	7. la boda
4. la compañía	8. solo

30. RECONSTRUCCIÓN

Imagínese que usted es la vecina que ha oído las discusiones o disputas de Luisa y Amadeo y ha presenciado la desaparición y la vuelta de Amadeo. Usando las palabras indicadas abajo, dígales a la clase (la gente del pueblo), lo que había pasado hasta el momento de la vuelta de Amadeo. [Complete el ejercicio con un(a) compañero(a) de clase.]

1. discutir	7. odiar
2. rencor	8. lo inesperado *unexpected.*
3. desgraciada / vacía	9. sola
4. casarse	10. vida dura
5. no olvidarse	11. compañía
6. rudo	12. huir / dejarla

Exploración y síntesis oral

Un debate

A. La clase se divide en grupos de cuatro o cinco personas. La mitad de los grupos discute las razones por las cuales muchas personas creen que el matrimonio es esencial para el bienestar de los individuos y de la sociedad. Los otros grupos discuten las razones por las cuales algunas personas creen que hoy día el matrimonio no es tan importante. Presenten los puntos de vista y después voten para ver qué puntos de vista predominan.

CHICAGO, (UPI).— Que
Michael adora a Linda, lo sabía
él y ahora lo sabe todo el mundo
en el centro de Chicago, aunque
no se sabe si Linda se enteró.

Los peatones de la avenida
más importante de la ciudad,
pudieron ver la declaración de
los sentimientos de Michael a 90
metros de altura, cuando un pequeño avión sobrevoló la Avenida Michigan acarreando un largo letrero de 60 metros en el que
se leía:

"Querida Linda, te adoro. Te
amaré siempre. Michael".

El teniente policial John
Campbell dijo que el avión hizo
siete u ocho pases por la zona antes de dirigirse hacia el sur, para aterrizar en un pequeño aero-
puerto a las afueras de la ciudad
en University Park.

El piloto, que no fue identifica-
do, fue detenido hasta que las
autoridades determinen si violó
alguna ley.

B. La clase se divide en grupos pequeños, la mitad de los cuales están compuestos de mujeres, la otra mitad de hombres. Las mujeres discuten la
idea de que los hombres son la causa de la mayor parte de los problemas
conyugales. Los hombres pueden explicar por qué en su opinión las mujeres son la causa principal de un mal matrimonio. Presenten y discutan
sus puntos de vista.

Exploración y síntesis escrita

*Se han visto varias perspectivas sobre el amor y las relaciones que existen en-
tre hombres y mujeres. Haga un resumen de estas perspectivas refiriéndose a
"No hay que complicar la felicidad," "El amor a primera vista", las selec-
ciones de poesía, y "El ausente". Después, dando sus propias opiniones, explique por qué el amor a veces es tan difícil, el origen de tanta alegría y a la vez
de tanta pena.*

LA SOCIEDAD

la civilización

encuentro y amalgamación

la civilización Acción de civilizar/ Conjunto de ideas, instituciones y costumbres que caracterizan el estado social de un pueblo.

Experiencia

reception

"DEL GRANDE Y SOLEMNE RECIBIMIENTO° QUE NOS HIZO EL GRAN MONTEZUMA A CORTÉS Y A TODOS NOSOTROS EN LA ENTRADA DE LA GRAN CIUDAD DE MÉXICO"

Bernal Díaz del Castillo (España, 1495 o 1496–1584)

early next day

turned

no room for them

pass by/towers

temples

Luego otro día de mañana° partimos de Estapalapa, muy acompañados de aquellos grandes **caciques** que atrás he dicho; íbamos por nuestra **calzada** adelante, la cual es **ancha** de ocho pasos, y va tan **derecha** a la ciudad de México, que me parece que no se torcía° poco ni mucho, y puesto que es bien ancha, toda iba llena de aquellas gentes que no cabían°, unos que entraban en México y otros que salían, y los indios que nos venían a ver, que no nos podíamos rodear° de tantos como vinieron, porque estaban llenas las torres° y cúes° y en las canoas y de todas partes de la **laguna,** y no era cosa de mara-

143

". . . y por delante estaba la gran ciudad de México." (Maqueta de Tenochtitlán, Museo de Antropología, México.

El gran Montezuma decía que fuésemos bienvenidos.

wonder

at intervals

cloaks

welcome/ground

villar°, porque jamás habían visto caballos ni hombres como nosotros. Y de que vimos cosas tan admirables no sabíamos qué decir, o si era verdad lo que por delante parecía, que por una parte en tierra había grandes ciudades, y en la laguna otras muchas, y veíamoslo todo lleno de canoas, y en la calzada muchos **puentes** de trecho a trecho°, y por delante estaba la gran ciudad de México. . . . Vinieron muchos principales y caciques con muy ricas mantas° sobre sí, . . . y aquellos grandes caciques **enviaba** el gran Montezuma adelante a recibirnos, y así como llegaban ante Cortés decían en su lengua que fuésemos bienvenidos°, y en señal de paz tocaban con la mano en el suelo° y besaban la tierra con la misma mano.

(Selección tomada de *Historia verdadera de la conquista de la Nueva España* por Bernal Díaz del Castillo.)

DEFINICIONES

el cacique Jefe o líder indio.

la calzada Camino ancho hecho de piedras. (*causeway*)

ancho De dimensión espaciosa. (*wide*)

derecho Recto, sin torcerse. (*straight*)

la laguna Lago pequeño.

el puente Estructura sobre los ríos, etc., para pasar o cruzarlos.

enviar Mandar a una persona o cosa a alguna parte. (*to send*)

PALABRAS SIMILARES . . .

admirable
la canoa

Expresión

1. DEFINICIONES

Practiquen las definiciones en parejas.

2. PREGUNTAS

1. ¿Por dónde iban los soldados españoles?
2. ¿Quiénes los acompañaban?
3. ¿Adónde iba la calzada?
4. ¿Cómo era la calzada?
5. ¿Por qué vinieron tantos indios a ver a los españoles?
6. ¿Qué vieron los españoles por todas partes?

7. Al verlo todo, ¿por qué dijo Bernal Díaz: ". . . no sabíamos qué decir"?
8. ¿Por quién fueron enviados los caciques con muy ricas mantas? ¿Por qué?
9. ¿Qué hicieron los indios para indicar que venían en paz?
10. En la opinión de usted, ¿Qué impresionó más a los españoles al acercarse a la ciudad?
11. Imagínese que usted es Bernal Díaz. En el momento de entrar en la ciudad, ¿cuáles son sus sensaciones y sus sentimientos? ¿Qué sienten los indios al ver a los españoles?

3. ASOCIACIÓN

¿Con qué palabras o frases asocia usted las referencias que siguen? ¿Y en qué piensa usted cuando oye las palabras?

1. el puente
2. la laguna
3. el cacique
4. la calzada

5. el caballo
6. la paz
7. maravilla

4. RECONSTRUCCIÓN

Imagínese que usted acompañó a Bernal Díaz en su viaje a la gran ciudad de México. De vuelta en España, usted narra a sus amigos lo que observó y cómo se sintió en ese momento histórico. Use las palabras que siguen como clave. [Complete el ejercicio con un(a) compañero(a) de la clase.]

1. calzada
2. ancha
3. gente
4. laguna

5. caballos
6. caciques
7. bienvenidos
8. besar

I. FUNCIÓN DEL MODO SUBJUNTIVO

En contraste con el indicativo, que expresa lo que es definido o cierto, el subjuntivo se usa para referirse a (1) lo que es indefinido e incierto, (2) lo que se quiere o desea y (3) lo que provoca una reacción emocional.

En esta Unidad se introducen la formación de los verbos en el presente y el presente perfecto de subjuntivo (II, IV), la función del subjuntivo en cláusulas sustantivas (III) y el uso de la forma del subjuntivo en algunos mandatos (V).

II. FORMACIÓN DE LOS VERBOS EN EL PRESENTE DE SUBJUNTIVO

A. FORMACIÓN DE VERBOS REGULARES EN EL PRESENTE DE SUBJUNTIVO

1. Los verbos **-ar**
   Él quiere que (yo) lo acept**e**.
   Él quiere que (tú) lo acept**es**.
   Él quiere que (él, ella, usted) lo acept**e**.

Él quiere que (nosotros) lo acept**emos.**
Él quiere que (vosotros) lo acept**éis.**
Él quiere que (ellos, ellas, ustedes) lo acept**en.**

2. Los verbos **-er** e **-ir**
   Es posible que (yo) no lo descubr**a.**
   Es posible que (tú) no lo descrubr**as.**
   Es posible que (él, ella, usted) no lo descrubr**a.**
   Es posible que (nosotros) no lo descubr**amos.**
   Es posible que (vosotros) no lo descubr**áis.**
   Es posible que (ellos, ellas, ustedes) no lo descubr**an.**

El subjuntivo se forma eliminando la **o** de la primera persona (**yo**) del singular del indicativo y añadiendo **-e, -es, -e, -emos, -éis, -en** (a los verbos **-ar**) y **-a, -as, -a, -amos, -áis, -an** (a los verbos **-er** e **-ir**). Así las irregularidades del tiempo presente de indicativo se adoptan en el presente de subjuntivo.

decir: diga, digas, etc.
tener: tenga, tengas, etc.
conocer: conozca, conozcas, etc.
huir: huya, huyas, etc.

3. Los verbos **-ar** y **-er** con cambios en la raíz
   e——→ie
   Dudan que (yo) lo ent**ie**nda.
   Dudan que (tú) lo ent**ie**ndas.
   Dudan que (él, ella, usted) lo ent**ie**nda.
   Dudan que (nosotros) lo ent**e**ndamos.
   Dudan que (vosotros) lo ent**e**ndáis.
   Dudan que (ellos, ellas, ustedes) lo ent**ie**ndan.
   o——→ue
   Espera que (yo) se lo m**ue**stre.
   Espera que (tú) se lo m**ue**stres.
   Espera que (él, ella, usted) se lo m**ue**stre.
   Espera que (nosotros) se lo m**o**stremos.
   Espera que (vosotros) se lo m**o**stréis.
   Espera que (ellos, ellas, ustedes) se lo m**ue**stren.

Los verbos **-ar** y **-er,** que en el tiempo presente de indicativo tienen cambios en la raíz de **o——→ue** y **e——→ie,** tienen los mismos cambios en el subjuntivo.

4. Los verbos **-ir** con cambios en la raíz
   e——→ie, e——→i, o——→ue
   Quiere que (yo) me div**ie**rta.
   Quiere que (tú) te div**ie**rtas.
   Quiere que (él, ella, usted) se div**ie**rta.
   Quiere que (nosotros) nos div**i**rtamos.
   Quiere que (vosotros) os div**i**rtáis.
   Quiere que (ellos, ellas, ustedes) se div**ie**rtan.

Teme que (yo) no d**ue**rma bien.
Teme que (tú) no d**ue**rmas bien.
Teme que (él, ella, usted) no d**ue**rma bien.
Teme que (nosotros) no d**u**rmamos bien.
Teme que (vosotros) no d**u**rmáis bien.
Teme que (ellos, ellas, ustedes) no d**ue**rman bien.

Es probable que (yo) lo cons**i**ga.
Es probable que (tú) lo cons**i**gas.
Es probable que (él, ella, usted) lo cons**i**ga.
Es probable que (nosotros) lo cons**i**gamos.
Es probable que (vosotros) lo cons**i**gáis.
Es probable que (ellos, ellas, ustedes) lo cons**i**gan.

Los verbos que terminan en **-ir** y tienen cambios de **e**——>**ie, o**——>**ue** o **e**——>**i** muestran un segundo cambio de **e**——>**i** o un cambio de **o**——>**u** en la primera y la segunda persona del plural.

B. VERBOS CON CAMBIOS ORTOGRÁFICOS

Prefiere que no lo to**ques.**
Sugerimos que lo pa**guen.**
Es mejor que no lo empe**cemos.**

Algunos verbos tienen cambios ortográficos para mantener el sonido original del infinitivo. Los verbos más comunes son:

-car	-gar	-zar
atacar	**agregar** (*to add*)	**abrazar**
buscar	**cargar** (*to load*)	**alcanzar** (*to reach, overtake*)
clasificar	**entregar** (*to deliver, hand over*)	**amenazar** (*to threaten*)
colocar (*to put, place*)	**llegar**	**analizar**
explicar	**negar** (*ie*)	**civilizar**
pecar	**pagar**	**comenzar** (*ie*)
pescar (*to fish*)	**pegar** (*to hit*)	**cruzar**
verificar	**rogar** (*ue*)	**destrozar**
	tragar (*to swallow*)	**empezar** (*ie*)
		organizar

C. VERBOS IRREGULARES

Es una lástima que no **estén** aquí.
Pero es necesario que lo **sepas.**

Seis verbos son irregulares en el subjuntivo.

dar: dé, des, dé, demos, deis, den
estar: esté, estés, esté, estemos, estéis, estén

haber: haya, hayas, haya, hayamos, hayáis, hayan
ir: vaya, vayas, vaya, vayamos, vayáis, vayan
saber: sepa, sepas, sepa, sepamos, sepáis, sepan
ser: sea, seas, sea, seamos, seáis, sean

III. EL SUBJUNTIVO EN CLÁUSULAS SUSTANTIVAS Y CON EXPRESIONES IMPERSONALES Y ESPECIALES

DEFINICIÓN: La cláusula sustantiva tiene la función de un nombre que es objeto directo del verbo. Contesta la pregunta **"¿Qué?"**

¿Qué dudan? Dudan **que la entienda.**
(cláusula sustantiva)

A. EL SUBJUNTIVO EN CLÁUSULAS SUSTANTIVAS: (1) EMOCIÓN, (2) MANDATOS INDIRECTOS, (3) DUDA, NEGACIÓN E INCREDULIDAD

1. **Me alegro de** que nos acepten como amigos.
   Siento que sea tan difícil hablar con ellos.
   Lamentamos mucho que no nos entiendan mejor.
   Tememos que se vayan.

2. **Quiere** que los soldados crucen el puente.
   Esperan que Montezuma llegue pronto.
   Prefiero que no entremos solos en la ciudad.
   (Les) **pido** que nos traigan agua y comida.
   (Les) **sugerimos** (*suggest*) que vengan a ver los caballos.
   (Les) **recomendamos** que sigan hablando con los caciques.
   Insisten en que les mostremos nuestras armas.
   Cortés **requiere** (*urge, require*) que tengamos cuidado.
   Él (nos) **ruega** (*ask, beg*) que nos quedemos juntos.
   Los caciques (nos) **aconsejan** (*advise*) que hablemos con Montezuma.

3. **Dudan** que los entendamos.
   Niega que todos estén aquí.
   No estoy seguro de que podamos aprender su lengua.
   No creo que sepan por qué estamos aquí.

Se usa el subjuntivo en cláusulas sustantivas cuando existen dos condiciones:
—Cuando el verbo principal expresa (a) una emoción (lo que uno **siente, teme,** etc.), (b) un mandato indirecto (lo que uno **quiere, pide, demanda,** etc.), (c) duda, negación e incredulidad (lo que uno **niega, no cree, duda,** etc.);
—Cuando hay dos sujetos diferentes (es decir, un sujeto influye en o reacciona a la acción de otro sujeto). Si no hay cambio de sujeto, se usa el infinitivo.

Queremos **seguir.**
      vs.
Queremos **que ellos sigan.**

OBSERVACIONES:

(a) Los pronombres directos, indirectos y reflexivos usados con verbos en el subjuntivo siguen las mismas reglas que se aplican en el indicativo.

(b) Se usa el subjuntivo cuando un verbo de comunicación, por ejemplo, **decir, escribir, sugerir, pedir, aconsejar** o **rogar,** implica un mandato indirecto. Si **decir** y **escribir** solamente comunican información sin tratar de influir en la acción de otra persona, se usa el indicativo.

Nos dicen que entremos en la ciudad.
(influencia)

pero

Nos dicen que quieren ser nuestros amigos.
(información)

(c) Note que con los verbos de comunicación es común usar un pronombre indirecto.

Expresión

5. *LO QUE ESPERAMOS EL UNO DEL OTRO*

Indique lo que se espera cambiando el verbo a la forma correcta del subjuntivo.

1. Mis padres esperan que yo . . .
   estudiar mucho
   ir a todas las clases
   buscar un trabajo
   dormir bien
   comer bien
   vivir en la residencia de estudiantes
   resolver mis problemas
   poder hacer el trabajo
2. Es necesario que nosotros . . .
   estar aquí
   hacer la tarea *Hagamos*
   salir los fines de semana *Salgamos*
   acostarnos temprano *Nos acostemos*
   levantarnos a tiempo
   ahorrar dinero
   recibir buenas notas
   tener paciencia *tengamos*
3. Dudo que mi hermano(a) . . .
   ayudarme
   casarse
   venir a visitarme *venga*
   decirme una mentira
   creerme *crea*

querer hablar conmigo
echarme de menos
escribirme

6. *Y TÚ TAMBIÉN*

Quiero hacer varias cosas en una isla tropical, pero **quiero que tú las hagas también.** *Indique esto usando las referencias que siguen.*

MODELO Quiero ir a una isla tropical.
Quiero que tú vayas también.

1. Quiero conocer a la gente. *conozcas*
2. Quiero explorar toda la isla.
3. Quiero nadar en el océano.
4. Quiero andar por la playa.
5. Quiero comer mucha fruta tropical.
6. Quiero probar los mariscos.
7. Quiero dormir en una hamaca. *duermes*
8. Quiero pescar en las lagunas.
9. Quiero saber cómo es la vida allí. *sepas*

7. *¿QUÉ LES PIDE?*

prepared

Usted tiene varios amigos universitarios que están dispuestos a ayudarle en sus estudios. ¿Qué **les pide que hagan***?*

MODELO ayudarme
Les pido que me ayuden.

1. darme mucha ayuda
2. ir conmigo a la biblioteca
3. traerme las instrucciones
4. enseñarme el vocabulario
5. explicarme la tarea
6. venir a mi cuarto para estudiar
7. no olvidarse de mí

8. *¿QUÉ LE ACONSEJA?*

*Usted tiene un(a) hermano(a) de quince años. ¿***Le aconseja** *usted que* **haga** *o que* **no haga** *las siguientes cosas?*

MODELO salir solo(a) a la medianoche
Le aconsejo que no salga solo(a) a la medianoche.

1. hacer su tarea
2. estudiar una lengua extranjera
3. estudiar las matemáticas
4. usar drogas
5. beber mucha cerveza
6. conducir el coche de usted
7. llevar la ropa de usted

8. entrar en el cuarto de usted
9. hablar mucho por teléfono
10. mirar la televisión todas las noches
11. poner los pies en el sofá nuevo
12. comprar ropa muy de moda y muy cara
13. interesarse más en los deportes
14. salir a muchas fiestas
15. burlarse de su hermano(a)

9. MI COMPAÑERO(A) Y YO

En parejas, háganse preguntas y contéstense.

MODELO qué / querer / que / el (la) profesor(a) / hacer
   ¿Qué quieres que el (la) profesor(a) haga?
   Quiero que me ayude con el español, etc.

1. qué / temer / que / tu profesor(a) / hacer
2. qué / lamentar / que / tu compañero(a) / hacer
3. qué / sentir / que / tu hermano(a) / hacer
4. qué / esperar / que / tus amigos / hacer
5. qué / sugerir / que / tus padres / hacer

10. EL FUTURO

Pensando en el futuro, indique si usted **duda** *que* **ocurran** *o* **está seguro(a)** *de que* **van** *a ocurrir las siguientes cosas.*

MODELO comer alimentos sintéticos
   Dudo que comamos alimentos sintéticos.

                         O

   Estoy seguro(a) de que vamos a comer alimentos sintéticos.

1. conseguir la paz
2. seguir luchando entre nosotros
3. eliminar las enfermedades
4. descubrir la cura del cáncer
5. vivir en el espacio
6. explorar todo el universo
7. encontrar otra civilización en el universo
8. contaminar el aire
9. poder eliminar el hambre
10. no tener conflicto entre las razas
11. usar vehículos eléctricos
12. resolver los problemas del mundo

11. ¿CUÁNTAS POSIBILIDADES?

*Varias personas ejercen una influencia directa o indirecta en nuestra vida.
En parejas, formen tantas oraciones como sea posible para indicar algunas
de estas influencias.*

1. Mi compañero(a) de cuarto / rogarme / que / yo . . .
2. Mi novio(a) / sugerir / que / yo . . .
3. Mi abuelo(a) / esperar / que / yo . . .
4. Mis amigos / recomendar / que / yo . . .
5. El (la) profesor(a) / requerir / que / yo . . .
6. Mi padre / sentir / que / yo . . .
7. Mi madre / alegrarse / que / yo . . .

B. EL SUBJUNTIVO EN CLÁUSULAS SUSTANTIVAS: EXPRESIONES IMPERSONALES

Es una lástima que no se entiendan. (emoción)
Es urgente que se conozcan mejor. (obligación)

Se usa el subjuntivo después de una expresión impersonal (*it*) cuando no hay un sujeto expresado y cuando estas expresiones influyen de alguna manera (emoción, obligación, opinión, etc.) en la acción que sigue.

La mayoría de las expresiones impersonales empiezan con una forma del verbo **ser:**

es bueno	**es necesario**
es conveniente	**es peor**
es de esperar	**es posible**
es difícil (*unlikely*)	**es preciso**
es dudoso	(*necessary*)
es extraño (*strange*)	**es preferible**
es fácil (*likely*)	**es probable**
es importante	**es raro**
es imposible	**es ridículo**
es improbable	**es sorprendente**
es increíble	**es triste**
es justo	**es una lástima**
es lamentable	**es un milagro**
es malo	(*miracle*)
es mejor	**es urgente**
es natural	

OBSERVACIÓN: Ciertas expresiones impersonales usadas en una declaración positiva implican la certeza (*certainty*) de una acción; por eso, se usa el indicativo.

es cierto
es claro
es evidente
es seguro
es verdad

Es evidente que es una civilización avanzada.
Es verdad que los españoles quedaron muy impresionados.

C. EL SUBJUNTIVO CON EXPRESIONES ESPECIALES

Quizás sea diferente de lo que esperábamos.
Tal vez puedan escaparse.
Ojalá (que) lleguen pronto.

El subjuntivo también se usa con ciertas expresiones como **quizás, acaso** y **tal vez** (*perhaps*) si se quiere poner mucho énfasis en la duda. El uso del subjuntivo es obligatorio con la expresión **ojalá (que)** porque expresa un deseo o una esperanza fuerte (*I hope*).

Expresión

12. *UNA EXPEDICIÓN*

Sale una expedición para explorar una región del río Amazonas. Usted y sus amigos, los miembros de la expedición, hablan de lo que deben hacer. Use las expresiones impersonales indicadas. [Complete el ejercicio en grupos pequeños.]

"Compañeros, . . .

1. Es preciso . . .
2. Es urgente . . .
3. Es bueno . . .
4. Es preferible . . .
5. Es evidente . . .

En camino, avanzando por el río Amazonas, ustedes comentan sobre el paisaje, la vegetación, etc., de la región.

6. Es raro que . . .
7. Es lamentable que . . .
8. Es sorprendente que . . .
9. Es triste que . . .
10. Es un milagro que . . .

Inmediatamente antes de la llegada ustedes conjeturan:

11. Quizás (acaso, tal vez) . . .
12. Ojalá (que) . . .

13. *¿CUÁNTAS POSIBILIDADES?*

Según cada situación, use varias expresiones impersonales para indicar las posibilidades de lo que va a pasar. [Completen en parejas.]

1. Sus padres llegan en media hora.
   Es importante que . . .
   Es posible que . . .

Es cierto que . . .

etc.

2. Los exámenes finales empiezan mañana.
3. Hay una emergencia en la residencia de estudiantes.
4. Su novio(a) le dice a usted que no quiere salir con usted esta noche.
5. Su compañero(a) de cuarto le anuncia que va a salir de la universidad.

Experiencia

LICAN RAY
Leyenda chilena
Carlos Ducci Claro (Chile)

hill — Caminaba a través de la selva cuando al llegar a un pequeño collado° más alto divisó las aguas del lago. . . . Había oído que a este lago los indios lo llamaban Calafquén.

lost — Se había separado de sus compañeros y extraviado° su caballo, por eso caminaba solo aquella tarde un joven soldado español perdido en medio de una tierra **extraña.**

fear — Sabía que era una tierra hostil, pero no sentía temor, sino **asombro,** y contemplaba sin recelo°, maravillado, el **imponente paisaje.** . . . Se sintió humildemente pequeño e insignificante frente a la hermosura de esta **naturaleza** virgen.

Sentía también extrañeza. Al llegar a América había oído a muchos conquistadores hablar de la "selva", pero siempre con respeto y temor. . . . La selva de que le habían hablado era devoradora de sus conquistadores. Aquí,

beasts — en cambio, el **bosque** era amigo y no hostil, al parecer no había fieras° ni culebras, nada le había atacado y había podido dormir de noche mirando las estrellas sin tomar ninguna precaución. . . .

Era tal la sensación de paz, que pensó si los españoles tenían el derecho de romper esta quietud, si los designios de Dios no serían dejar para siempre estas regiones de belleza privilegiada lejos de la ambición humana. Junto con pensar esto se sintió confundido y analizó si debería contar a su confesor,

digressions — cuando volviera a verlo, estas divagaciones°.

Estaba ya muy cerca del lago y algo se movía saliendo de las aguas, alguien entonaba una **canción** en una lengua desconocida. Era una joven indí-

hair — gena de extraordinaria belleza que secaba sus cabellos° al sol. No deseaba
frighten — atemorizarla,° no quería que huyese y por eso, visible pero distante, comenzó
hum/victim — a tararear° la misma canción que ella cantaba. La muchacha se volvió presa° del temor, pronta a huir, y se quedó expectante contemplando a este extraño,
bizarrely — blanco y estrafalariamente° vestido, que la miraba desde lejos, al parecer sin intención de hacerle daño.

Largo rato se contemplaron; el soldado sonrió y ella sintió que la sonrisa era una garantía de paz. Volvió a tararear la melodía y la muchacha le corrigió la entonación malamente aprendida cantando nuevamente una parte de la canción. Ambos rieron y desde ese momento supieron que eran amigos. . . .

Fue así como Aliumanche, el soldado español, y Lican Ray, la muchacha indígena, se conocieron y desde entonces se amaron.

El joven soldado se sintió humildemente pequeño frente a la hermosura de la naturaleza virgen.

Lican Ray era hija del cacique Curilef, jefe poderoso, temible y temido. En varias ocasiones había ido al norte, a la cabeza de sus guerreros a apoyar° al toqui° que luchaba contra los españoles, y sentía casi instintivamente la necesidad de esta lucha para preservar sus viejas costumbres y su **libertad.** El español, el hombre blanco era entonces el enemigo. . . .

El cacique Curilef añoraba° el retorno de su hija Lican Ray. Temía que los espíritus malignos la hubieran arrebatado° o que hubiere perecido° en las aguas del lago o en el torrente de un río, pero en el fondo de su ser sentía que ella estaba viva y esperaba su regreso.

Un día, un muchacho de la tribu se acercó al viejo cacique. "Lican Ray está viva, dijo; la he visto con un hombre blanco a las orillas del lago". "Mis guerreros irán a libertarla", respondió el cacique. "Ella no está **cautiva,** explicó el muchacho; sigue al hombre blanco por su propia voluntad°, y se demuestran un gran amor".

El cacique meditó un largo rato para poder comprender esta noticia, después exclamó: "Mis guerreros irán de todas maneras a buscarla, el hombre blanco será muerto y ella traída de vuelta a su tribu; si se resiste e imposibilita hacerlo morirá también".

Al día siguiente, en medio de un gran chivateo°, los guerreros de la tribu salieron en busca de Lican Ray.

Lican Ray y Aliumanche vivían la alegría de su amor, el descubrimiento de conocerse, la magia de poderse comunicar y comprender. Pero Lican Ray no estaba tranquila, sabía que su ausencia parecería inexplicable y que muy pronto realizarían esfuerzos por encontrarla. Varias veces había creído oír ruidos en el bosque y una vez tuvo la certeza de que habían sido espiados°. . . .

Un día fue evidente que un grupo numeroso recorría la selva y se **aproximaba** en un punto muy cercano en las orillas del lago.

---

support
Indian chief

longed for
taken away/perished

will

shouting

spied upon

"Debemos partir, dijo Lican Ray, los guerreros de mi padre nos buscan y no estaremos seguros si no nos internamos en el lago y nos refugiamos en una de sus pequeñas islas". Aliumanche comprendió que tenía razón y apresuradamente° bogaron° en unos troncos hasta una islita distante para engañar° a sus perseguidores°.

Los guerreros recorrieron el bosque y la costa y montaban guardia esperando que algún signo delatara° a los prófugos°. . . .

Los amantes en su isla se sentían seguros, pero no podían protegerse del frío, pues temían que al hacer **fuego** éste delatara su presencia.

Sopló° el viento del norte que trajo lluvias, muchos días de lluvia, y después un frío más intenso al dejar de llover. "Los guerreros deben haberse retirado, dijo el español; debemos encender fuego, porque en caso contrario no podremos resistir." Así lo hicieron, y una leve° columna de **humo** se levantó al cielo desde la isla.

Pero los guerreros no habían suspendido su vigilia y uno de ellos observó el humo y congregó a los demás. Todos dieron gritos de alegría por haber descubierto a los prófugos y poder cumplir su misión.

El viento llevó a la isla el eco de los gritos distantes y Lican Ray comprendió que habían sido descubiertos. Era necesario partir y nuevamente utilizaron unos troncos para huir a otra isla aún más alejada°.

Pero esto fue sólo por un tiempo, porque adondequiera que se **trasladaran** eran nuevamente descubiertos por los guerreros del cacique Curilef.

Huyendo siempre, a través de las islas y orillas del lago, jamás fueron atrapados, pero se perdieron en el tiempo y la distancia y nunca ningún ser viviente encontró a los amantes del lago Calafquén.

Hoy día, a las orillas del lago, hay un pueblito que se llama Lican Ray. Se dice que en las tardes de primavera se divisa a veces una columna de humo lejana. "No es un viajero, dicen; nadie ha ido por ahí, son Lican Ray y el español que han vuelto".

Margin glosses: hurriedly/rowed; deceive/pursuers; give away/fugitives; blew; light; distant

DEFINICIONES

extraño — Distinto, raro, extravagante/ Ajeno a la naturaleza de una cosa de la cual forma parte.

el asombro — Gran admiración.

imponente — Que infunde o causa respeto o miedo.

el paisaje — Porción de terreno o tierra considerada en su aspecto artístico. (*landscape, countryside*)

la naturaleza — Conjunto de las cosas que componen el universo. (*nature*)

el bosque — Sitio poblado de árboles.

la canción — Composición en verso que se puede cantar.

la libertad — Estado del que no es esclavo/ Ausencia de represión/ Independencia.

cautivo — Aprisionado.

aproximar(se) — Acercarse.

el fuego — Calor y luz producidos por la combustión.

el humo   Producto gaseoso de una combustión incompleta. (*smoke*)

trasladar(se)   Mudar o cambiar de lugar.

PALABRAS SIMILARES . . .

la ambición	evidente	la región
analizar	la garantía	resistir
atacar	hostil	el respeto
la ausencia	humilde	la sensación
la columna	inexplicable	suspender
el confesor	insignificante	tranquilo
congregar	la intención	la tribu
contemplar	la misión	utilizar
el designio	observar	la vigilia
distante	la ocasión	virgen
divisar	la precaución	visible
el eco	preservar	

Expresión

14. PREGUNTAS

1. ¿Por qué estaba solo el joven soldado español?
2. ¿Cuál era su impresión de la tierra? ¿Cómo se sentía frente a la naturaleza?
3. ¿Cuál era la diferencia entre la naturaleza descrita por otros conquistadores y la que experimenta él?
4. ¿En qué pregunta moral pensó el español al experimentar la sensación de paz?
5. ¿Qué hizo para no asustar a la joven indígena?
6. ¿Cómo supo la joven que el hombre extraño era pacífico?
7. ¿Por qué luchaba el cacique contra los españoles?
8. ¿Dónde se escondieron los dos amantes jóvenes al darse cuenta de que alguien los perseguía?
9. ¿Por qué encendieron un fuego los amantes?
10. ¿Qué les pasó a los jóvenes que siempre huían de los guerreros?
11. ¿Qué dice la gente que vive en la población de Lican Ray cuando se ve una columna de humo lejana?
12. ¿De qué manera demuestra esta leyenda el conflicto entre culturas?
13. ¿De qué manera demuestra la amalgamación?
14. En su opinión, ¿de qué maneras se puede realizar mejor la amalgamación de culturas, razas o grupos que son diferentes?

15. ACTIVIDAD

Imagínese que usted es el padre, o la madre, de la bella india Lican Ray. Un(a) compañero(a) de la clase puede hacer el papel de (play the role of) *Lican Ray. Discutan en forma de diálogo por qué se debe o no se debe realizar su unión con el extranjero, el joven soldado español.*

IV. EL PRESENTE PERFECTO DE SUBJUNTIVO

Esperan que **haya vuelto.**
They hope that I have returned.
Esperan que **hayas vuelto.**
Esperan que **haya vuelto.**
Esperan que **hayamos vuelto.**
Esperan que **hayáis vuelto.**
Esperan que **hayan vuelto.**

Se usa el verbo **haber** en el presente de subjuntivo en combinación con el participio pasado en su forma invariable para formar el presente perfecto de subjuntivo.

---

haber (en el presente de subjuntivo) + participio pasado

Expresión

 16. EL PADRE DE LICAN RAY

Indique las reacciones del padre de Lican Ray. Use el presente perfecto de subjuntivo.

MODELO ¿Qué espera el padre? los guerreros / descubrirlos
Espera que los guerreros los hayan descubierto.

1. ¿Qué duda el padre? Lican Ray / morir
2. ¿Qué teme el padre? Lican Ray / enamorarse
3. ¿Qué espera el padre? los guerreros / perseguirlos
4. ¿Qué espera el padre? los guerreros / encontrarlos
5. ¿Qué teme el padre? ellos / trasladarse a otra isla
6. ¿Qué teme el padre? ellos / escaparse
7. ¿Qué duda el padre? ellos / poder sobrevivir
8. ¿Qué siente el padre? Lican Ray / no volver
9. ¿Qué espera el padre? más soldados españoles / no venir

17. ¿CUÁNTAS POSIBILIDADES?

En parejas o en grupos pequeños, completen las oraciones con tantas variaciones como sea posible. Usen el presente perfecto de subjuntivo.

1. El (la) profesor(a) espera que nosotros . . .
2. Esperamos que el (la) profesor(a) . . .
3. Mis padres dudan que yo . . .
4. Dudo que mis padres . . .
5. Me alegro de que tú, amigo(a) mío(a), . . .
6. Es posible que mi compañero(a) de cuarto . . .
7. Espero que mi hermano(a) no . . .

V. LOS MANDATOS: *USTED, USTEDES* Y *NOSOTROS*

Se usan formas del subjuntivo para expresar algunos mandatos directos.

A. LOS MANDATOS *USTED* Y *USTEDES*

No **luchen** entre sí.
Ayúdeme, por favor.
Dígalo en voz alta.
No lo **haga** ahora.

Los mandatos **usted** y **ustedes** tienen la misma forma que tiene la tercera persona del singular y del plural del subjuntivo. Generalmente se omite **usted** o **ustedes.**

En los mandatos afirmativos los pronombres directos, indirectos o reflexivos se añaden al verbo para formar una sola palabra.

En los mandatos negativos los pronombres se sitúan delante del verbo.

B. LOS MANDATOS *NOSOTROS*

Salgamos para otra isla.
Tomemos ciertas precauciones.
Pongamos la comida en la canoa.
Callémonos.
No **nos olvidemos** de llevar agua.
Expliquémoselo a ellos bien.

Los mandatos **nosotros** (*let's*) tienen la misma forma que tiene la primera persona del plural del subjuntivo. Si se añade el pronombre reflexivo **nos** o el pronombre **se** a la forma afirmativa, se omite la **-s** final del verbo. (Tenga cuidado con el acento que se mantiene en el verbo mismo.)

OBSERVACIONES:
(a)   Otra posibilidad de expresar el mandato afirmativo *let's* es usar **vamos a** + infinitivo. No se usa esta estructura para formar el mandato negativo, donde se usa la forma del subjuntivo.
(b)   El mandato afirmativo *let's* para el verbo **ir** o **irse** es irregular: **vamos** = *let's go,* o **vámonos** = *let's go, leave.* El mandato negativo usa la forma del subjuntivo: **no vayamos** o **no nos vayamos.**

Expresión

18. *LO QUE MANDA CURILEF*

Curilef les da instrucciones a sus guerreros. ¿Qué les dice? Use los mandatos **ustedes.**

MODELO encontrarlos
         Encuéntrenlos.

1. salir mañana por la mañana
2. irse en dirección al lago
3. andar por el bosque
4. quedarse cerca del lago
5. buscarlos en las islas
6. seguirlos
7. no dejarlos escapar
8. no perderlos
9. no ayudarlos
10. traerlos aquí
11. no volver aquí sin ellos

19. ¿CUÁNTAS POSIBILIDADES?

*En parejas o en grupos pequeños, den sus consejos (*advice*) a las personas indicadas. Usen el mandato* **usted** *o* **ustedes** *en la forma afirmativa o negativa. No se olviden de usar las expresiones de cortesía.*

1. al presidente de los Estados Unidos
   Señor Presidente, por favor . . .
2. al presidente de la universidad
3. a su profesor(a) de español
4. a un visitante de España que viene a los Estados Unidos
5. a un grupo de estudiantes que están preparándose para matricularse en la universidad

20. UN VIAJE POR COCHE

Imagínense que usted y sus amigos hacen un viaje por coche de Los Ángeles a Nueva York. Usen la forma afirmativa o negativa del mandato **nosotros** *para indicar su preferencia en cuanto a las actividades del viaje.*

MODELO   usar una tarjeta de crédito
Usemos una tarjeta de crédito.
No usemos una tarjeta de crédito.

1. empezar el viaje temprano
2. pararse frecuentemente
3. almorzar en el coche
4. ir a restaurantes frecuentemente
5. tomar cervezas mientras manejamos
6. cruzar el desierto
7. aprovecharse de la frescura de la noche
8. traer mapas
9. hacer reservaciones
10. conducir toda la noche
11. quedarse en Nueva York una semana
12. divertirse

21. ACTIVIDAD

Ustedes son estudiantes del cuarto año de estudio en la universidad. Han terminado los exámenes finales y les quedan cinco días libres antes de gra-

duarse y separarse de sus amigos. Usen el mandato **nosotros** *en oraciones descriptivas para indicar lo que (no) quieren hacer. [Completen el ejercicio en grupos pequeños.]*

Conduzcamos a . . . para . . . , etc.

ACLARACIONES

extraño   Distinto, raro, extravagante/ Ajeno a la naturaleza de una cosa de la cual forma parte. (*strange, rare, odd, peculiar*)

        El soldado español estaba perdido en una tierra **extraña.**

        En la selva había muchas plantas **extrañas.**

raro   Poco común/ Extraño, diferente, exótico. (*rare, odd, bizarre, strange, weird*)

        Encontraron un vaso **raro** entre las ruinas.

        Me fascina porque es una leyenda bastante **rara.**

extranjero De otro país o nación. (*foreign, foreigner*)

        Los exploradores vinieron de varios países **extranjeros.**

        Cuando Pablo Casals llegó a Bruselas, lo consideraban **extranjero.**

forastero   Que viene de afuera/ No local o de ese lugar. (*stranger*)

        El **forastero** no entendía las costumbres de esa región.

desconocido Extraño, ignorado, sin identidad. (*unknown*)

        La gente quería saber la identidad de esta persona **desconocida.**

Experiencia

UNA INTERVIÚ CON TUTANKHAMEN
José María Pemán (España, 1897–1981)

sweaty/puffing   Llegué al sarcófago sudoroso° y jadeante°, porque se me había pasado algo
Pharoah   la hora fijada por el ilustre Faraón° para nuestra secreta **entrevista.**
babbled   —Perdón —balbucí°, secándome la frente y haciéndole una reverencia—;
llego algo tarde. . . . Tenía mucho que hacer: los negocios, las ocupaciones. . . .

stare   Tutankhamen me miró con una fijeza° desconcertante y me preguntó
pausadamente:

        —¿Qué hacías? ¿Contemplabas la verdad o practicabas el bien?

        —No —respondí algo turbado—; esta mañana precisamente no. . . .

        —Entonces no hacías nada —dijo el Faraón, interrumpiéndome con una
dryness   sequedad° absoluta. . . .
hastened   Me apresuré° a comunicarle que en los tiempos actuales la vida era muy
otra que en su dinastía. Cada hombre es reclamado por múltiples ocupaciones;
la actividad propia de nuestra vida civilizada no nos deja estar quietos. . . .

Muy sabia es la persona que, ensimis- *absorbed in thought* mada y quieta, medita sobre las verdades eternas. Tikal, Guatemala.

La actividad propia de nuestra vida civilizada no nos deja estar quietos. Santiago, Chile.

get lost

—Ya lo sé. La ciencia sublime de la **quietud** se perdió con nosotros. Nosotros los egipcios sabíamos estar inmóviles horas y horas; pero en esta quietud nuestra vida era mucho más activa que esa vida civilizada de que hablas, porque vivíamos dentro de nosotros mismos; vida que vosotros no sabéis vivir. . . .

Insistí en que hoy no se podía perder el tiempo en meditaciones, porque el triunfo era del que llegaba antes en esta **carrera** de la vida.

—¿Qué triunfo? —me preguntó—. ¿**Alcanzaréis** acaso ninguno de vosotros, con vuestros afanes°, la **inmortalidad** de los Faraones, grabada en las piedras y en la memoria de los hombres? . . .

labors

engrave in rock

Tutankhamen, rey de Egipto,
c. 1347–1339 A.C.

—Lo que hoy persiguen los hombres —le indiqué— no es esa inmortalidad;
es el propio **bienestar** material: alcanzar una vida mejor y más **cómoda**. . . .

—¿Pero conseguís estar **cómodos** por dentro? *on the inside*

shift

Aquella extraña pregunta volvió a desconcertarme, y tuve que desviar° mi
conversación. Pretendí explicarle el concepto del "confort", gran conquista de
nuestra civilización moderna.

trash

—Vuestro "confort" es pura pacotilla° —contestó la momia, y aquella palabra, "pacotilla", en los labios milenarios del Faraón era un verdadero poema

scorn

de desprecio°— Vivís demasiado de prisa y no tenéis tiempo de pararos a
embellecer verdaderamente la vida. Nosotros no teníamos eso que llamáis

corners
calm

"confort", sino que era el arte mismo el que se infiltraba en todos los rincones°
del vivir. La vida era como una danza armoniosa y sosegada°, cuyo ritmo
habéis perdido vosotros. . . .

angrily
defended
congratulations

Desvié, algo amoscado°, la charla, y hablé del **progreso** mecánico. Hice la
apología° de los aeroplanos, de la radiotelefonía y de la bicicleta.

—Que sea enhorabuena° —me contestó—. En cambio, no sabéis embal-
samar, como nosotros, y habéis perdido la receta de aquel admirable com-

·compound/
lengthened/
eyelashes

puesto° de antimonio con que se alargaban° los párpados° las egipcias. Seguramente, lo lamentan vuestras mujeres, que, dicho sea en paz, se pintan de
un modo deplorable. Además —*he added* añadió después de una pausa—, en el espíritu, que es lo que importa, no habéis progresado nada.

Protesté. Cité los nombres gloriosos de varios intelectuales.

—Vuestros intelectuales —me dijo— poseen muchas ideas; pero lo que
importa no es el número de éstas, sino su grandeza y solidez. Mientras más
elevadas son, menos son en número las ideas. El genio tiene muy pocas

lack
hover
wise
deep in thought
sycamore/slide by

ideas. Dios, una sola, que es Él mismo. Vuestros intelectuales carecen de°
esas pocas ideas madres y fundamentales que se ciernen° sobre todas las
otras. Mucho más sabio° que ellos era cualquier simple campesino de mi dinastía cuando, ensimismado° y quieto, meditaba sobre las verdades eternas
a la sombra de un sicómoro°, viendo discurrir° lentamente a sus pies las
aguas del Nilo. . . .

Para distraerle volví a hacerle una pintura, lo más animada que pude, de
todos los **adelantos** modernos. . . .

Me dejó hablar, y cuando terminé, me preguntó gravemente:

—¿Y sois verdaderamente más felices que antes?

Me quedé desconcertado al ver crudamente planteado ante mí el eterno problema. La gran interrogación de la felicidad estaba tan abierta como en tiempo de los Faraones.

Pero de repente, como una idea feliz y luminosa, se me vino a los labios toda la brillante fraseología de nuestros políticos y de nuestros periódicos, y pensando deslumbrar° a la momia, exclamé atropelladamente°:

—Sí; nuestros pueblos son cada día más felices. Las conquistas y reivindicaciones modernas aseguran su felicidad; la libertad reina, rompiendo las viejas preocupaciones atávicas; el pensamiento y la conciencia son libres y soberanos; han caído como ídolos de barro° las viejas supersticiones. . . .

Me detuve, porque el Faraón había clavado° en mí una severa mirada, sublimemente despreciativa. Luego, cerró hieráticamente los párpados° y dijo con grave solemnidad su última palabra:

—¡Cursi!°

Marginal glosses: dazzle/hastily · clay · riveted · eyelids · How common!

DEFINICIONES

la entrevista	Interviú/ Conferencia entre dos o más personas para hablar de algo.
la quietud	Falta de movimiento/ Descanso/ Calma/ Tranquilidad.
la carrera	Acción de correr.
alcanzar	Conseguir lo que se desea/ Llegar a juntarse con una persona o cosa que va delante.
la inmortalidad	Durar un tiempo indefinido/ No morir/ Perpetuar en la memoria.
el bienestar	Comodidad/ Vida buena, descansada.
cómodo	Confortable.
el progreso	Acción de ir hacia adelante/ Avanzar o progresar/ Desarrollo de la civilización, las ciencias.
el adelanto	Progreso/ Avance.

PALABRAS SIMILARES . . .

absoluto	contemplar	grave
la actividad	la conversación	la idea
activo	la danza	el ídolo
admirable	desconcertar	indicar
el aeroplano	la dinastía	infiltrar
armonioso	elevar	insistir
el arte	el espíritu	intelectual
la bicicleta	eterno	interrumpir
brillante	exclamar	el material
civilizar	la fraseología	mecánico
comunicar	fundamental	meditar
el concepto	el genio	la meditación
el confort	glorioso	la memoria

moderno	practicar	el sarcófago
múltiple	la preocupación	secreto
el número	el problema	severo
la ocupación	protestar	sublime
perdón	quieto	la superstición
el poema	el ritmo	el triunfo
el político		

Expresión

22. DEFINICIONES

Practiquen las definiciones en parejas.

23. PREGUNTAS

1. ¿Con quién tuvo una entrevista el hombre que habla?
2. ¿Por qué llegó tarde el hombre?
3. ¿Dónde estaba Tutankhamen?
4. ¿Qué pregunta hizo Tutankhamen para saber lo que hacía el hombre?
5. ¿Qué contrastes se hacen entre los tiempos de Tutankhamen y los tiempos modernos respecto a la quietud?
6. Según el hombre, en vez de la inmortalidad, ¿qué se busca hoy día?
7. ¿Qué opinión tiene la momia Tutankhamen del "confort moderno"?
8. Según la momia, ¿en qué área no ha progresado nada el hombre moderno?
9. ¿Qué piensa la momia de los intelectuales de hoy?
10. ¿Por qué cree el hombre que los pueblos modernos son cada vez más felices?
11. ¿Cómo reaccionó el Faraón a lo que dijo el hombre?
12. En su opinión, ¿cuál de las civilizaciones ha alcanzado un nivel (level) más alto? ¿la de Tutankhamen o la moderna? Explique.

24. ASOCIACIÓN

¿Con qué palabras o frases asocia usted las referencias que siguen? ¿Y en qué piensa usted al oír las palabras?

1. la entrevista
2. la quietud
3. la inmortalidad
4. cómodo
5. progreso
6. la momia

25. RECONSTRUCCIÓN

Imagínese que usted es el hombre que tuvo la entrevista con Tutankhamen. Haga un resumen del diálogo que tuvieron ustedes. Use las palabras que siguen como clave. [Complete el ejercicio con un(a) compañero(a) de clase.]

1. entrevista
2. tarde
3. vida civilizada
4. quietud
5. carrera
6. inmortalidad

7. bienestar	11. ideas
8. confort	12. felices
9. progreso mecánico	13. supersticiones
10. intelectuales	14. cursi

Exploración y síntesis oral

A. TEMA DE DISCUSIÓN

Usted y dos amigos tienen la oportunidad de viajar a otro planeta para co-nocer una civilización recién descubierta. Ustedes necesitan llevar consigo cinco cosas que pueden mostrarles a ellos y que sean representativas de nuestra civilización. ¿Qué artículos escogerían ustedes para llevar? Expli-quen por qué. [Discutan en grupos de tres y después comparen sus selec-ciones con las de otros grupos en la clase.]

B. UNA ENTREVISTA

Usted y un(a) compañero(a) de clase, preparen un diálogo que ocurra entre usted y su bisabuelo(a). Comparen y discutan entre sí las diferencias, buenas y malas, que existen entre los días de los bisabuelos y los días más contempo-ráneos. Presenten su diálogo a la clase.

C. UN DEBATE

La clase se divide en grupos de cuatro o cinco personas. La mitad de los grupos discute las razones por las cuales algunas personas creen que la vida sencilla de una tribu aislada en alguna sección remota del mundo tiene ciertas ventajas (advantages) y ciertos valores que a las personas "más civi-lizadas" les faltan. Los otros grupos discuten las razones por las cuales al-gunas personas creen que la vida moderna es superior. Presenten los puntos de vista y después voten para ver cuáles son las ventajas y los valores que la clase estima más.

Exploración y síntesis escrita

Defina y describa su propio concepto personal de lo que se llama "la civiliza-ción" y de lo que es "ser civilizado." Use ejemplos o de las selecciones litera-rias de esta Unidad o de la historia general para afirmar sus opiniones y puntos de vista.

Séptima Unidad

LA SOCIEDAD

los derechos y la justicia

los derechos Conjunto o totalidad de principios y leyes a que están sometidas las relaciones humanas/ Justicia, razón.

la justicia Virtud que inclina a dar a cada uno lo que le pertenece/ Derecho, razón, equidad.

Experiencia

ERA UN HOMBRE BUENO[1]
Manlio Argueta (El Salvador, 1935; Costa Rica,   )

right after — La cosa comenzó a raíz de° la muerte de mi tío Justino Guardado, pocos días después de la **manifestación** al Banco. Camino a Ilobasco donde tenía su ranchito. Una noche llegaron a su casa cuatro miembros de la autoridad civil, *blows of club* — de esos que andan armados, fue **sacado** a garrotazos° y decapitado, sacaron

was taken out

[1] Título añadido por los autores.

168

Llegaron miembros de la autoridad civil, de ésos que andan armados. Nicaragua.

set

knowing

mainstays

area

stained/blood

discount/seeds/
fertilizer

clubs

companions
dig

throw/shovel full
burial

a su mujer y a sus hijos y luego le prendieron° fuego a su rancho. Mi tío Justino. . . .

Todo el pueblo **se indignó,** sin hallar° qué hacer, pues queríamos a Justino y él no se merecía una muerte así, era trabajador y buen hijo, era uno de los sostenes° de su familia, y de mi abuela Lupe. Siempre le ayudó en sus cositas.

Pero los cuatro que se lo llevaron eran conocidos del cantón°. Entonces se reunieron los hombres del cantón.

"Justino jamás se ha manchado° las manos de sangre°. Era un hombre bueno".

"Justino nada más ayudó a organizar la protesta al Banco, para pedir rebaja° de semillas° y abonos°. Nada más eso".

"Entonces qué vamos a hacer en memoria del compañero".

Y se organizó una comisión, una que fuera a sacar a los asesinos. Armados de garrotes° y machetes se fueron los hombres. Casa por casa.

Y . . . los sacamos uno por uno. Ahí estaban los cuatro temblando como gallinas. . . .

"Pero nosotros no somos asesinos", decían los hombres, nuestros compas°.

Y los obligaron a cavar° la tumba de Justino. Allí mismo donde lo habían asesinado. . . .

"Nosotros somos la autoridad civil", decían.

"Ustedes son las autoridades asesinas", decían nuestros compañeros.

Y que cada uno de los cuatro le echara° por lo menos una palada° de tierra para darle una satisfacción al muerto. Después del entierro° los dejaron ir.

"Más que todo por temor a Dios y porque nosotros no somos asesinos". Los perdonamos.

Después del incidente salieron camionadas de guardias, helicópteros y un avión. El Salvador.

settled, made even

  Justino estaba **vengado** y la muerte ya estaba saldada°. Justino era mi tío, hijo de mama Lupe.

  Nunca nos imaginamos la pena que íbamos a pasar por haber tocado la autoridad civil.

truck loads
carnage
children
beaten
paths

  Cuando los jefes se dieron cuenta de lo sucedido salieron camionadas° de guardias y en cuenta un helicóptero y un avión. La carnicería° fue brutal: hubo muchos muertos, ranchos incendiados, mujeres violadas, cipotes° golpeados°. . . . Algunos hombres pudieron escapar al monte, junto con sus mujeres y sus hijos. Por montes y veredas° anduvimos.

(Selección tomada de *Un día en la vida* por Manlio Argueta)

DEFINICIONES

la manifestación Reunión pública para dar a conocer deseos o sentimientos.

sacar Poner una cosa fuera de otra en que estaba metida. (*to take out*)

indignarse Sentir indignación o cólera (*anger*) que suele excitar una cosa injusta.

vengar Tomar venganza de un agravio o daño.

PALABRAS SIMILARES . . .

armado	brutal	escapar
el asesino	civil	la guardia
la autoridad	decapitado	el helicóptero

imaginarse   organizar   el rancho
el machete   perdonar   la satisfacción
obligar   la protesta   la tumba

Expresión

1. DEFINICIONES

Practiquen las definiciones en parejas.

2. PREGUNTAS

1. ¿Cuándo ocurrió la muerte del tío Justino?
2. ¿Cómo murió el tío?
3. ¿Qué acción del tío provocó su asesinato?
4. ¿Cómo reaccionó el pueblo?
5. ¿Por qué se reunieron los hombres del cantón?
6. Cuando los hombres del pueblo fueron a sacar a los asesinos, ¿qué tipo de armas llevaban?
7. A los cuatro miembros de la autoridad civil, ¿qué les obligaron a hacer los hombres del cantón? ¿Por qué?
8. ¿Por qué perdonaron los hombres del cantón a los miembros de la autoridad civil?
9. ¿Qué sufrió el pueblo al hacerse público el incidente?
10. ¿Cómo llegaron los guardias? ¿Qué hicieron?
11. En su opinión, ¿tenían los hombres del cantón razón en buscar su tipo de "justicia"? ¿Y los miembros de la autoridad civil?
12. ¿Qué diferencia ve usted entre los tipos de "venganza" o "justicia" manifestados en este incidente?

3. ASOCIACIÓN

¿Con qué palabras o frases asocia usted las referencias que siguen? ¿Y en qué piensa usted al oír las palabras?

1. la autoridad
2. indignarse
3. la protesta
4. el asesino
5. vengar
6. derechos

4. RECONSTRUCCIÓN

Imagínese que usted es uno de los hombres refugiados que se escaparon a las montañas. Déle a un reportero los detalles de lo que pasó. Use las palabras que siguen como clave. [Complete el ejercicio con un(a) compañero(a) de clase.]

1. tío Justino / manifestación
2. llegar / miembros
3. decapitado
4. indignarse
5. merecer
6. reunirse
7. organizarse / casa por casa
8. obligar a cavar
9. perdonar / dejar ir
10. la pena
11. la carnicería

I. MANDATOS *TÚ* Y *VOSOTROS*

A. EL MANDATO *TÚ* AFIRMATIVO REGULAR

Piensa en lo que haces.
Ayúdanos a organizar la protesta.
Dame consejos, amigo.
Él dijo: "**Defiende** tus derechos."
Imagínate la pena que pasamos después.

El mandato afirmativo familiar **tú** usa la misma forma que la tercera persona del singular del presente de indicativo. Note que los pronombres reflexivos directos e indirectos se unen con el mandato afirmativo para formar una sola palabra.

B. EL MANDATO *TÚ* AFIRMATIVO IRREGULAR

Dime lo que debo hacer.
Haz lo que es justo.
Ve a los oficiales por ayuda.
Llegaron a mi casa y dijeron: "**Pon**te la chaqueta y vamos."
Le dije a mi hijo: **Sal.**
También le dije, "**Sé** bueno."
"**Ten** paciencia," me dijeron.
Ven conmigo ahora mismo.

Las formas del mandato **tú** afirmativo son irregulares para los verbos que siguen.

decir di	**salir** sal
hacer haz	**ser** sé
ir ve	**tener** ten
poner pon	**venir** ven

C. EL MANDATO *TÚ* NEGATIVO

No **seas** brutal.   No **vayas** a las autoridades civiles.
No **uses** la violencia.   No me **digas** lo que debo hacer.
No **pienses** en lo que hicieron.   No te **envuelvas** en la protesta.

El mandato negativo familiar **tú,** en contraste con la forma afirmativa, tiene la misma forma que la segunda persona del presente de subjuntivo. Note que los pronombres reflexivos, directos e indirectos se ponen *delante del* mandato negativo.

D. EL MANDATO *VOSOTROS* AFIRMATIVO

Los guardias dijeron: **pensad** en lo que hacéis.
Imaginaos en nuestra situación.
Id a casa y **acosta**os.
Vestíos y **venid** con nosotros.

El mandato afirmativo para **vosotros** se forma eliminando la **-r** final del infinitivo y añadiendo una **-d.** No hay formas irregulares.

Cuando el verbo es reflexivo se añade **-os,** eliminando la **-d,** para formar una sola palabra. Con los verbos **-ir** se usa un acento sobre la **i** para mantener la fuerza de la pronunciación en el verbo.

E. EL MANDATO *VOSOTROS* NEGATIVO

Los guardias dijeron:
"No **participéis** en la protesta."
"No nos **obliguéis** a arrestaros."
"No **organicéis** una manifestación."

La forma del mandato negativo para **vosotros** es idéntica a la forma para la segunda persona plural del presente de subjuntivo.

Expresión

5. *LA EXPERIENCIA DOMINA*

*Imagínese que una universidad ha aceptado a su hermano(a) menor. Según su experiencia, dígale lo que debe hacer para tener éxito una vez allí. Use la forma afirmativa del mandato **tú.***

1. portarte bien
2. acostarte antes de la medianoche
3. levantarte temprano
4. ir a todas las clases
5. aprovecharte de cada oportunidad
6. escoger una buena especialización
7. hacer la tarea todas las noches
8. seguir las instrucciones de los profesores
9. divertirte los fines de semana
10. . . . y, sobre todo, acordarte de tu hermano(a) mayor.

6. *UN TORNADO*

*Usted y su familia viven en Kansas. Un día, cuando sus padres no están en casa, usted y su hermano(a) menor oyen en el radio que viene un tornado. Dígale a su hermano(a) lo que no debe hacer. Use la forma negativa del mandato **tú.***

1. preocuparte	5. llorar
2. alarmarte	6. quejarte
3. asustarte	7. ponerte impaciente
4. emocionarte	8. salir de la casa

7. *SÍ Y NO*

Indíquele a su hermano(a) menor: (a) lo que debe hacer, y (b) lo que no debe hacer según las referencias.

1. decir la verdad / no mentiras
2. ponerlo allí / no aquí
3. hacerlo hoy / no mañana
4. ir al centro / no al parque
5. salir del cuarto / no de la casa
6. venir aquí temprano / no tarde
7. ser justo / no injusto
8. tener paciencia / no . . . prisa

8. CONSEJOS PARA TU COMPAÑERO(A)

¿Qué debe hacer o no debe hacer su compañero(a) de cuarto? Use el mandato **tú** *afirmativo o negativo para decírselo a él (ella).*

1. ahorrar tu dinero
2. fumar cigarrillos
3. devorar toda la pizza
4. mirar la televisión toda la noche
5. mentir
6. asistir a las clases
7. quedarte en la cama toda la mañana
8. ser cortés   Sé
9. ayudarme
10. dejarme en paz

9. ¿QUÉ DICEN?

¿Qué mandatos daría usted a las personas siguientes? Usando el mandato **tú** *afirmativo y negativo, dé varias posibilidades para cada referencia. [Completen el ejercicio en parejas o en grupos pequeños.]*

1. a su hermano(a) menor cuando sale de la casa por la noche
2. a su novio(a) cuando va de compras
3. a su mejor amigo(a) cuando hace un viaje al extranjero
4. a su compañero(a) de cuarto que es muy desordenado(a) y pasa todo el tiempo mirando la televisión

10. EL PRIMER DÍA DE CLASES

Usted y su familia viven en España. Los niños salen para su primer día de clases. Usando la forma afirmativa del mandato **vosotros,** *dígales lo que deben hacer.*

1. salir a tiempo
2. tener cuidado al cruzar las calles
3. tomar el autobús 23
4. ir a la oficina central
5. hablar con la directora
6. asistir a todas vuestras clases
7. buscar la biblioteca
8. comprar los libros
9. volver directamente a casa

11. *LOS NIÑOS VUELVEN A CASA*

*Ahora dígales a los niños lo que no deben hacer. Use la forma negativa del mandato **vosotros.***

1. no quejarse del director
2. no burlarse los unos de los otros
3. no tratarse mal
4. no gritar
5. no correr en los pasillos
6. no olvidarse de traer los libros a casa
7. no hacer ruido
8. no traer animales a casa

II. PALABRAS Y EXPRESIONES INDEFINIDAS

Las palabras y expresiones indefinidas se pueden dividir según su uso o función principal: (1) la de referirse a personas o a cosas indefinidas, y (2) la de referirse a una selección o a alternativas o a un tiempo indefinido.

Alguien llamó a las autoridades.
Ocurrió **algo** extraño e inexplicable.
Algunos organizaron una reunión.
Nadie dijo nada.
Su familia **nunca** participó en la protesta.
Ni él **ni** ella se imaginaban lo que les pasaría.

Afirmativo		*Negativo*	
alguien	*someone, somebody*	**nadie**	*no one, nobody*
algo	*something*	**nada**	*nothing*
algún, alguno, -a, -os, -as	*some, any, someone*	**ningún, ninguno, -a, -os, -as**	*none, no one, not one*
también	*too, also*	→ **tampoco**	*neither, not . . . either*
o	*or*	→ **ni**	*nor, not even*
o . . . o	*either . . . or*	→ **ni . . . ni**	*neither . . . nor*
siempre	*always*	**nunca**	*never, not ever*
→ **alguna vez**	*sometime, ever*	→ **jamás**	*never, not ever* (más enfático)
→ **algunas veces**	*sometimes*		
→ **una vez**	*once*		
a veces	*at times, sometimes*		
→ **algún día**	*someday*		

OBSERVACIONES:

(a) **Alguien** y **nadie** se refieren exclusivamente a personas.
(b) **Algo** y **nada** se refieren exclusivamente a cosas.

(c) **Alguno** y **ninguno** en sus varias formas se pueden referir a personas o a cosas.

(d) Al referirse a personas, **alguno** y **ninguno,** a diferencia de **alguien** y **nadie,** se refieren a individuos de un grupo mencionado previamente.

(e) Cuando se usan **alguien** y **nadie** como objetos directos del verbo, la **a** personal es obligatoria. También se usa cuando **ninguno, -a, alguno, -a, -os, -as** se refieren a personas.

No vi **a nadie.**
No vi **a ningún** amigo mío allí.

(f) **Ninguno, -a** se usa casi siempre en la forma singular.

(g) Contrario al inglés los sujetos singulares unidos por **o** . . . **o** y **ni** . . . **ni** delante del verbo requieren que el verbo se use en la forma plural.

O el padre **o** la madre **van** con nosotros.
Ni él **ni** ella **entienden** la situación.

Expresión

12. *UN CRIMEN EN LA CALLE*

Cierto vecino habla de los incidentes de un crimen ocurrido en la calle hace varias noches. Otro vecino niega o contradice la información. Cambie las oraciones a la forma negativa para indicar lo que dice éste.

1. Alguien vio lo que pasó.
2. Oyeron algo extraño.
3. Algunas personas presenciaron el ataque.
4. Algunos hombres siguieron a los criminales.
5. Alguna mujer gritó.
6. Un hombre llevaba una pistola.
7. A veces se oían voces.
8. O la mujer o el hombre decidieron buscar ayuda.
9. También llamaron a la policía.

13. *EL OPTIMISTA*

Una persona pesimista hace algunas declaraciones negativas. Usted, siendo optimista, le aconseja lo que debe hacer.

MODELO Nunca voy a hacer eso.
         Debes hacer eso algún día.

1. No voy a hacer nada.
2. No voy a comunicarme con nadie.
3. No voy a darles ninguna cosa a mis vecinos.
4. No voy a hacer ningún esfuerzo.
5. No quiero aceptar ni el uno ni el otro.
6. Jamás voy a visitarlos.
7. Tampoco voy a perdonarlos.

OTRAS PALABRAS Y EXPRESIONES INDEFINIDAS

1. Palabras indefinidas de cantidad indefinida

demasiado, -a, -os, -as *too much, too many*
mucho, -a, -os, -as *much, many*
poco, -a, -os, -as *little, few*
un poco de *a little*
bastante, -s *enough, plenty of*
suficiente, -s *enough, plenty of*
más *more*
menos *less*
varios, -as *various, several*
todo, -a, -os, -as *all, every, all of*
algo *somewhat*

2. Palabras indefinidas que separan individuos u objetos de otros

un, uno, -a, -os, -as *a, an, one, some*
cada *each, every*
(los, las) demás *the rest, the others, the remaining ones*
cierto, -a, -os, -as *certain*
tal, -es *such a, such*
otro, -a, -os, -as *other, another, others*
cualquier (adj.) *any, any . . . at all, any . . . whatsoever*
cualquiera (pronombre) *anyone . . . at all, anyone whatsoever* (no preference at all)

3. Expresiones indefinidas que se refieren a un lugar indefinido o a una manera indefinida de hacer algo.

(en, a) alguna parte *somewhere, someplace*
(en, a) ninguna parte *nowhere, no place*
de algún modo *somehow, in some way*
de ningún modo *by no means, in no way*
de alguna manera *somehow, in some way*
de ninguna manera *by no means, in no way*

14. *ACTIVIDAD—LOS TESTIGOS* (THE WITNESSES)

Usted y su amigo(a) volvían al hotel por la noche cuando presenciaron una manifestación en que participaba un gran número de personas. Ustedes no conocían personalmente a los participantes, pero ahora tienen que explicarles a algunos oficiales lo que pasó. Usando las palabras indefinidas que siguen, indiquen lo que observaron. [En parejas, discutan las posibilidades y después escriban una descripción del incidente.]

1. todos(as)
2. muchos(as)
3. algunos(as)
4. varios(as)
5. los demás
6. alguien
7. nadie
8. cada
9. cierto(a)
10. otro(a)
11. a veces
12. de alguna manera
13. en ninguna parte
14. jamás

Organizaron la manifestación para protestar la desaparición de sus familiares. (Las madres de los desaparecidos, Buenos Aires, Argentina.)

15. *PREGUNTAS PARA USTED*

Usando las palabras y expresiones indefinidas, conteste las preguntas que siguen.

1. ¿Ha viajado usted alguna vez a un país con un gobierno totalitario? ¿Ha estudiado algo de la historia de algún país con un gobierno totalitario? Comente algunas diferencias entre ese país y el suyo.
2. ¿Algunas veces le parece a usted que el caos político y social domina en algunos países? ¿Cuáles?
3. ¿Cree usted que unas pocas personas deben determinar los derechos de todos? ¿Por qué sí o no?
4. ¿Cree usted que o la discordia o la violencia son necesarias algunas veces? Explique su opinión.
4. ¿Por qué cree usted que muchas personas no tienen lo suficiente para comer y vivir?
6. ¿Qué puede o debe hacer una persona desesperada si no tiene ni un centavo?
7. ¿Cree usted que a veces es justo suspender ciertos derechos? ¿Cuándo y cuáles?
8. ¿Cree usted que si alguien está fumando, esa persona está violando los derechos de otros? ¿Por qué sí o no y qué se debe hacer?

Experiencia

school board

En 1931 la Mesa Directiva° de la Escuela de Lemon Grove, California, decidió construir una escuela separada para los niños mexicano-americanos. Al darse matter

cuenta de la decisión, los padres de los niños se reunieron para discutir el asunto°.

A continuación se encuentra parte de la conversación recreada por el Dr. Roberto Álvarez para el documental "Lemon Grove Incident" (KPBS-TV, San Diego, 1985).

EL INCIDENTE DE LEMON GROVE
Roberto Álvarez (California)

barn
kids

HOMBRE #1: Ustedes saben por qué estamos reunidos en este momento. Todos hemos visto lo que han construído aquí en la Calle Olivo, una caballeriza° que le llaman escuela. Ahora sí sabemos cuándo piensan utilizarla para nuestros chamacos°. Esto es un insulto, una humillación.

HOMBRE #2: Pero, ¿por qué nos hacen esto después de tantos años? Yo no entiendo por qué quieren tratar a nuestros hijos diferente a los niños americanos.

hang around

MUJER #1: Todo esto lo empezaron unas señoras que viven allá por la Golden Avenue que no quieren que sus hijos se anden codeando° con los niños mexicanos.

HOMBRE #1: Además, no debemos olvidar que nosotros también pagamos **impuestos.**

HOMBRE #2: ¡Claro!

HOMBRE #1: Nosotros también mantenemos la escuela.

MUJER #1: Nuestros hijos deben ir a la escuela con los niños americanos. Así es cómo Roberto aprendió a hablar inglés.

MUJER #2: Mis hijos nacieron aquí. Son **ciudadanos.**

cover up

HOMBRE #2: Eso lo hacen no más para tapar° las cosas. Nos están tratando así sólo porque somos mexicanos.

HOMBRE #1: Si los dejamos, ya verán. En esa escuela todo va a ser de segunda. Allí van a llevar los libros viejos, las mesas viejas. . . .

HOMBRE #2: . . . y hasta las **maestras** viejas.

HOMBRE #1: No podemos dejarlos que hagan lo que quieran. Tenemos que unirnos. Yo propongo que formemos el Comité de Vecinos de Lemon Grove.

HOMBRE #2: Estoy de acuerdo.

have their way

HOMBRE #1: Si todos **nos rehusamos** a mandar a nuestros hijos a esa escuela, no podrán salirse con la suya°. Nuestros hijos forman la mitad de la escuela.

excuse me

HOMBRE #3: Dispense°. ¿Está usted proponiendo que hagamos algo contra la ley? ¿Y que saquemos a nuestros hijos de la escuela?

HOMBRE #1: Es la única manera. Si queremos que los niños **regresen** a estudiar.

county/throw out

HOMBRE #3: Bueno, yo no quiero ningún problema. Ustedes saben que yo trabajo para el condado° y si hago esto, pues, me van a echar° del trabajo.

HOMBRE #2: No nos pueden echar a todos. Nos necesitan tanto como nosotros a ellos. . . .

MUJER #1: Esto es más importante que cualquier trabajo. No vinimos aquí solamente para trabajar. Vinimos para darles una vida mejor a nuestros hijos, y para nosotros mismos . . . para darles mejor educación. Tenemos que pensar en ellos.

just like that

HOMBRE #3: Bueno, yo no sé. No podemos ir en contra de la ley, así no más°. Estamos viviendo en este país. Tenemos que respetar las leyes americanas.

Los niños mexicanos-americanos de Lemon Grove, 1928–29.

HOMBRE #1: Pero ellos mismos van en contra de sus propias leyes cuando no dejan que nuestros hijos vayan a su escuela.

hard
keep

MUJER #1: Todos sabemos que está muy dura° la situación. Pero si aceptamos esa falta de respeto, ¿cómo vamos a cobrar° el respeto de nuestros hijos?

HOMBRE #3: Bueno, y ¿por qué no mandamos a los niños a la escuela nueva? Por lo menos para ver qué pasa.

HOMBRE #1: No. Todos vinimos aquí por distintas razones. Pero siempre nos hemos **apoyado.** Yo creo que ha llegado la hora de que nos pongamos firmes si queremos tener el respeto de nuestros propios hijos.

HOMBRE #3: No, yo no estoy de acuerdo en eso.

HOMBRE #1: Tenemos que mantenernos unidos. . . .

case

En el pleito° de *Álvarez* vs. *La Mesa Directiva de la escuela Lemon Grove,* el tribunal decidió en favor de los mexicanos-americanos, apoyando sus derechos como ciudadanos de los Estados Unidos. Como resultado, los niños mexicano-americanos regresaron a su antigua escuela para continuar su educación.

"En una sociedad justa, sana y libre, todos los individuos son iguales ante la ley."

Edgard Mason, México

DEFINICIONES

el impuesto	Tributo o contribución que se paga al gobierno. *tax*
el (la) ciudadano(a)	Persona que goza de los derechos políticos de los naturales de un país. *citizen*
el (la) maestro(a)	El (la) que enseña/ Profesor(a). *teacher*
rehusar	Negarse a/ No aceptar una cosa. *to refuse*
regresar	Volver. *to return*
apoyar	Sostener/ Proteger/ Ayudar/ Mantener. (*to support, back up*)

PALABRAS SIMILARES . . .

aceptar	formar	el problema
construir	la humillación	respetar
diferente	importante	el respeto
la educación	el insulto	la situación
firme	el momento	utilizar

Expresión

16. PREGUNTAS

1. ¿Por qué están reunidos los mexicanos-americanos?
2. ¿Qué opinión tienen de la escuela nueva?
3. Según ellos, ¿por qué fue construída la segunda escuela?
4. Según los mexicanos-americanos, ¿por qué tienen sus niños el derecho de ir a la escuela con los niños americanos?
5. Según ellos, ¿cómo serán las cosas en la escuela nueva? Explique.
6. ¿Qué proponen hacer ellos?
7. ¿Qué posible acción consideran?
8. ¿Por qué no quiere uno de los hombres ningún problema?
9. ¿Por qué vinieron a los Estados Unidos?
10. ¿De qué conflicto sufren los mexicanos-americanos?
11. En la opinión de usted, ¿por qué fueron separados los niños mexicanos-americanos de los niños americanos?
12. ¿Cree usted que los mexicanos-americanos tuvieron el derecho de rehusar mandar a sus hijos a la escuela nueva? Explique.

III. EL SUBJUNTIVO EN CLÁUSULAS ADJETIVAS Y CON EXPRESIONES INDEFINIDAS Y RELATIVOS INDEFINIDOS

DEFINICIÓN: La cláusula adjetiva tiene la función de un adjetivo que modifica o describe un nombre en la cláusula principal.

Busco una persona **que vaya con nosotros.**
(cláusula adjetiva)

A. EL SUBJUNTIVO EN CLÁUSULAS ADJETIVAS

1. Busco **una persona** que **tenga** otra solución.
¿Conoce usted a **alguien** que no **haya** visto el incidente?
Quieren hablar con **algunos** individuos que **sepan** lo que ocurrió.

El subjuntivo en la cláusula adjetiva se usa para indicar que en la mente de la persona que habla la referencia o el antecedente no tiene una identidad específica o determinada.

2. No conocen a **ninguna persona** que **sea** indiferente a lo ocurrido.
No hay **nadie** aquí que **quiera** violar la ley.
No hay **nada** que **puedan** hacer.
No hacen **nada** que **merezca** ese tratamiento.

El subjuntivo en la cláusula adjetiva se usa para indicar que en la mente de la persona que habla la referencia o el antecedente tal vez no exista o que la persona *niega* su existencia.

OBSERVACIÓN: Normalmente la **a** personal no se usa cuando las palabras indefinidas se refieren más a una clase general que a individuos específicos. Recuerde que con **alguien** y **nadie** se usa siempre la **a** personal.

Expresión

17. *¿A QUIÉN VE USTED?*

*Observando a las personas en su clase de español, indique si usted ve (o no ve) individuos que cumplan con (*fulfill*) las descripciones que siguen.*

MODELO **Veo a alguien que . . .** (o)
No veo a nadie que . . .

1. es ignorante	12. está enamorado
2. es liberal	13. está casado
3. es conservador	14. está triste
4. es impaciente	15. está cansado
5. es tímido	16. está contento
6. es simpático	17. está desesperado
7. es perfeccionista	18. está enfermo
8. es inteligente	19. está loco
9. es optimista	20. está muriéndose de hambre
10. es pesimista	21. está listo para salir
11. es perezoso (*lazy*)	

18. *MI COMPAÑERO(A) Y YO—PERDIDO EN LA BUROCRACIA*

El (la) agente (usted), representante de una agencia oficial, siempre dice que NO a la pobre persona (su compañero(a) de clase) que viene en busca de un(a) agente que le ayude. Háganse preguntas y contéstense.

MODELO   tener / algún agente . . .

  estar en la oficina hoy
  ¿Tiene usted algún agente que esté en la oficina hoy?
  No, no tenemos ningún agente que esté aquí hoy.

tener / algún agente . . .

1. saber hablar español
2. conocer la cultura latinoamericana
3. poder viajar a Colombia
4. entender esta situación
5. tener la información que necesito
6. verificar la evidencia que tengo
7. dedicarse a investigaciones de este tipo
8. estar dispuesto a trabajar conmigo
9. poder hablar conmigo hoy
10. ser responsable

19. *¿CUÁNTAS POSIBILIDADES?*

En la vida buscamos ciertos individuos que tengan ciertas características. Conteste las siguientes preguntas en oraciones completas dando tantas variaciones como sea posible. [Completen en parejas o en grupos pequeños.]

1. ¿Qué tipo de esposo(a) busca usted? **Busco un(a) esposo(a) que . . .**
2. ¿Qué tipo de líder o jefe político busca usted?
3. ¿Qué tipo de profesor(a) de español busca usted?
4. ¿Qué tipo de estudiante buscan los (las) profesores(as)?
5. ¿Qué tipo de amigo(a) busca usted?

20. *¿ALGUIEN O NADIE?*

¿Qué clase de personas conoce usted? Conteste afirmativa o negativamente según su conocimiento personal.

1. ¿Conoce usted a alguien que haya participado en una protesta? (¿Qué protestaba?)
2. ¿Conoce usted a alguien que haya violado la ley con intención? (¿Qué hizo?)
3. ¿Conoce usted a alguien que haya visto un acto criminal? (¿Qué vio?)
4. ¿Conoce usted personalmente a alguien que sea una heroína o un héroe? (¿Qué hizo?)
5. ¿Conoce usted a alguien que no crea en la igualdad de todos? (Explique.)
6. ¿Conoce usted a alguien que haya sobrevivido un desastre? (¿Qué pasó?)
7. ¿Conoce usted a alguien que nunca se haya emborrachado? ¿que nunca se haya enojado? ¿que nunca se haya enamorado?

B. EL SUBJUNTIVO CON ALGUNAS EXPRESIONES INDEFINIDAS Y RELATIVOS INDEFINIDOS

Dondequiera que **esté,** tendrá que ajustarse al sistema político y social.
Cualquiera que **participe** en esas actividades debe pensarlo bien.
Hay problemas con **cualquier** sistema que **apoyes.**
Por liberal o conservador que **sea,** no puede aceptar estas condiciones.
No les importa **lo que quiera** el pueblo.

El subjuntivo se usa con algunas expresiones indefinidas y relativos indefinidos *cuando se sugiere duda o una falta de información específica.* Algunas expresiones y relativos indefinidos que se pueden usar con el subjuntivo son:

(a)dondequiera que *(to) wherever*
cualquiera que/ cualquier . . . que *whoever, whatever, whichever*
por + (adjetivo, adverbio) + **que** *no matter how, regardless of how (much)*
lo que *whatever, what, that which*

OBSERVACIÓN: **Cualquiera** pierde la **a** final delante de cualquier nombre singular.

21. *UN AMOR SIN LÍMITES*

Usted es una persona muy romántica y muy enamorada. Describa su amor sin límites. [Completen las oraciones en parejas, con tantas variaciones como sea posible.]

1. Voy a acompañar a mi amor adondequiera que él (ella) . . .
2. Voy a hacer lo que él (ella) . . .
3. Voy a luchar contra cualquiera que . . .
4. Voy a apoyar cualquier . . . que él (ella) . . .
5. Voy a quedarme con él (ella) por . . . que él (ella) . . .

IV. CONJUNCIONES

A. LAS CONJUNCIONES *PERO, SINO* Y *SINO QUE*

Cada individuo es libre **pero** está obligado a respetar las leyes.
No es ni un revolucionario ni un traidor, **pero** insiste en sus derechos.
No encontraron la solución en sí mismos **sino** en otros.
No quería buscar la justicia por la violencia **sino que** prefería buscarla
     por el sistema de leyes y derechos.

Pero, sino y **sino que** son conjunciones que se traducen *but.* **Pero** se usa cuando se expresa una idea que admite o acepta otra posibilidad expresada después.
     Sino se usa cuando se hace una declaración negativa y después se ofrece una posibilidad opuesta. **Sino que** se usa de la misma manera pero intro-

duce una segunda cláusula. **Sino** y **sino que** también se traducen *but rather* en inglés.

OBSERVACIÓN: Si se quiere expresar *but* en el sentido de *except,* se usa **menos** o **excepto.**

Todos perdieron confianza en el sistema **menos** uno.

B. LAS CONJUNCIONES *Y* Y *E, O* Y *U*

Personas realistas **e** idealistas buscaban una solución al dilema.
Padre **e** hijos se reunieron para discutirlo.

Y y **e** son conjunciones que significan *and.* La **e** se usa en vez de la **y** solamente delante de palabras que empiezan con **i** o **hi** (si es un diptongo como **hielo, hierba,** etc., no se hace el cambio).

Había siete **u** ocho personas que querían resolver el conflicto.
No les importaba quien había violado la ley, mujer **u** hombre.

O y **u** son conjunciones que significan *or.* La **u** se usa en vez de la **o** solamente delante de palabras que empiezan con **o** u **ho.**

Expresión

22. *POSIBILIDADES OPUESTAS*

Repita cada oración y complétela con una posibilidad opuesta usando **sino.**

1. No es feo.
2. No es cobarde. Valiente,
3. No es estúpido.
4. No es realista. idealista
5. No es conservador. radical
6. No es irracional.
7. No es inmoral.
8. No es inmodesto.
9. No es insensible.
10. No es injusto.
11. No es inferior. Superia

23. *QUIERO HABLAR PERO . . .*

En parejas, completen las oraciones con una variedad de posibilidades.

1. Cada individuo tiene sus derechos pero . . .
2. No vemos la solución en la violencia sino (que) . . .
3. Entendemos los problemas pero . . .
4. Yo no quería criticar el sistema pero . . .
5. No protestamos las acciones de los individuos sino (que) . . .
6. No me considero un héroe (una heroína) sino (que) . . .

24. *UNA PERSONA ESQUIZOFRÉNICA*

Para describir a esta persona esquizofrénica, repita la oración cambiando el orden de los adjetivos. [Completen en parejas.]

1. Vacila entre ser irresponsable y responsable.
2. Vacila entre ser inestable y estable.
3. Vacila entre ser insensible y sensible.
4. Vacila entre ser inmoral y moral.
5. Vacila entre ser inmodesto y modesto.
6. Vacila entre ser idealista y realista.
7. No sé si es orgulloso o insolente.
8. No sé si es hostil o pacífico.
9. No sé si es honesto o deshonesto.
10. No sé si es optimista o pesimista.

ACLARACIONES

sacar Poner una cosa fuera de otra en que estaba metida. (*to take out, pull out, draw out*)
   Sacaron a Justino de su casa.

quitar Separar una cosa de donde estaba. (*to take off, remove, take away* or *take away from*)
   Les **quitaron** los machetes.

---

libre Que tiene libertad/ Independiente. (*free*)
   Una persona **libre** debe votar como le dicta su conciencia.

gratis/gratuito De gracia, sin precio alguno. (*free*)
   Al hombre pobre le dieron **gratis** los materiales de construcción.
   En la cantina le dieron una bebida **gratuita.**

---

apoyar Sostener, proteger, ayudar, mantener. (*to support, back up*)
   Tenemos que **apoyarnos** en esta situación.

mantener Alimentar, cuidar, sostener. (*to support, care for*)
   Le era difícil a Sento **mantener** a su familia.

aguantar Sufrir, tolerar, tener paciencia. (*to support, tolerate, put up with*)
   Los hombres del cantón no pudieron **aguantar** más esa situación.

soportar Tolerar, sufrir, aguantar/ Sostener un peso. (*to support*)
   No puedo **soportar** su actitud negativa.
   La columna **soportaba** el techo de la choza.

Experiencia

blow

GOLPE° DOBLE
Vicente Blasco Ibáñez (España, 1867–1928)

5-peseta coin

Al llegar a su **barraca,** Sento vio un papel debajo de la puerta. Era un anónimo en que le pedían cuarenta duros°. Debía dejarlos aquella noche en el **horno** que tenía frente a su barraca.

Toda la **huerta** estaba asustada por aquellos bandidos. Los que se negaban a obedecer tales demandas veían sus campos consumidos por el fuego, y hasta podían despertar a medianoche sin tiempo apenas para huir del techo de paja° de sus barracas, que se venía abajo entre llamas°.

straw roof/flames
swore

Gafarró, que era el mozo más fuerte y más valiente de la huerta, juró° descubrirlos, y se pasaba las noches escondido, con la **escopeta** al brazo, esperándolos. Una mañana, sin embargo, le encontraron muerto en una acequia°, lleno de balas°.

irrigation ditch/
bullets

Hasta los periódicos de Valencia hablaban de lo que sucedía en la huerta. Al anochecer se cerraban las barracas y reinaba un pánico egoísta, buscando cada uno su salvación, sin pensar nadie en el vecino. Mientras tanto, Batiste, el **alcalde** de aquel distrito, prometía al gobierno de Valencia, a que pertenecía la huerta, que él y su fiel **alguacil,** Sigró, se bastaban para acabar con aquella calamidad. A pesar de esto, Sento no pensaba acudir° al alcalde. ¿Para qué? No quería oír vanas promesas y mentiras.

resort to, go to

Lo cierto era que los ladrones **exigían** cuarenta duros y si no los dejaba en el horno, le **quemarían** su barraca, aquella querida barraca que miraba ya como un hijo próximo a perderse. Sento había construído sus blanquísimas paredes°, sus ventanas azules, su negro techo de paja coronado por una cruz; había cubierto la puerta con una verde parra°, por la que entraban los rayos del sol como lluvia de oro. Había hecho también un gran horno de tierra y de ladrillos°, redondo como un huevo. Aquello era toda su fortuna, el nido° que guardaba lo más amado: su mujer, los tres chiquillos, el par de viejos caballos, fieles compañeros en la diaria lucha por el pan, y la vaca blanca que iba por las calles despertando a la gente con su cencerro° y dejándoles la leche de la mañana.

walls
vine

bricks/nest

bell

can
buried

¡Cuánto había tenido que trabajar en aquellos campos, que sus abuelos le habían dejado, para reunir los pocos duros que guardaba en una lata° enterrados° bajo la tierra! ¡No iban a sacarle cuarenta duros tan fácilmente! . . . Era un hombre pacífico; toda la huerta podía responder por él. Nunca **reñía con** nadie, ni visitaba la taberna, ni llevaba escopeta cuando salía. Trabajar mucho para su Pepeta y los tres chiquillos era su único deseo; pero ya que querían robarle, sabría defenderse.

Como se acercaba la noche y nada tenía resuelto, fue a pedir **consejo** al viejo de la barraca vecina, un débil anciano, pero de quien se decía que en la juventud había dado muerte a más de dos.

thick
let go

El viejo lo escuchó con los ojos fijos en un grueso° cigarro que estaba haciendo. Hacía bien en no querer soltar° el dinero. El hombre que quiere robar debe hacerlo en el camino, cara a cara, exponiendo la vida, y no como un **cobarde.** Él mismo pasaba ya de los sesenta, pero cuando se trataba de defender lo suyo, sentía la fuerza y el valor de la juventud. Sento se sentía domi-

¡Cuánto había tenido que trabajar en aquellos campos que sus abuelos le habian dejado! Valencia, España.

nado por las palabras del anciano. Ahora más que nunca se creía capaz de todo para defender el pan de sus hijos.

El viejo entró en la barraca y sacó con gran reverencia la joya de la casa, una enorme escopeta, que besaba como si fuera una hija. La limpió, la cargó con mucho cuidado, y la entregó a Sento, dándole instrucciones para que no errara el golpe, puesto que° era escopeta de sólo un **tiro.** Cuando sintiera a alguien acercarse, levantaría la escopeta, apuntaría con calma a la boca del horno, y cuando el **ladrón** llegara, ¡hacer fuego! Nada más sencillo.

Aquella noche dijo Sento a su mujer que esperaba turno para regar°, y toda la familia le creyó. Por consejo del maestro, se tendió° en el suelo entre unas plantas a la sombra° de la barraca. La pesada escopeta descansaba entre sus brazos, apuntando firmemente a la boca del horno. No podía perder el tiro.

Sento creyó que estaba solo, que en toda la inmensa huerta, estremecida° por la brisa, no había más hombres que él y *aquellos* que iban a llegar. ¡Ojalá no vinieran! Lo que sentía no era frío sino miedo. ¿Qué diría el viejo si estuviera allí? Sus pies tocaban la barraca, y al pensar que tras aquella pared de barro° dormían Pepeta y los chiquillos, sin otra defensa que sus brazos, el pobre hombre se sintió otra vez fiera°.

De pronto vibró el espacio. Era el gran reloj de la catedral de Valencia que daba las nueve. Se oía el ruido de un carro rodando° por un remoto camino. Ladraban° los perros de corral en corral, cantaban las ranas° su ronco *ric-rac* en la vecina acequia, y las ratas corrían y saltaban cerca del horno. Sento contaba las horas que iban sonando en la catedral. Era lo único que interrumpía el tedio de la espera. ¡Las once! ¿No vendrían ya? ¿Les habría tocado Dios en el corazón?

Marginal glosses:

since

water, irrigate
stretched out
shadow

shaken

clay
wild, fierce

rolling
barked/frogs

hunched over

sticking

watching

Las ranas callaron. Por el camino venían dos cosas oscuras que a Sento le parecieron dos perros enormes. Eran, sin embargo, dos hombres que avanzaban encorvados°, casi de rodillas.

—Ya están ahí —murmuró, y sus piernas empezaron a temblar.

Los dos hombres miraron a todos lados, como temiendo una sorpresa. Se acercaron a la puerta de la barraca, pegando° el oído a la puerta, y pasando dos veces cerca de Sento, sin que éste pudiera conocerlos, pues llevaban cubierto el rostro. ¿Serían éstos los mismos que mataron a Gafarró? Ya iban hacia el horno. Uno de ellos se inclinó, metiendo las manos en él. ¡Magnífico tiro! Pero, ¿y el otro que quedaría libre?

El pobre Sento comenzó a sentir en la frente un sudor frío. Matando a uno, quedaría desarmado ante el otro. Pero sería peor si los dejaba ir sin encontrar el dinero, porque se vengarían quemándole la barraca.

Por fin el que estaba velando° se cansó de esperar y fue a ayudar a su compañero en la busca. Los dos formaban un oscuro bulto frente a la boca del horno. Aquélla era la ocasión. ¡Ánimo, Sento! ¡Fuego!

El tiro resonó por toda la huerta, y al instante se oyó una tempestad de gritos y ladridos. Sento sintió en la cara el calor de la explosión. La escopeta había caído al suelo, y él agitó las manos para convencerse de que estaban enteras. Estaba seguro de que no había errado el tiro. Cuando se dirigía al horno, se abrió la puerta de la barraca y salió Pepeta con una luz. La había despertado la detonación y salía, más muerta que viva, temiendo por su marido.

La luz roja de su linterna llegó hasta la boca del horno, cayendo sobre dos hombres tendidos en el suelo, uno sobre otro. El golpe de la vieja escopeta había sido doble.

Y cuando Sento y Pepeta bajaron la luz para verles la cara, su sorpresa fue mayor aún que el miedo que sentían. . . .

Era el alcalde, Batiste, y su alguacil, Sigró.

DEFINICIONES

la barraca Choza, cabaña, casa pequeña y humilde.

el horno Construcción o fábrica para cocinar o calentar. (*oven*)

la huerta Terreno para el cultivo de legumbres y árboles frutales.

la escopeta Fusil/ Arma de fuego con uno o dos cañones.

el alcalde Jefe administrativo del gobierno municipal. (*mayor*)

el alguacil Oficial que ejecuta órdenes de un tribunal. (*sheriff, constable*)

exigir Pedir o requerir en virtud de un derecho o por fuerza/ Demandar imperiosamente/ Necesitar. (*to demand*)

quemar Consumir con fuego.

reñir con Discutir, disputar, enemistarse.

el consejo Opinión o información que se da o se recibe para hacer o no hacer una cosa.

el cobarde El que muestra una falta de valor y heroísmo.

el tiro Disparo de un arma de fuego.

el ladrón Persona que roba.

PALABRAS SIMILARES . . .

agitar	dominar	la planta
anónimo	enorme	la promesa
avanzar	errar	la rata
el bandido	el espacio	remoto
la calamidad	la explosión	resonar (ue)
la catedral	la fortuna	la reverencia
consumir	formar	responder
convencer	inmenso	robar
defender (ie)	la instrucción	la salvación
la defensa	la linterna	la taberna
la demanda	murmurar	el turno
la detonación	la ocasión	el valor
el distrito	pacífico	vibrar
doble	el pánico	visitar

Expresión

25. DEFINICIONES

Practiquen las definiciones en parejas.

26. PREGUNTAS

1. ¿Qué vio Sento al llegar a su barraca?
2. ¿Qué se le pidió?
3. ¿De qué estaba asustada la gente de la huerta? ¿Por qué?
4. ¿Qué le pasó a Gafarró?
5. ¿Por qué no fue Sento al alcalde por ayuda?
6. ¿Qué iba a pasar si no dejaba los cuarenta duros?
7. ¿Qué tipo de hombre era Sento? ¿Por qué tenía tanto orgullo de su barraca?
8. ¿A quién fue a pedir consejo?
9. ¿Cómo se sentía Sento después de su conversación con el viejo? ¿Con qué salió?
10. Al esperar a los ladrones, ¿por qué se sintió Sento fiera?
11. ¿A qué se parecían los dos hombres que venían por el camino?
12. ¿Por qué sería malo matar a sólo un ladrón?
13. ¿Por qué fue una sorpresa cuando vieron la cara de los dos muertos?

27. ASOCIACIÓN

¿Con qué palabras o frases asocia usted las referencias que siguen? ¿Y en qué piensa usted al oír las palabras?

1. la barraca
2. el horno
3. el alcalde
4. robar
5. reñir (con)
6. pacífico
7. el cobarde
8. la huerta

28. RECONSTRUCCIÓN

Imagínese que usted es Sento. Explíqueles a los oficiales que llegan de Valencia lo que estaba pasando en la huerta y por qué y cómo usted mató a los dos ladrones. Use las palabras que siguen como clave. [Complete el ejercicio con un(a) compañero(a) de clase.]

1. gente / asustada
2. quemar
3. ver / papel
4. exigir
5. horno
6. pacífico / reñir con
7. consejo

8. defender
9. escopeta
10. esconder
11. venir / dos
12. matar / tiro
13. sorpresa

Exploración y síntesis oral

Preguntas para discutir
La clase se divide en grupos pequeños, la primera mitad de los grupos para discutir el primer tópico y la segunda mitad para discutir el segundo. Cada grupo debe prepararse para dar a la clase un resumen de sus ideas.

A. En su opinión, ¿qué debe o no debe hacer el individuo para proteger o defender "lo suyo"? ¿Cuáles son los límites que se deben reconocer o imponer para evitar el "vigilantismo" y el posible caos y desorden sociales?
B. ¿Apoya usted el derecho de "llevar armas" o cree usted que debe haber más restricciones para controlar la venta de armas al público? Explique.

Exploración y síntesis escrita

A. *En su opinión, ¿qué tienen en común Sento y los hombres del cantón que trataron de vengar la muerte de Justino?*
B. *Compare la lucha por la igualdad de derechos que ocurrió en el incidente de Lemon Grove con una lucha similar que usted personalmente haya experimentado o acerca de la cual haya estudiado o leído.*

LA SOCIEDAD

la revolución y el revolucionario

la revolución Sublevación/ Cambio político violento/ Cambio radical/ Alteración grave, extensa y duradera del orden público, encaminada a cambiar un régimen político/ Rebelión.

revolucionario Se aplica a la persona partidaria de la revolución, que la promueve o trabaja para ella o que toma parte en ella/ Rebelde/ Agitador.

Experiencia

Demetrio Macías, partidario de la revolución mexicana, vuelve a su casa y a su familia después de dos años de ausencia.

Mujeres, hombres y niños se juntaron para luchar bajo
el famoso revolucionario Pancho Villa. México.

MIRA ESA *PIEDRA* CÓMO YA NO SE PARA . . .[1]
Mariano Azuela (México, 1873–1952)

La mujer de Demetrio Macías, loca de alegría, salió a encontrarlo por la **vereda** de la **sierra,** llevando de la mano al niño.

¡Casi dos años de **ausencia**!

Se abrazaron y permanecieron mudos; ella embargada° por los sollozos° y
las lágrimas.

Demetrio, pasmado°, veía a su mujer envejecida, como si diez o veinte
años hubieran transcurrido ya. Luego miró al niño, que clavaba° en él sus ojos
con azoro°. Y su corazón dio un vuelco° cuando reparó en la reproducción de
las mismas líneas de acero° de su rostro y en el brillo flamante de sus ojos. Y
quiso atraerlo y abrazarlo; pero el chiquillo, muy asustado, se **refugió** en el
regazo° de la madre.

—¡Es tu padre, hijo! . . . ¡Es tu padre! . . .

El muchacho metía la cabeza entre los pliegues° de la falda y se mantenía
huraño°.

Demetrio, que había dado su caballo al asistente, caminaba a pie y poco a
poco con su mujer y su hijo por la abrupta vereda de la sierra.

—¡Hora sí, bendito sea Dios que ya viniste! . . . ¡Ya nunca nos dejarás!
¿Verdad? ¿Verdad que ya te vas a quedar con nosotros? . . .

La faz de Demetrio se ensombreció.

Y los dos estuvieron silenciosos, angustiados.

Una nube negra se levantaba tras la sierra, y se oyó un **trueno** sordo.
Demetrio ahogó° un suspiro°. Los recuerdos afluían a su memoria como una
colmena°.

Marginal glosses:
overcome/sobs
astonished
stared
fear/skipped a beat
steel
lap
folds
shy
choked/sigh
beehive

[1]Título añadido por los autores.

thick
cave

shaken
hold back

swallow/belly
threads
evening

eyebrows
narrow pass

La lluvia comenzó a caer en gruesas° gotas y tuvieron que refugiarse en una rocallosa covacha°. . . .

—¡Demetrio, por Dios! . . . ¡Ya no te vayas! . . . ¡El corazón me **avisa** que ahora te va a **suceder** algo! . . .

Y se deja sacudir° de nuevo por el **llanto.**

El niño, asustado, llora a gritos, y ella tiene que refrenar° su tremenda pena para contentarlo.

La lluvia va cesando; una golondrina° de plateado vientre° y alas angulosas cruza oblicuamente los hilos° de cristal, de repente iluminados por el sol vespertino°.

—¿Por qué **pelean** ya, Demetrio?

Demetrio, las cejas° muy juntas, toma distraído una piedrecita y la **arroja** al fondo del cañón. Se mantiene pensativo viendo el desfiladero°, y dice:

—Mira esa piedra cómo ya no se para. . . .

(Selección tomada de *Los de abajo* por Mariano Azvela)

DEFINICIONES

la piedra	Sustancia mineral, dura y compacta/ Roca pequeña.
la vereda	Camino angosto, estrecho, reducido. (*path*)
la sierra	Cordillera de montes/ Serie de montañas.
la ausencia	Acción de estar ausente/ No estar presente.
refugiar(se)	Buscar refugio/ Esconderse/ Huir de persecución.
el trueno	Ruido fuerte causado por relámpagos durante una tempestad.
avisar	Dar noticia de algún incidente o hecho.
suceder	Pasar, ocurrir.
el llanto	Efusión de lágrimas acompañada de lamentos o sollozos.
pelear	Combatir, luchar.
arrojar	Lanzar con violencia. (*to throw*)

PALABRAS SIMILARES . . .

abrupta	el cristal	la reproducción
el asistente	la memoria	silencioso

Expresión

1. DEFINICIONES

Practiquen las definiciones en parejas.

2. PREGUNTAS

1. ¿Quiénes salieron a encontrar a Demetrio?
2. ¿Cuántos años hacía que no se veían?

3. ¿Qué hicieron al verse?
4. ¿Qué sintió el niño al ver a su padre?
5. ¿Cómo reaccionó Demetrio cuando su mujer le preguntó si se iba a quedar con ellos?
6. ¿Qué simbolizan tal vez la nube negra y el trueno en la distancia?
7. ¿Por qué dijo ella: "¡Ya no te vayas!"?
8. ¿Qué dijo Demetrio cuando su mujer le preguntó por qué peleaban?
9. En su opinión, ¿qué significa el hecho de que la piedra no se para?
10. En su opinión, ¿Qué le va a pasar a Demetrio?

3. ASOCIACIÓN

¿Con qué palabras o frases asocia usted las referencias que siguen? ¿Y en qué piensa usted al oír las palabras?

1. la sierra
2. refugiarse
3. el trueno

4. el llanto
5. pelear
6. la revolución

4. RECONSTRUCCIÓN

Imagínese que usted es el asistente que atendía el caballo de Demetrio. Narre para otras personas lo que hacían y decían Demetrio y su familia al reunirse. Use las palabras que siguen como clave. [Complete el ejercicio con un(a) compañero(a) de clase.]

1. encontrar / vereda
2. abrazar
3. el niño
4. preguntar / quedarse
5. silenciosos
6. la lluvia
7. suceder / algo
8. ¿pelear?
9. arrojar / pararse

I. EL FUTURO Y EL FUTURO PERFECTO DE INDICATIVO

A. EL FUTURO

FORMACIÓN DE VERBOS REGULARES

La **veré** pronto.
La **mirarás** con cariño.
La **abrazará.**
Nunca los **dejaremos.**
¿Me **escucharéis**?
Los dos **quedarán** silenciosos.

El futuro de indicativo se forma añadiendo las terminaciones **-é, -ás, -á, -emos, -éis, -án** al infinitivo.

participar	*volver*	*vivir*
participar**é**	volver**é**	vivir**é**
participar**ás**	volver**ás**	vivir**ás**
participar**á**	volver**á**	vivir**á**
participar**emos**	volver**emos**	vivir**emos**
participar**éis**	volver**éis**	vivir**éis**
participar**án**	volver**án**	vivir**án**

VERBOS IRREGULARES

Demetrio no **podrá** quedarse.
Saldrán en dos semanas.
Tendré que ir con ellos.
Haremos todo lo posible para regresar pronto.

Algunos verbos tienen una irregularidad en la raíz pero las terminaciones son regulares.

decir	**dir-**	**diré**, etc.
haber	**habr-**	**habré**
hacer	**har-**	**haré**
poder	**podr-**	**podré**
poner	**pondr-**	**pondré**
querer	**querr-**	**querré**
saber	**sabr-**	**sabré**
salir	**saldr-**	**saldré**
tener	**tendr-**	**tendré**
valer	**valdr-**	**valdré**
venir	**vendr-**	**vendré**

FUNCIÓN DEL FUTURO

1. El futuro de indicativo se traduce como *will* o *shall* y se usa para indicar una acción en el tiempo futuro, algo que va a ocurrir.

   OBSERVACIÓN: Para referirse al futuro inmediato, frecuentemente se usa la construcción **ir a** + infinitivo o el presente de indicativo.

   Vamos a salir ahora.
   Nos **vemos** pronto.

2. El futuro de indicativo también se usa para indicar probabilidad o conjetura.

   ¿Quién **será**? *I wonder who it is?* (*Who do you suppose it is?*)
   Estará cansado. *He is probably tired.* (*He must be tired.*)

B. EL FUTURO PERFECTO

FORMACIÓN DEL FUTURO PERFECTO DE INDICATIVO

Habré terminado para las once.
¿**Habrás terminado** también?
Juanito **habrá salido** para las once.

Habremos comido para las dos.
¿**Habréis comido** también?
Se **habrán acostado** para la medianoche.

Para formar el futuro perfecto de indicativo se usa **haber** en el futuro + el participio pasado.

FUNCIÓN DEL FUTURO PERFECTO DE INDICATIVO

1. El futuro perfecto de indicativo se traduce *shall have* o *will have* y se usa más frecuentemente para expresar una acción que se terminará antes de que empiece otra acción futura.

   ¿Qué **habrán realizado** cuando termine la revolución?
   Se **habrá parado** aquí para descansar.

2. También el futuro perfecto se usa para indicar probabilidad o conjetura en el futuro o en el pasado.

   ¿**Habrá llevado** al niño consigo? *I wonder if she has taken the child with her? (Do you suppose that she has taken the child with her?)*
   Se **habrán parado** aquí para descansar. *She probably stopped here to rest. (She must have stopped here to rest.)*

Expresión

5. *UNA CAUSA COMÚN*

A causa de algunos problemas que existen en la vecindad, varias personas deciden organizarse. Indique lo que harán.

1. reunirse en nuestra casa / todos
2. discutir los problemas / nosotros
3. participar en la discusión / yo
4. avisarle a la policía / el señor Ramos
5. ¿apoyar la causa / tú?
6. buscar soluciones / nosotros
7. querer ayudar / los niños

6. *UN MISTERIO*

Alguien que se llama la "Pantera Rosa" ("Pink Panther") sigue entrando en el laboratorio de idiomas por la noche. Va quitando unos aparatos electrónicos que aparecen más tarde en lugares extraños en el campus. Usando los verbos en el futuro (para indicar conjetura) y las palabras interrogativas que siguen, haga preguntas.

1. ¿Quién / ser?
2. ¿Quién / estar haciéndolo?
3. ¿Cuántos años / tener?

4. ¿Cómo / poder entrar?
5. ¿Cómo / saber que los guardias no están?
6. ¿A qué hora / venir al laboratorio?
7. ¿Cómo / salir del edificio sin ser visto?
8. ¿Cuánto / valer los aparatos desaparecidos?
9. ¿Quién / decirnos la verdad?
10. ¿Haber una solución para este misterio?

7. ¿CUÁNTAS POSIBILIDADES?

En parejas o en grupos pequeños, indiquen lo que ustedes harán, dónde estarán, etc., en los tiempos indicados. Den tantas variaciones como sea posible para cada referencia.

1. este fin de semana
2. durante las próximas vacaciones
3. al terminar este año escolar
4. al graduarse de la universidad
5. diez años después de graduarse

8. CUANDO LLEGUE TOMÁS . . .

*¡Parece que Tomás llegará a la clase muy tarde otra vez! Cuando llegue, ¿qué **habremos hecho** ya?*

1. devolver los exámenes / el profesor
2. entregar las tareas / nosotros
3. escribir el ejercicio / yo
4. presentar el diálogo / Mario y Luisa
5. hacer varias preguntas al profesor / tú
6. dar su presentación / Juanita
7. repasar el vocabulario / toda la clase
8. ponernos impacientes con Tomás / nosotros

9. ¿CUÁNTAS POSIBILIDADES?

*Los estudiantes regresaron de la biblioteca a las nueve de la noche pero no se acostaron hasta las tres de la mañana. En parejas o en grupos pequeños, den tantas variaciones como sea posible para indicar lo que **habrán hecho** entre las nueve y las tres.*

II. LOS RELATIVOS

A. El pronombre relativo **que** (*that, which, who, whom*)

El hombre **que** vino a la reunión nos dio mucha información.
El proyecto en **que** participaban no tuvo éxito.

Que es el pronombre relativo más usado y se refiere a personas o a cosas. También se usa con las preposiciones de una sílaba (**a, en, de, con**) al referirse a cosas. En contraste con el inglés, nunca se omite **que** en español.

B. El pronombre relativo **quien(es)** (*who, whom; the one(s) who, those who*)

El coronel Macías, **quien** habló con nosotros, entendía bien la situación.
Los soldados de **quienes** hablaban ahora son revolucionarios.
Quien dice eso dice mentiras.

Quien(es) se refiere exclusivamente a personas.
1. Se traduce como *who* cuando introduce información adicional pero no necesaria (separada por comas).
2. Se traduce como *whom* cuando se refiere a una persona o a personas como objeto de una preposición de una sílaba.
3. Se traduce como *the one(s) who, those who* como el equivalente de **el que, la que, los que** o **las que,** pero, claro, refiriéndose a personas.

C. Los pronombres relativos **el que, la que, los que, las que** (*he/she who, the one(s) who, those who, who, whom, which*), **el cual, la cual, los cuales** y **las cuales** (*who, whom, which*).

Las familias de los héroes, **las cuales** nunca los olvidarán, siguen visitando el monumento.
Las montañas dentro de **las cuales** se refugiaron ahora son un lugar histórico.
Los ideales por **los cuales** lucharon ahora son realidades.
Los que iniciaron la revolución murieron hace muchos años.

1. **El que** (**la que, los que** y **las que**) y **el cual** (**la cual, los cuales** y **las cuales**) se usan en vez de **que** o **quien(es)** para mostrar claramente el género y el número de un antecedente y así permiten identificación exacta y evitan confusión cuando hay posible ambigüedad.
2. También se usan estos relativos después de preposiciones de dos sílabas o más y después de las preposiciones **por** y **sin.**
3. Los relativos **el cual** (**la cual, los cuales** y **las cuales**) no se pueden usar para traducir *the one(s) who, he or she who* o *those who*. (No pueden iniciar una oración.)

D. Los relativos **lo que** (*what, that which, which*) y **lo cual** (*which*)

Se decidió a unirse con los revolucionarios, **lo cual** (**lo que**) no le gustó a su familia.
Lo que hicieron provocó la primera manifestación.
Hicieron **lo que** pudieron.

1. **Lo que** y **lo cual** se usan para referirse a un antecedente que es una idea o una acción, no una cosa o persona específica. Por ser abstractos, **lo que** y **lo cual** son neutros.
2. **Lo que** (pero NO **lo cual**) se usa para expresar *what* o *that which* en una declaración.

E. El relativo **cuyo** (*whose*)

La familia **cuya** casa fue destruida, decidió salir del pueblo.
Muchas familias **cuyos** niños asistían a la escuela, decidieron quedarse.

Cuyo (**-a, -os, -as**) se encuentra directamente entre dos substantivos para indicar que la primera referencia posee la segunda. **Cuyo** tiene que mostrar el género y el número de la(s) cosa(s) poseída(s). El relativo **cuyo** no se usa como interrogativo (**¿de quién(es)?**).

Expresión

10. SIEMPRE LA CRÍTICA

*Un reportero habla con el (la) presidente(a) (usted) informándole de lo que numerosas personas dicen. Usted responde indicando si las personas tienen razón o no. Use los pronombres relativos **el que, la que, los que** y **las que** para referirse a las personas mencionadas.*

MODELO Muchos dicen que a su gobierno le falta dirección.
Los que dicen eso (no) tienen razón.

1. Unos individuos dicen que usted es deshonesto(a).
2. Un oficial dice que usted quiere poder absoluto.
3. Muchas mujeres dicen que usted no se interesa en sus derechos.
4. Un oficial público dice que usted es muy generoso.
5. Algunos intelectuales dicen que usted es idiota.
6. Otros dicen que usted es muy inteligente.
7. Algunos estudiantes dicen que usted quiere cerrar las universidades.
8. Varias asociaciones dicen que usted no entiende los problemas de las minorías.
9. Algunos conservadores dicen que usted es demasiado liberal.
10. Algunos liberales dicen que usted es demasiado conservador(a).
11. Varias organizaciones profesionales dicen que usted apoya la industria.
12. Algunos dicen que usted es traficante de drogas.
13. Una joven dice que usted es demasiado viejo(a).
14. Algunas personas dicen que usted es muy guapo(a).

11. UNA CASA ABANDONADA

Repita la oración completándola como le guste. [Completen en parejas y posiblemente después presenten las variaciones del cuento.]

1. Llegamos a la casa enfrente de la cual . . .
2. Vimos una puerta abierta, por la cual . . .
3. Entramos con una linterna (*flashlight*), sin la cual . . .
4. Abrimos el refrigerador, dentro del cual . . .
5. Movimos el sofá, debajo del cual . . .
6. Abrimos las cortinas, detrás de las cuales . . .
7. Encontramos una mesa vieja, encima de la cual . . .
8. Encontramos en el patio dos llaves viejas, las cuales . . .
9. Al salir oímos un ruido extraño, el cual . . .
10. Nunca volvimos a la casa abandonada, la cual . . .

12. ¿CUÁNTAS POSIBILIDADES?

En parejas, repitan cada oración completándola con tantas variaciones como sea posible.

MODELO Lo que exigen los dictadores es (que) . . .
Lo que exigen los dictadores es el poder absoluto, etc.

1. Lo que dicen los liberales . . .
2. Lo que quieren los conservadores . . .
3. Lo que piden los estudiantes . . .
4. Lo que necesitan los pobres . . .
5. Lo que protestan las mujeres . . .
6. Lo que protestan los hombres . . .
7. Lo que piensan los profesores . . .
8. Lo que quieren eliminar las minorías . . .

13. ¿CONSERVADOR(A) O LIBERAL?

Complete cada oración indicando si a usted le parece una buena o una mala idea. Siga el modelo.

MODELO Algunas personas quieren un cambio en el sistema político.
. . . lo cual me parece una buena (mala) idea.

1. Algunas personas quieren un gobierno más socialista.
2. Algunas personas quieren un sistema más capitalista.
3. Algunas personas quieren un gobierno más totalitario.
4. Algunas personas quieren un gobierno más democrático.
5. Algunas personas creen que los estados individuales deben tener más poder.
6. Algunas personas creen que el gobierno federal debe gastar más dinero comprando armas.
7. Algunas personas creen que el presidente debe tener más poder.
8. Algunas personas creen que el pueblo o la gente debe tener más poder.
9. Algunas personas creen que todos deben tener derechos y oportunidades iguales.
10. Algunas personas quieren eliminar la contaminación del aire y del agua, cueste lo que cueste.

14. MÁS INFORMACIÓN

En parejas, repitan las frases siguientes y complétenlas con una variedad de posibilidades.

1. Mi hermano menor cuyos amigos . . .
2. Mi hermana mayor cuyas amigas . . .
3. Mi hermano menor cuyas notas (*grades*) . . .
4. Mi hermana mayor cuyo apartamento . . .
5. Mi mejor amigo(a) cuyos padres . . .

15. *DEMETRIO MACÍAS, UNA INTERPRETACIÓN*

Cada estudiante debe completar las oraciones según su imaginación y/o según lo que recuerde de la historia. Compare su interpretación con la de un(a) compañero(a) de clase.

1. Demetrio Macías, quien . . .
2. Le dijo a su esposa que . . .
3. Demetrio, cuyo hijo . . .
4. Dijo que tenía que volver a la revolución, lo cual . . .
5. Los que participaban . . .

Experiencia

LA REVOLUCIÓN, ¿QUIÉN LA HARÁ?[1]

Si hay una nueva revolución en México, no la harán los comunistas.
Ni los socialistas.
Ni los fascistas.
Si hay una nueva revolución en México, no la harán los agitadores.
Ni los demagogos.
Si hay una nueva revolución en México, no la harán los intelectuales.
Ni los estudiantes.
Ni los políticos.
Si hay una nueva revolución en México, la hará un niño.
Un niño que diga a su papá:
"Tengo hambre".

(Selección tomada de *El Norte,* diario de Monterrey, y *El Centro,* diario de Irapuato, por Armando Fuentes Aguirre, México)

PALABRAS SIMILARES . . .

el agitador	el fascista	el político
el comunista	el intelectual	reproducir
el demagogo	permitir	el socialista

Expresión

16. *ACTIVIDAD*

En grupos pequeños discutan y expliquen por qué el autor dice que si hay una nueva revolución en México, la hará un niño que diga a su papá, "Tengo hambre".

[1] Título añadido por los autores.

En este mural Diego Rivera critica la deca-
dencia de la clase aristocrática. En el fondo
se nota la presencia de los revolucionarios.
Diego Rivera, 1886–1957, México.

Experiencia

Los revolucionarios, 1926, José Clemente Orozco. (México)

Expresión

17. ACTIVIDAD

Dé su interpretación de lo que ve en el cuadro "Los revolucionarios" de José Clemente Orozco. Después, escriba un cuento breve en que usted presenta lo que haya pasado y/o lo que esté pasando.

III. LOS ADVERBIOS

DEFINICIÓN

Los adverbios se usan para dar más información respecto al tiempo, al lugar, a la manera y a la cantidad. También, afirman o niegan (palabras indefinidas como **siempre, nunca,** etc.). Modifican verbos, otros adverbios y adjetivos.

FORMACIÓN Y POSICIÓN

1. La casa estaba **totalmente** oscura.
   Se acercaron **silenciosamente.**
   Se sentían **terriblemente** solos.

La mayoría de los adverbios se forman añadiendo **-mente** a la forma femenina del adjetivo. Para los adjetivos que terminan en **e** o en una consonante, simplemente se añade **-mente.**

OBSERVACIONES:

(a) Si hay dos adverbios consecutivos se añade **-mente** al segundo.

Se acercaron **lenta** y **silenciosamente.**

(b) Los adverbios que modifican un verbo por lo general se ponen inmediatamente después del verbo. Los adverbios que modifican un adjetivo u otro adverbio se ponen enfrente de éstos.

Subieron **rápidamente** la montaña.
Estaban **increíblemente** cansados.

Otros ejemplos son:

adjetivo	*adverbio*	
alegre	alegremente	*happily*
apasionado	apasionadamente	*passionately*
cariñoso	cariñosamente	*affectionately*
común	comúnmente	*commonly*
continuo	continuamente	*continuously*
enfático	enfáticamente	*emphatically*
lento	lentamente	*slowly*
normal	normalmente	*normally*
sencillo	sencillamente	*simply*
valiente	valientemente	*bravely*

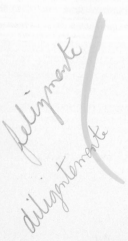

2. Subieron la montaña **con cuidado.**
¡Qué suerte que **con facilidad** encontraron a sus amigos!

El adverbio a veces se forma usando la preposición **con** + sustantivo.
Algunas frases adverbiales que se forman así son:

con alegría	con energía
con amor	con enojo
con calma	con entusiasmo
con cariño	con facilidad
con claridad	con frecuencia
con confianza	con inocencia
con cortesía	con rapidez
con cuidado	con sensibilidad
con emoción	

3. Para su repaso a continuación sigue una lista de adverbios comunes que
no se forman con **-mente** ni con la preposición **con.**

Adverbios de tiempo	*Adverbios de lugar*
ahora *now*	**abajo** *below,* (*down*) *below,*
anoche *last night*	*downstairs*
antes *before*	**adentro** *inside*
aún *still, even*	**afuera** *outside*
ayer *yesterday*	**allí (allá, ahí)** *there*
después *afterwards*	**aquí (acá)** *here*
en seguida *immediately, right*	**arriba** *up, up there, upstairs*
away	**atrás** *behind*
hoy *today*	**cerca** *near*
luego *then*	**enfrente** *in front*
mañana *tomorrow*	**lejos** *far*
pronto *soon*	
siempre *always*	
tarde (más tarde) *late* (*later*)	
temprano (más temprano)	
early (*earlier*)	
todavía *still, yet*	
todavía no *not yet*	
ya *already*	

Expresión

18. ¿CÓMO LO HACE USTED?

*¿Cómo se comporta usted en las circunstancias indicadas? Use los adverbios
formados con **-mente** o los adverbios formados con la preposición **con**
según las indicaciones.*

1. Sus padres le piden a usted que les haga un favor. ¿Cómo lo hace usted?
   feliz   enérgico
   diligente   perfecto
   rápido

2. Usted tiene que leer un poema enfrente de un grupo grande. ¿Cómo lo hace?
   claro   emocional
   dramático   enfático
   lento

3. ¿Cómo se debe trabajar en una oficina?
   lógico   profesional
   metódico   continuo
   diligente

4. ¿Cómo reacciona usted en una situación peligrosa?
   tranquilo   valiente
   metódico   heroico
   lógico

5. ¿Cómo trata usted a sus padres?
   amor   cortesía
   cariño   sensibilidad
   respeto

19. ¿CÓMO SE HACE?

Complete para indicar cómo o de qué manera usted hace las cosas indicadas. Use una variedad de adverbios.

1. Juego al golf o al tenis . . .
2. Estudio . . .
3. Beso a mi novio(a) . . .
4. Hablo español . . .
5. Cruzo la calle en Nueva York . . .

IV. EL SUBJUNTIVO EN CLÁUSULAS ADVERBIALES

DEFINICIÓN: La cláusula adverbial tiene la función de un adverbio que modifica un verbo (su uso más común), otro adverbio o un adjetivo.

Van a llamarnos **cuando lleguen.**
        (cláusula adverbial)

if always
no subj.

A. CLÁUSULAS ADVERBIALES DE PROPÓSITO, CONDICIÓN, RESTRICCIÓN Y CONCESIÓN

Trabajan **para que** todos **vivan** en paz.   *unirse*
Tendrá éxito **con tal que** toda la gente se **una** con ellos.
En caso de que no **pueda** seguir, tendrá que volver.
Están convencidos de que no pueden ganar **a menos que** todos **voten.**

La revolución cubana de 1959 fue encabezada por Fidel Castro, hoy dictador comunista de Cuba.

No pueden encontrar una solución **sin que** los conservadores y los liberales se **entiendan** mejor.

Aunque el pueblo se **libere** de la tiranía, ¿podrá gobernarse?

Se usa el subjuntivo en cláusulas adverbiales cuando expresan propósito, condición, restricción o concesión. Las conjunciones adverbiales más comunes de este tipo son:

Propósito Purpose
a fin (de) que *so that, in order that*
para que *so that, in order that*
de manera que *so that, in order that*
de modo que *so that, in order that*

Restricción
a menos que *unless*
sin que *without*

Condición
con tal (de) que *provided that*
siempre que *provided that*
en caso (de) que *in case*

Concesión
aunque *although, even though, even if*

OBSERVACIONES:

(a) **Sin que** y **para que** requieren un cambio de sujeto antes de tomar el subjuntivo. Sin cambio de sujeto, se usa la preposición + infinitivo.

Entró en el conflicto **para** proteger a su familia.
Entró **sin** saber las consecuencias.

(b) **De manera que** y **de modo que** pueden expresar propósito o resultado. Cuando expresan propósito (*so that = in order that*) se usa el subjuntivo. Cuando expresan resultado (*so that = with the result that*) se usa el indicativo.

Lo explican claramente **de modo (manera) que** todos lo **puedan** entender. (*so that = in order that*)

vs

Lo explicaron claramente **de modo (manera) que** todos lo **entendieron** perfectamente. (*so that = with the result that*)

(c) Cuando **aunque** (*although, even though, even if*) introduce una cláusula que presenta información no específica o acerca de la cual hay duda, se usa el subjuntivo. Cuando se acepta la información como cierta y específica se usa el indicativo.

Aunque no lo **entiendan,** tendremos que seguir adelante. *Even though they may not understand it, we will have to continue on.*
Aunque no lo **entendieron** bien, seguimos adelante. *Although they did not understand it well, we continued on.*

Expresión

20. ¿CUÁL ES SU PROPÓSITO?

*Explíquele a un(a) amigo(a) el propósito de cada acción que usted está realizando por su compañero(a) de cuarto. Use **para que, a fin de que** o **de manera (modo) que**. [Completen las oraciones en parejas.]*

1. Voy a ayudarlo(la) con la tarea . . .
2. Voy a llevarlo(la) al centro . . .
3. Voy a escribirle una nota . . .
4. Voy a despertarlo(la) temprano . . .
5. Voy a mostrarle mi examen . . .
6. Voy a conseguirle un boleto . . .
7. Voy a criticar su tesis . . .
8. Voy a reunirme con él/ella en la cafetería . . .

21. EN CASO DE QUE . . .

*Voy a pasar un semestre, tal vez todo el año, estudiando en un país extranjero. Mis padres, anticipándose a lo inesperado, meten (*put*) varias cosas en mi maleta. Indique las posibilidades usando **en caso de que**.*

Meten . . .

1. el traje de baño **en caso de que** . . .
2. unos cheques de viajero adicionales . . .
3. direcciones de un(a) amigo(a) suyo(a) que vive allí . . .
4. dos o tres suéteres y un abrigo . . .
5. medicina . . .
6. una cámara . . .
7. una raqueta de tenis . . .

22. LO ACEPTO CON TAL (DE) QUE . . .

Usted y su amigo(a) son abogados(as) que piensan defender a un hombre acusado de varios actos criminales. Indique cinco condiciones bajo las cuales ustedes lo aceptan como cliente. [Completen en parejas.]

Lo aceptamos con tal (de) que . . .

1.   4.
2.   5.
3.

23. NO SE DEBE . . .

Complete cada oración como le guste.

No se debe . . .

1. mirar la televisión a menos que . . .
2. salir de la clase temprano a menos que . . .
3. comprar un coche a menos que . . .
4. llamar a medianoche a menos que . . .
5. interrumpir una conversación a menos que . . .
6. gritar a menos que . . .
7. quejarse a menos que . . .
8. hacer un viaje al extranjero a menos que . . .
9. ser profesor(a) a menos que . . .
10. comprometerse a menos que . . .

24. AUNQUE SEA DIFÍCIL

Usted va a apoyar una causa específica aunque le sea muy difícil. Indique las posibles dificultades.

Voy a luchar por esa causa aunque . . .

1. no ser popular
2. costarme mucho trabajo
3. no gustarles a mis padres
4. algunos criticarme
5. mis amigos no entender mis razones
6. algunos enojarse conmigo
7. haber muchos obstáculos

25. ¿CUÁNTAS POSIBILIDADES?

En parejas o en grupos pequeños, completen las siguientes oraciones con tantas variaciones como sea posible.

1. No quiero casarme con él/ella a menos que . . .
2. Pienso casarme con él/ella aunque . . .
3. Voy a casarme con él/ella para que . . .
4. No podemos casarnos ahora sin que . . .
5. Quiero casarme pronto con tal que . . .
6. Mis padres me dicen que debo esperar un año en caso de que . . .

B. CLÁUSULAS ADVERBIALES DE TIEMPO

Antes de que decidan, debemos avisarles de lo que sucederá.
Después de que decidan, podemos ayudarlos.
Cuando lleguen, ¿sabrán qué hacer?
Mientras estén allí, pueden aprender más.
Vivirán en paz **tan pronto como resuelvan** el problema.
No debes ir allí **hasta que** ellos te **inviten.**

Algunas conjunciones adverbiales requieren el uso del subjuntivo al referirse a un tiempo futuro. Así, la acción futura, por no haber ocurrido, parece dudosa, posible, probable o irreal. En contraste, si la acción es habitual, ocurrió en el pasado o es cierta, se usa el indicativo. Las conjunciones más comunes son:

antes (de) que *before*
después (de) que *after*
cuando *when*
mientras (que) *while, as long as*
en cuanto *as soon as*
tan pronto como *as soon as*
hasta que *until*

OBSERVACIONES:

(a) **Antes de que, después de que** y **hasta que** requieren un cambio de sujeto antes de tomar el subjuntivo. Sin cambio de sujeto, se usa la preposición + infinitivo.

Antes de seguir, deben explicar lo que quieren.
Van a seguir **hasta** conseguirlo.

(b) **Antes de que** siempre se usa con el subjuntivo porque implica tiempo por venir o subsiguiente.

Expresión

26. VOY A HACER LO MISMO.

Complete las oraciones para indicar (a) lo que su amigo hizo, y (b) lo que usted va a hacer para imitar sus acciones.

1. Mi amigo salió cuando . . .
   Voy a salir cuando . . .
2. Mi amigo llamó tan pronto como . . .
   Voy a llamar tan pronto como . . .
3. Mi amigo se quedó en la playa mientras . . .
   Voy a quedarme en la playa mientras . . .
4. Mi amigo esperó en el hotel hasta que . . .
   Voy a esperar en el hotel hasta que . . .
5. Mi amigo compró la comida en cuanto . . .
   Voy a comprar la comida en cuanto . . .

27. DESPUÉS

Conteste para indicar que usted va a salir después de que su amigo(a) haga las cosas indicadas.

MODELO ¿Vas a salir después de llamar a Tina?
   No. Voy a salir después de que mi amigo llame a Tina.

1. ¿Vas a salir después de preparar la comida?
2. ¿Vas a salir después de poner la mesa?
3. ¿Vas a salir después de comer?
4. ¿Vas a salir después de lavar los platos?
5. ¿Vas a salir después de terminar la tarea?
6. ¿Vas a salir después de vestirte?

28. LA PERFECCIÓN

Habremos descubierto el sistema político y social perfecto cuando se realicen ciertos sueños e ideales. Indique las posibilidades.

Habremos descubierto el perfecto sistema político y social **cuando** o **tan pronto como** . . .

1. los pobres . . .
2. los tiranos . . .
3. los soldados . . .
4. las minorías . . .
5. las mujeres . . .
6. los hombres . . .
7. los líderes políticos . . .
8. todos . . .

29. NO PUEDO . . .

*Dos compañeros de cuarto indican el uno al otro por qué no pueden hacer las cosas indicadas. En parejas, completen las oraciones usando las conjunciones **hasta que, mientras** o **sin que**.*

1. No puedo estudiar . . .
2. No puedo usar la computadora . . .
3. No puedo mirar la televisión . . .
4. No puedo limpiar el cuarto . . .
5. No puedo pensar . . .
6. No puedo darte más dinero . . .
7. No puedo ayudarte con la tarea . . .
8. No puedo llamar a mi novio(a) . . .

30. ¿CUÁNTAS POSIBILIDADES?—LA COMUNICACIÓN

En grupos pequeños, completen las siguientes oraciones con tantas variaciones como sea posible.

1. La novia dice que no va a hablar con su novio hasta que . . .
2. Él dice que no quiere hablar con ella mientras . . .
3. Los estudiantes van a hablar con el (la) profesor(a) antes de que . . .
4. El (la) profesor(a) hablará de su tema favorito hasta que . . .
5. Voy a hablar con mis padres antes de que . . .
6. Van a hablar conmigo cuando . . .
7. Los candidatos políticos hablarán con los reporteros con tal que . . .
8. Los reporteros hablarán con los candidatos después de que . . .
9. El presidente de los Estados Unidos hablará con el líder de la Unión Soviética cuando . . .
10. El líder de la Unión Soviética hablará con el presidente tan pronto como . . .

ACLARACIONES

suceder   Ocurrir/ Efectuarse un hecho (*to happen, occur*)/ Entrar una persona o cosa en lugar de otra (*to succeed, follow*).

> La mujer de Demetrio dijo: "El corazón me avisa que ahora te va a **suceder** algo."

> Varias personas **sucedieron** a los primeros que entraron.

ocurrir   Suceder una cosa/ Venir de repente a la mente o pensar en algo de repente. (*to occur, happen*)

El movimiento Sandinista logró derrocar al dictador Anastasio Somoza, cuya familia había controlado el gobierno de Nicaragua por unos 43 años. Aquí ciudadanos de Nicaragua arrastran la estatua del dictador por las calles de la capital. Managua, Nicaragua, 1979.

¿Qué **ocurrió** anoche?

Se me **ocurrió** que nos habíamos olvidado de varios detalles importantes.

pasar   Sucederle algo (*to happen to*)/ Sufrir/ Ir más allá, exceder (*to pass, go, go beyond*)/ Ocupar el tiempo (*to pass, spend*)/ Dar, entregar. (*to give, hand, pass*)

¿Qué les **pasó**?

Pasaron mucha hambre.

Pasaron la sierra en camino a la costa.

Pasaron veinte días en la marcha.

Pasaron los documentos a los oficiales del gobierno.

gastar   Emplear el dinero en una cosa (*to spend*)/ Consumir (*to expend, use up*).

Gastó treinta pesos.

Gastaron toda su energía en la difícil marcha.

---

hacer daño   Lastimar o herir. (*to hurt, injure*)

¡Cuidado! No le **haga daño.**

lastimar   Hacer daño o herir pero no de una manera grave o seria. (*to hurt, injure, bruise*)

Corriendo por la calle, el niño **se lastimó** el pie.

lesionar   Causar grave lesión o daño corporal. (*to injure, wound*)

El hombre fue **lesionado** gravemente en el accidente.

herir (i)   Romper o abrir las carnes con un arma u otro instrumento. (*to wound*)

La víctima fue **herida** por el cuchillo del ladrón.

doler (ue)   Padecer, sufrir/ Sentir o causar sentimiento o sufrimiento. (*to hurt, grieve, pain*)

Le **dolían** los músculos.

Nos **dolía** ver tantas escenas trágicas.

Experiencia

LOS TRES MESES DE GLORIECITA
Nellie Campobello (México, 1913–   )

laid siege/spread out
plunder

bandages/munitions

Habían sitiado° Parral; Villa[1] defendía la plaza. Regados° en los **cerros** los **soldados** resistían el ataque. Los rumores: "Matan. Saquean°. Se roban las mujeres. Queman las casas. . . ." El pueblo ayudaba a Villa. Le mandaba cajones de pan a los cerros, café, ropas, vendas°, parque°, pistolas, rifles

[1] Pancho Villa (1877–1923), luchó en la revolución mexicana, 1910–1917.

brands

cemetery

blackened
gun powder

hanging/saddlehorn/
followers
shooting/bands
period of time
sidewalks

blows

powder puff
cap
undershirt

blanket
watchword

de todas marcas°. Las gentes con su vida, querían **evitar** que entraran los bandidos.

El ataque se hizo fuerte del lado del camposanto°, cerro de la Mesa y del cerro Blanco. Venían del valle de Allende, pueblo que dejaron destrozado. Una tarde bajaron por la calle segunda del Rayo unos hombres guerreros; eran Villa y sus muchachos. Vestían traje amarillo. Traían la cara renegrida° por la pólvora°. Se detuvieron frente a la casa de don Vicente Zepeda; salió Carolina con un rifle. Se lo **entregó** a Villa, él se tocó el sombrero. El rifle quedó colgado° en la cabeza de la silla°, y la comitiva° siguió adelante.

A las diez de la noche la balacera° fue más fuerte. Pasaron parvadas° de Villistas, gritando: "¡Viva Villa!" Otro rato° largo, los enemigos entraban. Parecía que la calle fuera a explotar. Por las banquetas° pasaban a caballo, tirando balazos, gritando. Comenzó el **saqueo.** Mamá contaba que al oír los culatazos° de los rifles pegando en las puertas, les gritó que no tiraran, que ya iba a abrir. Decía que había sentido bastante miedo. Entraron unos hombres altos, con los tres días de combate pintados en su cara y llevando el rifle en la mano. Ella corrió desesperada a donde estaba Gloriecita, que tenía tres meses. Al verla con su muchachita abrazada, se la quitaron besándola; haciéndole cariños; se quedaron encantados al verla, decían que parecía borlita°. Se la pasaban con una mano y la besaban. Los ojitos azules de Gloriecita estaban abiertos y no lloraba. Se le cayó la gorrita°, los **pañales,** quedándose en corpiño°, pero parecía que estaba encantada en las manos de aquellos hombres. Mamá esperó. Uno de ellos, llamado Chon Villescas, levantó una mantilla°, se la puso a la niña, y se la entregó. Se fueron saliendo de la casa. Muy contentos se despidieron. Dieron la contraseña° para que

Pancho Villa era uno de los líderes de la revolución Mexicana de 1910.

otros no vinieran a molestar. Iban gritando que muriera Villa y tirando balazos para el cielo.

DEFINICIONES

el cerro   Elevación de tierra, de poca altura.

el soldado El que sirve en la milicia/ Militar.

evitar   Impedir que suceda algo/ Huir de. (*avoid*)

entregar   Poner en poder de otro/ Dar a otro.

el saqueo Robarlo todo/ Pillaje/ Llevárselo todo.

el pañal   Pedazo de tela en que se envuelve a los bebés. (*diaper*)

PALABRAS SIMILARES . . .

el ataque	explotar	resistir
el combate	la pistola	el rumor
defender (ie)	el rifle	el valle

Expresión

31. PREGUNTAS

1. ¿Quiénes defendían la plaza y los cerros de Parral?
2. ¿A quién ayudaba el pueblo?
3. ¿Qué mandaba la gente de Parral a los soldados?
4. Según los rumores, ¿qué hacían los enemigos?
5. ¿Quién vino con sus hombres por la calle segunda? ¿Qué le dio a él Carolina?
6. ¿Cómo entraban los enemigos en la ciudad?
7. ¿Cómo eran los hombres que entraron en la casa?
8. ¿Adónde corrió la mamá?
9. Al ver a Gloriecita, ¿cómo reaccionaron los soldados enemigos?
10. ¿Cómo reaccionó Gloriecita?
11. ¿Cómo se sintieron los hombres al salir? ¿Y qué hicieron?
12. En la opinión de usted, ¿por qué reaccionaron así los soldados al ver a Gloriecita?

32. ASOCIACIÓN

¿Con qué palabras o frases asocia usted las referencias que siguen? ¿Y en qué piensa usted al oír las palabras?

1. el saqueo	5. defender
2. el soldado	6. Villa
3. el ataque	7. el cariño
4. el rumor	8. el pañal

33. RECONSTRUCCIÓN

Después de haber leído este episodio emocionante de una de las experiencias de Nellie Campobello, usted quiere contarle a un(a) amigo(a) suyo(a) lo que pasó. Use las palabras que siguen como clave. [Completen en parejas.]

1. Villa / soldados
2. rumores / enemigos
3. ayudar / cajones
4. villistas / gritar
5. enemigos / entrar

6. puerta
7. madre / miedo
8. muchachita
9. salir

Exploración y síntesis oral

Una causa popular
Por los siglos muchas personas han decidido salir de casa, o han tenido que salir, para apoyar o defender una causa popular. Imagínese que un miembro de su familia es la persona que va a salir. En parejas, preparen un diálogo dramático para una presentación en que ustedes expresan sus sentimientos, sus reacciones, etc., respecto a la partida (separación).

Exploración y síntesis escrita

Imagínese que usted vive en un país que sufre bajo un régimen tiránico. Parece que se va a iniciar una revolución en cualquier momento. Describa la situación política y social. Después, indique qué decisiones usted va a tomar y lo que usted piensa hacer. Explique por qué.

LA EXPLORACIÓN

la imaginación y la fantasía

imaginación Facultad de inventar o representar los objetos en el pensamiento.

fantasía Imaginación inventiva/ Ficción/ Lo que no es real o verdadero.

"Imaginemos todavía. Soñemos, para mejor entender la realidad."

"La imaginación, la loca de la casa, vale tanto como la historia para la interpretación de los hechos humanos."

—Alfonso Reyes (México, 1889–1959)

Experiencia

HISTORIA FANTÁSTICA
Marco Denevi (Argentina, 1922–   )

Toledo. **Aviso** del 7 de junio de 1691. He oído decir que ayer, en la prisión del Buen Socorro, sucedió un **hecho** al que nadie puede **hallar**le explicación. Cierto **marinero** natural de las islas del trópico, en las Indias Occidentales, de nombre Pablillo Tonctón o Tunctón, había sido condenado a la hoguera° por

stake

"The Journey" Luis Cruz Azaceta, Estados Unidos, 1986.

brujo y otros crímenes contra Dios. Varios días antes de ser quemado vivo, pidió a sus **guardianes** una **botella** y los materiales necesarios para construir un **barco** en miniatura. Los guardianes pensaron que en el escaso tiempo de vida que le quedaba, no podía dar término a aquella labor que requiere una larga paciencia, pero accedieron igualmente a sus deseos. Contra todo lo previsible, al cabo° de tres días el diminuto **navío** estaba terminado. La mañana fijada para la ejecución del marinero, cuando los del Santo Oficio° fueron en su busca, encontraron que la **celda** se hallaba vacía, lo mismo que la botella. Ni Pablillo Tonctón estaba allí, ni el barco en miniatura. Otros condenados que esperaban su turno afirmaron que la noche anterior habían oído un ruido como de **velas,** chapoteo° de muchos remos° y **voces** de mando.

(marginal glosses) end / Inquisition / splashing/oars

DEFINICIONES

el aviso	Noticia/ Anuncio/ Advertencia, consejo.
el hecho	Suceso o incidente/ Acción u obra/ Realidad.
hallar	Encontrar lo que se busca.
el marinero	Persona que sirve en la operación de un barco.
el brujo	Persona que causa a otro un daño en virtud de un supuesto pacto hecho con el diablo/ Persona que practica el arte de hechizar. (*witch*)
el guardián	Persona que guarda una cosa.
la botella	Recipiente hecho de cristal para contener líquidos.
el barco	Vehículo flotante que sirve para transportar personas o cosas.
el navío	Barco grande.

la celda	Cuarto o habitación individual de una prisión, convento, etc.
la vela	Tela u otra materia que recibe el viento para impeler o mover el barco.
la voz	Sonido que se emite por la laringe y la boca.

PALABRAS SIMILARES . . .

pu—3 c

afirmar	la ejecución	necesario
condenar	la explicación	la paciencia
construir	la labor	la prisión
el crimen	el material	el turno *turn, shift*
diminuto	la miniatura	

Expresión

1. DEFINICIONES

Practiquen las definiciones en parejas.

2. PREGUNTAS

1. ¿Cuándo sucedió el hecho?
2. ¿Por qué llamó la atención el incidente?
3. ¿Por qué había sido condenado el marinero?
4. ¿Qué les pidió él a sus guardianes?
5. ¿Cuántos días le costó al marinero terminar el navío?
6. ¿Qué encontraron los del Santo Oficio cuando fueron a la celda?
7. ¿Qué habían oído los otros condenados?
8. ¿Cómo cree usted que el marinero haya podido escaparse?
9. En su opinión, ¿era el marinero un brujo verdadero? Explique.
10. ¿Le gusta a usted esta "historia fantástica"? ¿Por qué?

3. ASOCIACIÓN

¿Con qué palabras o frases asocia usted las referencias que siguen? ¿Y en qué piensa usted cuando oye las palabras?

1. el marinero
2. la botella
3. el guardián
4. el barco
5. la celda
6. la voz
7. el brujo o la bruja

4. RECONSTRUCCIÓN

Imagínese que usted era uno de los guardianes que fue en busca del prisionero. Ahora tiene que explicar lo que haya pasado. Use las palabras que siguen como clave. [Completen en parejas.]

1. marinero
2. brujo
3. pedir
4. barco

5. celda / vacía
6. oír / velas / remos
7. explicación

I. EL IMPERFECTO DE SUBJUNTIVO

A. FORMACIÓN DE LOS VERBOS EN EL IMPERFECTO DE SUBJUNTIVO

VERBOS **-AR**

Querían que (yo) **hallara** una explicación.
Querían que (tú) **hallaras** una explicación.
Querían que (ella) **hallara** una explicación.
Querían que (nosotros) **halláramos** una explicación.
Querían que (vosotros) **hallarais** una explicación.
Querían que (ellos) **hallaran** una explicación.

VERBOS **-ER** E **-IR**

Dudaban que (yo) lo **entendiera.**
Dudaban que (tú) lo **entendieras.**
Dudaban que (él) lo **entendiera.**
Dudaban que (nosotros) lo **entendiéramos.**
Dudaban que (vosotros) lo **entendierais.**
Dudaban que (ellas) lo **entendieran.**

El imperfecto de subjuntivo se forma usando la tercera persona del plural del pretérito para la raíz. La terminación **-ron** es sustituída por las terminaciones **-ra, -ras, -ra, -ramos, -rais, -ran.**

abrazaron: abraza + -ra, -ras, -ra, -ramos, -rais, -ran
excogieron: escogie + -ra, -ras, -ra, -ramos, -rais, -ran

OBSERVACIONES:

(a) Un acento escrito es necesario en la primera persona del plural:

abrazáramos
escogiéramos

(b) Hay dos formas que se pueden usar para expresar el imperfecto de subjuntivo, la forma ya descrita y otra que se usa con menos frecuencia. En ésta se añade a la raíz **-se, -ses, -se, -semos, -seis, -sen.**

abrazase, abrazases, etc.
escogiese, escogieses, etc.

(c) Note bien que las irregularidades y los cambios de raíz que se encuentran en la tercera persona del plural del pretérito de indicativo se mantienen por todas las formas del imperfecto de subjuntivo.

venir—vinieron—viniera, etc.
decir—dijeron—dijera
oír—oyeron—oyera
morir—murieron—muriera
vestir—vistieron—vistiera
ir—fueron—fuera

B. FUNCIÓN DE LOS VERBOS EN EL IMPERFECTO DE SUBJUNTIVO

1. Quería que le **trajéramos** los materiales.
   Dudé que **pudiera** construirlo.
   Era imposible que se **escapara** así.
   No había nadie allí que **tuviera** una botella.
   Queríamos hablar con los otros antes de que **huyeran.**

El imperfecto de subjuntivo se usa en las mismas circunstancias que controlan el uso del subjuntivo en general (véase Unidades VI, VII y VIII) pero refiriéndose a un tiempo en el pasado.

2. Usted **debiera** saber que me intereso en todo esto.
   ¿**Pudiera** usted darme la información?
   Quisiera tener más detalles de la situación.

Deber, poder y **querer** se usan con frecuencia en el imperfecto de subjuntivo para expresar un deseo, una petición o una declaración en una forma más suave y cortés.

Expresión

5. EL GUARDIÁN

Imagínese que usted era el guardián de la celda. Indique lo que le pidió a usted el condenado.

MODELO Me pidió . . . dejarlo solo.
Me pidió que lo dejara solo.

Me pidió . . .

1. no condenarlo
2. no acusarlo de ser brujo
3. cambiar la fecha de la ejecución
4. hablar con el Santo Oficio
5. traerle una botella
6. ir en busca de materiales
7. poner los materiales en la celda
8. salir de la celda
9. volver en tres días

6. *PARA PROTEGERNOS*

Muchas veces los padres imaginan lo peor. Indique lo que hacían sus padres para evitar posibles accidentes cuando ustedes eran muy jóvenes.

Nuestros padres no querían que (nosotros) . . .

1. quedarnos en casa solos(as)
2. hablar con personas desconocidas
3. meternos en situaciones peligrosas   *to meddle*
4. caminar por el bosque
5. nadar solos(as)
6. salir sin decirles adónde íbamos
7. volver tarde a casa
8. subir árboles altos
9. jugar con fósforos (*matches*)
10. usar cuchillos
11. cruzar las calles solos(as)

7. *¿PERDIDOS?*

Usted y sus amigos están pasando una semana en una cabaña en una sección remota de las montañas. Sus amigos salieron para dar un paseo pero vino una enorme tempestad. ¿Qué temía usted que les pasara?

MODELO ¿Qué temía usted? No volver a la cabaña.
        Temía que no volvieran a la cabaña.

1. no fijarse en la hora
2. asustarse
3. preocuparse
4. no hallar la vereda
5. venir por el río
6. querer cruzar el puente viejo
7. no poder ver en la oscuridad
8. caerse
9. perderse
10. sufrir hambre
11. tener frío

8. *MI COMPAÑERO(A) Y YO*

En parejas, háganse preguntas y contéstense.

MODELO Cuando tenías diez y seis años . . .
        qué / dudar / que / tus vecinos / hacer
        ¿Qué dudabas que tus vecinos hicieran?
        Dudaba que se mudaran, etc.

Cuando tenías diez y seis años . . .

1. qué / querer / que / tus padres / hacer
2. qué / querer / que / tu hermano(a) / no hacer
3. qué / insistir / que / tus amigos / hacer
4. qué / dudar / que / tus amigos / hacer
5. qué / temer / que / tus amigos / hacer
6. qué / esperar / que / tu familia / hacer

9. ¿CUÁNTAS POSIBILIDADES?—LOS TEMORES DE LA JUVENTUD

A veces, cuando éramos jóvenes, nos sentíamos inseguros. A causa de la inseguridad imaginábamos o inventábamos cosas que pudieran ocurrir. En parejas o en grupos pequeños, indiquen tantas posibilidades como sea posible usando las referencias que siguen.

Cuando era más joven temía que . . .

1. mi padre . . .
2. mi madre . . .
3. mi mejor amigo(a) . . .
4. mi hermano(a) . . .
5. mis abuelos . . .
6. mi perro o gato . . .
7. mi casa . . .
8. un monstruo . . .

10. UN AÑO DE DECISIONES

El último año de la escuela superior es un año de transición y de decisiones importantes. Complete las oraciones que siguen para indicar cómo pensaba usted.

1. Era importante que yo . . .
2. Era urgente que yo . . .
3. Era preferible que yo . . .
4. Era (im)posible que yo . . .
5. Era dudoso que yo . . .

11. DE LA MANERA MÁS CORTÉS Y DIPLOMÁTICA QUE PUEDA

Completen en parejas.

1. Usted acaba de oír que una familia ha sufrido varios problemas financieros y personales. Indique de una forma muy cortés cinco cosas que **quisiera** hacer por la familia.
2. Usted mismo(a) ha pasado un período muy difícil y se ve obligado(a) a pedirles ayuda a miembros de la familia. De **forma interrogativa,** indique cinco maneras en que ellos **pudieran** ayudarle.
3. Una amiga de su compañero(a) de cuarto ha sufrido la muerte de un familiar. Su compañero(a) de cuarto no sabe exactamente lo que **debiera** hacer. Indíquele cinco posibilidades.

II. EL PASADO PERFECTO O PLUSCUAMPERFECTO DE SUBJUNTIVO Y LA SECUENCIA DE TIEMPOS

A. FORMACIÓN DEL PASADO PERFECTO O PLUSCUAMPERFECTO DE SUBJUNTIVO

Dudaban que (yo) lo **hubiera encontrado.**
Dudaban que (tú) lo **hubieras encontrado.**
Dudaban que (él) lo **hubiera encontrado.**
Dudaban que (nosotros) lo **hubiéramos encontrado.**
Dudaban que (vosotros) lo **hubierais encontrado.**
Dudaban que (ellos) lo **hubieran encontrado.**

El pasado perfecto de subjuntivo se forma usando **haber** (en el imperfecto de subjuntivo) + participio pasado.

B. FUNCIÓN DEL PASADO PERFECTO O PLUSCUAMPERFECTO DE SUBJUNTIVO

Yo temía que ya se **hubiera escapado.**
No conocíamos a nadie que lo **hubiera visto** salir.
Llegaron antes de que lo **hubiéramos hallado.**

El pasado perfecto de subjuntivo se usa en las mismas circunstancias que controlan el uso del subjuntivo en general, pero refiriéndose a un tiempo en el pasado anterior a otra acción pasada.

C. SECUENCIA DE TIEMPOS

No **creo** que me **llamen** esta tarde.
No **creo** que me **hayan llamado.**
Me **quedaré** aquí hasta que me **llamen.**
No **creía** (**creí**) que me **llamaran.**
No **creía** que me **hubieran llamado.**
No **iría** aunque me **llamaran.**

En la mayoría de los casos el tiempo del verbo en la cláusula principal determina el tiempo del subjuntivo en la cláusula subordinada.
La secuencia de tiempos más común es:

Cláusula principal *Indicativo*	*Cláusula subordinada* *Subjuntivo*
presente, presente progresivo, presente perfecto, futuro, futuro perfecto, mandato	presente de subjuntivo, presente perfecto de subjuntivo
imperfecto, pretérito, pasado progresivo, pasado perfecto, condicional, condicional perfecto	imperfecto de subjuntivo, pasado perfecto (pluscuamperfecto) de subjuntivo

En situaciones específicas la lógica o el sentido (*meaning*) determina otra secuencia según la referencia de tiempo.

Me alegro (de) que no **hubiera sufrido** más.

Expresión

12. ¿DE QUÉ SE ALEGRABA LA NIÑA?

La niña se alegraba de las cosas que sus padres hubieran hecho por ella. Indique cuáles según las referencias que siguen.

MODELO ¿De qué se alegraba? contarle cuentos maravillosos
Se alegraba de que le hubieran contado cuentos maravillosos.

¿De qué se alegraba? . . .

1. leerle historias fantásticas
2. llevarla a Disneylandia
3. comprarle chocolates
4. mostrarle pinturas fascinantes
5. traerle un barco en miniatura
6. darle un mapa secreto
7. describirle lugares exóticos
8. cantarle canciones alegres

13. *EL PRÍNCIPE Y LA PRINCESA*

Usted y un(a) amigo(a) están cuidando a los niños de sus vecinos. Inventen un cuento en que les narran a los niños lo que les haya pasado al príncipe y a la princesa en el bosque encantado. [Completen en parejas usando el pasado perfecto de subjuntivo.]

1. El príncipe lamentaba que la princesa . . .
2. Era extraño que . . .
3. Temía que . . .
4. Era posible/probable que . . .
5. Esperaba que . . .
6. Se sorprendió que . . .
7. Se alegraba de que . . .

Experiencia

EL REINO DEL REVÉS
Canción de niños

chorus/kingdom/
reverse

Estribillo°: Vamos a ver cómo es el Reino° del Revés°.
            Vamos a ver cómo es el Reino del Revés.
Me dijeron que en el Reino del Revés

flies

nada el pájaro y vuela° el pez;
que los gatos no hacen "miau" y dicen "yes"
porque estudian mucho inglés.

Me dijeron que en el Reino del Revés
nadie baila con los pies;

watchman/judge

que un ladrón es vigilante° y otro es juez°,
y que dos y dos son tres.

Me dijeron que en el Reino del Revés

bear/nut
beards/mustaches

cabe un oso° en una nuez°;
que usan barbas° y bigotes° los bebés
y que un año dura un mes.

pekinese

Me dijeron que en el Reino del Revés
hay un perro pequinés°
que se cae para arriba y una vez
no pudo bajar después.

Me dijeron que en el Reino del Revés
un señor llamado Andrés
tiene mil quinientos treinta chimpancés
que si miras no los ves.

spider/centipede
mounted
chess

Me dijeron que en el Reino del Revés
una araña° y un ciempiés°
van montados° al palacio del marqués
en caballos de ajedrez°.
Estribillo: Vamos a ver cómo es el Reino del Revés.

(Selección tomada de "Canciones para mirar", Goluboff, Industrias fonográfi-cas S.A., Santiago, Chile)

14. ACTIVIDAD

En parejas, y con mucha imaginación, escriban una estrofa (stanza) original para la canción "El reino del revés". Después presenten su creación a la clase.

Experiencia

"La estación de Perpignan." Salvador Dalí, España 1904–.

Expresión

15. *ACTIVIDAD*

A. En grupos pequeños, y con buen uso de su imaginación, den su interpretación imaginativa de lo que ven en este cuadro famoso de Salvador Dalí.

B. ¿Es usted artista? Interprete en forma visual algún sueño o visión que usted haya tenido. Dé una interpretación de su obra maestra (*masterpiece*) a un(a) compañero(a) de clase o a la clase entera.

III. EL CONDICIONAL SIMPLE Y EL CONDICIONAL PERFECTO O COMPUESTO

A. FORMACIÓN DE VERBOS REGULARES EN EL CONDICIONAL SIMPLE

Les **contaría** un cuento si tuviera tiempo.
¿Lo **leerías**?
No **sería** imposible.
Creeríamos cualquier cosa.
¿**Podríais** contarnos otra historia?
Inventarían personajes ficticios.

El condicional simple se forma añadiendo las terminaciones **-ía, -ías, -ía, -íamos, -íais, -ían** al infinitivo.

contar	*ser*	*describir*
contar**ía**	ser**ía**	describir**ía**
contar**ías**	ser**ías**	describir**ías**
contar**ía**	ser**ía**	describir**ía**
contar**íamos**	ser**íamos**	describir**íamos**
contar**íais**	ser**íais**	describir**íais**
contar**ían**	ser**ían**	describir**ían**

B. VERBOS IRREGULARES EN EL CONDICIONAL SIMPLE

¿Qué **harían** en esa situación?
Saldríamos lo más pronto posible.
Tendrían mucho cuidado.

Unos pocos verbos tienen una irregularidad en la raíz del verbo pero las terminaciones son regulares.

decir	dir-	**diría**, etc.
haber	habr-	**habría**
hacer	har-	**haría**
poder	podr-	**podría**
poner	pondr-	**pondría**

querer	querr-	querría
saber	sabr-	sabría
salir	saldr-	saldría
tener	tendr-	tendría
valer	valdr-	valdría
venir	vendr-	vendría

C. FUNCIÓN DEL CONDICIONAL SIMPLE

1. Dijeron que nos lo **explicarían.**
   Se dieron cuenta de que no **podríamos** entenderlo.
   ¿Les **gustaría** oír mi interpretación?

El condicional se traduce como *would* o *should* (sin la idea de obligación) y se usa para indicar (1) una acción futura en relación con una acción pasada, o (2) una posible acción en tiempo presente o futuro.

2. **Serían** las doce cuando se durmió.
   Tendría doce años.
   Soñaría con príncipes y princesas.

El condicional simple también presenta la idea de probabilidad o conjetura en el pasado (equivalente de *probably, must have been*).

D. EL CONDICIONAL PERFECTO O COMPUESTO

En la misma situación **habría tratado** de escaparme.
¿**Habrías tratado** de escaparte?
No **habría tratado** de construir un barco.
Habríamos tratado de hablar con el guardián.
¿**Habríais tratado** de rescatarlo?
Los otros **habrían tratado** de ir con él.

Para formar el condicional perfecto o compuesto se usa **haber** (en el condicional) + participio pasado.

E. FUNCIÓN DEL CONDICIONAL PERFECTO O COMPUESTO

Sabíamos que a todos les **habría gustado** la leyenda.
Creímos que **habrían querido** oír otro cuento.

El condicional perfecto expresa la posibilidad de una acción en el pasado equivalente a *would have* o *should have* (sin la idea de obligación).

OBSERVACIÓN: El condicional perfecto también indica la idea de conjetura o probabilidad en el pasado, pero no se usa con la frecuencia del condicional simple.

Se **habrían asustado,** ¿no?

Expresión

---

16. *¿CÓMO REACCIONARÍA?*

¿Cómo reaccionaría usted al ver lo que parece ser un fantasma?

1. huir
2. tratar de hablar con él
3. asustar(se)
4. negar lo que vio
5. aceptar la existencia de fantasmas
6. sentir miedo
7. estar en un estado neurótico
8. discutir la situación con amigos
9. callarse

17. *¿QUÉ DIRÍAN?*

Usted y un(a) amigo(a) suyo(a) quieren explorar una cueva misteriosa, pero otros amigos les aconsejan que no lo hagan, avisándoles de los peligros. Usando el condicional, ¿qué dirían?

Dirían que . . .

1. haber mucho peligro
2. no valer la pena correr el riesgo
3. ponernos en peligro
4. tener miedo / nosotros
5. no poder encontrar la salida / nosotros
6. saber dónde encontrarnos / nadie
7. venir a ayudarnos / nadie
8. nunca salir vivos / nosotros
9. jamás querer entrar en otra cueva / nosotros

18. *¿QUÉ HARÍAS?*

Indique lo que usted haría y cómo se sentiría en las circunstancias indicadas. [Completen en parejas usando el condicional.]

¿Qué harías? ¿Cómo te sentirías?

1. Te encuentras perdido(a) y separado(a) de tus amigos
2. Tienes hambre.
3. Tienes sed.
4. Tienes frío.
5. Ves un animal grande y extraño.
6. Encuentras una vereda o un camino viejo.
7. Caes en un hueco profundo.
8. Oyes voces en la distancia.
9. Llega una brigada de rescate.
10. Por fin vuelves a casa.

19. ¿QUÉ HABRÍA HECHO?

*Imagínese que usted es la persona indicada. ¿Qué **habría hecho** en las circunstancias o en las situaciones ya descritas en este libro? Use el condicional perfecto. [Completen en parejas.]*

1. El náufrago hambriento perdido en el mar
2. La Pulga inmediatamente después del terremoto en la ciudad de México
3. Luis, el hijo del coronel Moscardó, al ser capturado
4. Pablo Casals en el conservatorio de Bruselas
5. Demetrio Macías durante la revolución mexicana
6. La persona que tuvo la entrevista con Tutankhamen
7. Uno de los padres mexicanos-americanos en la época del incidente de Lemon Grove

IV. CLÁUSULAS QUE EMPIEZAN CON *SI, COMO SI* Y *AUNQUE*

A. *SI* (*if*)

1. **Si estuviera** usted allí, ¿qué haría?
   Si fuera posible comunicarse con seres de otros planetas, ¿qué les diría?
   No se habría alarmado **si hubiera sabido** la verdad.

El subjuntivo, usado exclusivamente en el imperfecto o en el pasado perfecto (pluscuamperfecto), se utiliza en una cláusula introducida por **si** cuando la acción o la descripción son contrarias a la realidad o son hipotéticas. Se usa el condicional simple o el condicional compuesto en la cláusula independiente.

2. **Si** lo ven otra vez, no se alarmarán.
   Si necesita ayuda, estaremos allí.
   Si él sabía quién era, ¿por qué no te lo dijo?

El indicativo se usa en una cláusula introducida por **si** cuando se quiere expresar la seguridad o la certeza de una acción.

> OBSERVACIÓN: Cuando **si** se usa para indicar *if = whether,* se utiliza el indicativo.
>
> No sé **si** podré ayudarla o no.

B. *COMO SI* (*as if*)

Actuaba **como si** no **estuviera** en peligro.
Nos habló **como si** no **tuviera** miedo.
Se reía **como si** no **hubiera ocurrido** nada.

En una cláusula introducida por **como si** (*as if*) siempre se usa el imperfecto o el pasado perfecto de subjuntivo porque se expresa una acción hipotética o contraria a la realidad.

C. AUNQUE (*even if*)

Aunque el fantasma **volviera,** ¿podríamos verlo?
Aunque no **tuviera** miedo, no me quedaría allí.
Aunque se **hubiera escapado** de la celda, no habría sido posible salir de la prisión.

Una cláusula introducida por **aunque** (*even if*) requiere el uso del subjuntivo en el imperfecto o el pasado perfecto cuando expresa una acción hipotética o contraria a la realidad.

Expresión

20. SI OCURRIERA ESTO . . .

Complete cada oración dando varias posibilidades.

1. (Yo) estaría encantado(a) si . . .
2. Estaría miserable si . . .
3. Me entristecería si . . .
4. Me enojaría si . . .
5. Mi padre o madre gritaría como un(a) loco(a) si yo . . .
6. Mis padres estarían muy sorprendidos si yo . . .

21. VUELOS DE FANTASÍA

Complete cada oración dando varias posibilidades.

1. Si (yo) fuera el (la) profesor(a) . . .
2. Si fuera el presidente de los Estados Unidos . . .
3. Si fuera un actor (una actriz) famoso(a) . . .
4. Si fuera un padre o una madre . . .
5. Si fuera el (la) presidente(a) de esta universidad . . .
6. Si fuera el (la) único(a) sobreviviente en el mundo . . .
7. Si estuviera en España en este momento . . .
8. Si estuviera en la selva Amazonas . . .
9. Si estuviera en Puerto Rico . . .
10. Si estuviera en los Andes . . .

22. ¿CUÁNTAS POSIBILIDADES?

En parejas, complete cada oración dando varias posibilidades. Usen el pasado perfecto de subjuntivo.

MODELO Me habría quedado si . . .
Me habría quedado si no se hubieran emborrachado.

1. Me habría asustado si . . .
2. Me habría sorprendido si . . .
3. Me habría preocupado si . . .
4. Me habría alegrado si . . .

5. Me habría divertido si . . .
6. Me habría quejado si . . .

23. MI COMPAÑERO(A) Y YO

Háganse preguntas y contéstense para aprender lo que harían si estuvieran en las circunstancias indicadas.

MODELO   qué / hacer / si / ocurrir / un terremoto
¿Qué harías si ocurriera un terremoto?
Ayudaría a las víctimas.

1. qué / hacer / si / ver / un fantasma
2. qué / hacer / si / estar / solo(a) en una casa encantada
3. qué / hacer / si / poder volver / al pasado.
4. adónde / viajar / si / poder ir / a cualquier lugar
5. qué / hacer / si / encontrarte / con un ser de otro planeta
6. qué / hacer / si / tener / poderes sobrenaturales
7. qué aspectos de la sociedad / cambiar / si / poder

24. SI YO . . .

¿Qué hace usted en estas circunstancias?

1. Si tengo un problema, yo . . .
2. Si estoy enfermo(a), yo . . .
3. Si me siento triste, yo . . .
4. Si estoy aburrido(a), yo . . .
5. Si me siento nervioso(a), yo . . .
6. Si quiero estar solo(a), yo . . .
7. Si me siento muy confundido(a), yo . . .
8. Si quiero divertirme, yo . . .

25. COMO SI

Termine cada oración con una idea hipotética que sea consonante con la cláusula principal.

1. Mi amigo flaco come como si . . .
2. Mi amigo bebe cerveza como si . . .
3. Mis amigos se visten como si . . .
4. El profesor me mira como si . . .
5. El profesor habla como si . . .
6. Los estudiantes se divierten como si . . .

26. AVENTURAS FANTÁSTICAS

*Indique que usted y sus amigos seguirían con sus planes **aunque hubiera** ciertas dificultades o peligros. [Completen en parejas.]*

MODELO   Buscaríamos el monstruo aunque . . .
Buscaríamos el monstruo aunque fuera grande y peligroso.

1. Subiríamos la montaña aunque . . .
2. Nadaríamos en el océano aunque . . .
3. Entraríamos en la cueva aunque . . .
4. Cruzaríamos el río aunque . . .
5. Cruzaríamos el desierto aunque . . .
6. Exploraríamos las ruinas aunque . . .
7. Nos quedaríamos en la selva aunque . . .

ACLARACIONES

soñar (ve) (con) Representarse cosas en la fantasía mientras se duerme/ Desear fuertemente. (*to dream, to dream about*)

Se podía ver que estaba **soñando.**

Sueña con ser rico.

imaginar(se) Crear una cosa en la imaginación/ Sospechar. (*to imagine, to dream, to fancy, to think up, to suppose*)

No puedo **imaginarme** lo que le habrá pasado.

¿Viene mañana? **Me imagino** que sí.

inventar Idear/ Imaginar. (*to invent, think, make up*)

Inventaron situaciones ridículas.

ocurrirse Pensar/ Soñar. (*to think, dream, occur*)

No se **me ocurriría** hacer tal cosa. (No lo haría ni soñando.)

Experiencia

EL CRIMEN PERFECTO

Enrique Anderson Imbert (Argentina, 1910–   )

—Creí haber cometido el crimen perfecto. Perfecto el plan, perfecta su ejecución. Y para que nunca se encontrara el cadáver lo escondí donde a nadie se le ocurriría buscarlo: en un cementerio. Yo sabía que el convento de Santa Eulalia estaba desierto desde hacía años y que ya no había **monjitas** que **enterrasen** a monjitas en su cementerio. Cementerio blanco, bonito, hasta alegre con sus cipreses y paraísos° a **orillas** del río. Las **lápidas,** todas iguales y ordenadas como canteros° de jardín alrededor de una hermosa imagen de Jesucristo, lucían° como si las mismas muertas se **encargasen** de mantenerlas limpias. Mi error: olvidé que mi víctima había sido un furibundo° **ateo.** Horrorizadas por el compañero de sepulcro que les acosté al lado, esa noche las muertas decidieron mudarse: cruzaron a nado° el río llevándose consigo las lápidas y **arreglaron** el cementerio en la otra orilla, con Jesucristo y todo. Al día siguiente los viajeros que iban por lancha al pueblo de Fray Bizco vieron a su derecha el cementerio que siempre habían visto a su iz-

birds of paradise
squared flower beds
shined
raging

wading

"Máscaras." Alejandro Xul Solar, Buenos Aires, 1924.

quierda. Por un instante se les **confundieron** las manos y creyeron que estaban navegando en dirección contraria, como si volvieran de Fray Bizco, pero en seguida **advirtieron** que se trataba de una mudanza y dieron parte a las autoridades. Unos policías fueron a inspeccionar el sitio que antes ocupaba el cementerio y, **cavando** donde la tierra parecía recién removida, sacaron el cadáver (por eso, a la noche, las **almas** en pena de las monjitas volvieron muy aliviadas, con el cementerio a cuestas°) y de investigación en investigación . . . ¡bueno! . . . el resto ya lo sabe usted, señor Juez°.

on their backs

judge

DEFINICIONES

la monja (monjita)	Mujer religiosa de una orden.
enterrar (ie)	Poner debajo de tierra/ Dar sepultura.
la orilla	Tierra contigua al río, lago, mar, etc.
la lápida	Piedra que suele llevar una inscripción/ Piedra sepulcral.
el (la) ateo(a)	Persona que no cree en Dios.
encargarse	Poner una cosa al cuidado de otro/ Tomar la responsabilidad de algo.
arreglar	Poner en orden/ Formar/ Componer/ Reparar.
confundir	Mezclar sin orden/ Causar confusión/ Faltar la claridad.
advertir (ie, i)	Fijar la atención en algo/ Fijarse.
cavar	Hacer cavidades o huecos en la tierra.
alma	Principio de la vida, del pensamiento y de la sensación, que con el cuerpo constituye la esencia de la persona.

PALABRAS SIMILARES . . .

la autoridad	la imagen	navegar
el cadáver	inspeccionar	perfecto
el cementerio	el instante	el policía
el ciprés	la investigación	el resto
el convento	Jesucristo	el sepulcro
el crimen	la lancha	la víctima
la ejecución		

Expresión

27. DEFINICIONES

Practiquen las definiciones en parejas.

28. PREGUNTAS

1. ¿Qué creyó el hombre?
2. ¿Dónde escondió el cadáver?
3. ¿Cómo era el convento de Santa Eulalia?
4. ¿Quiénes estaban enterradas allí?
5. ¿Qué había sido la víctima?
6. ¿Qué hicieron las monjitas muertas? ¿Por qué?
7. ¿Cómo reaccionaron los viajeros que iban por el río en lancha? ¿Por qué?
8. ¿Qué advirtieron y qué hicieron?
9. ¿Qué hicieron los policías y qué encontraron?
10. ¿Qué hicieron las monjas?

29. ASOCIACIÓN

¿Con qué palabras o frases asocia usted las referencias que siguen? ¿Y en qué piensa usted cuando oye las palabras?

1. la monjita
2. enterrar
3. navegar
4. la investigación
5. la lápida
6. la orilla

30. RECONSTRUCCIÓN

Imagínese que usted era uno de los policías que tomó parte en la investigación. Explíquele a otro compañero los hechos extraordinarios del supuesto crimen perfecto. Use las palabras que siguen como clave. [Completen en parejas.]

1. crimen perfecto
2. esconder
3. monjitas / cementerio
4. olvidar / ateo
5. mudarse
6. arreglar / orilla
7. viajeros / confundir
8. advertir
9. cavar / cadáver
10. volver

Experiencia

ESPIRAL
Enrique Anderson Imbert

dawn	Regresé a casa en la madrugada°, cayéndome de sueño. Al entrar, todo os-
tiptoe	curo. Para no despertar a nadie avancé de puntillas° y llegué a la escalera de
circular/step	caracol° que conducía a mi cuarto. Apenas puse el pie en el primer escalón°

dudé de si ésa era mi casa o una casa idéntica a la mía. Y mientras subía temí
que otro muchacho, igual a mí, estuviera durmiendo en mi cuarto y acaso so-
ñándome en el acto mismo de subir por la escalera de caracol. Di la última

turn   vuelta°, abrí la puerta y allí estaba él, o yo, todo iluminado de luna, sentado en
la cama, con los ojos abiertos. Nos quedamos un instante mirándonos de hito

staring   en hito°. Nos sonreímos. Sentí que la sonrisa de él era la que también me
mirror/fake   pesaba en la boca: como en un espejo°, uno de los dos era falaz°. "¿Quién
sueña a quién?", exclamó uno de nosotros, o quizá ambos simultáneamente.
En ese momento oímos ruidos de pasos en la escalera de caracol: de un

jump/fused   salto° nos metimos uno en otro y así fundidos° nos pusimos a soñar al que
venía subiendo, que era yo otra vez.

Expresión

31. *PREGUNTAS*

1. ¿Cómo se sentía la persona al regresar a casa?
2. Al subir la escalera de caracol, ¿qué temió?
3. Cuando abrió la puerta de su cuarto, ¿qué vio?
4. ¿Qué pregunta se hizo?
5. ¿Quién venía subiendo la escalera de caracol?
6. En su opinión, ¿por qué se llama el cuento "Espiral"?
7. ¿Cree usted que esta experiencia posiblemente sea un sueño o que sea la realidad? Explique.
8. En su opinión, ¿qué podrían representar las tres personas?
9. ¿Cree usted que lo que imaginamos es una parte de la realidad? Explique.

Exploración y síntesis oral

A. *Descríbale a un(a) compañero(a) un sueño que usted ha tenido. Pídale a él o a ella que le dé a usted una interpretación de este sueño único.*

B. *En grupos pequeños, completen una historia fantástica que empieza . . .*
    "Hace muchos, muchos siglos, había . . ."
    Cada estudiante debe continuar la historia añadiendo una oración más a la narración.

Exploración y síntesis escrita

¿Cree usted que la imaginación y la fantasía son una parte íntegra e importante de la vida? Explique.

"Selva y pájaro lunar." Mario Abreu.

LA EXPLORACIÓN

el más allá

> "Siempre se ha querido saber qué hay en el más allá."

más allá Fuera de lo alcanzable/ Fuera del entendimiento normal/ Denota una región remota, desconocida/ Sin límite.

Experiencia

VIAJES ESPACIALES ¡BIENVENIDO A BORDO!

"Atención: Todos los **pasajeros** en el **vuelo** espacial número uno, en rumbo hacia el Mar de la Tranquilidad con **escalas** en el Mar de la Fertilidad, en el Mar de la Serenidad, en el Océano de la Tempestad, en las Mesetas de Plato y en el Cráter de Marco Polo, por favor, tengan los boletos de viaje a mano al pasar por la puerta de seguridad. Se les darán trajes de presión y cascos de oxígeno al llegar a sus puntos de destino. ¡Que hagan un buen viaje a la luna!"

Aunque éste le parezca un anuncio de ciencia ficción, probabilidades hay de que se convierta en realidad en un futuro no muy lejano. Los últimos adelantos en los viajes espaciales **amplían** las posibilidades para que, dentro de poco, las personas que hoy en día no son ni astronautas ni científicos especializados puedan **disfrutar de** las maravillas de los viajes espaciales.

Los diez vuelos espaciales de ida y vuelta a la tierra, hechos por las **naves** estadounidenses, han producido un efecto más práctico en relación con el mundo espacial, haciéndonoslo percibir fuera de lo **inalcanzable,** fuera de un

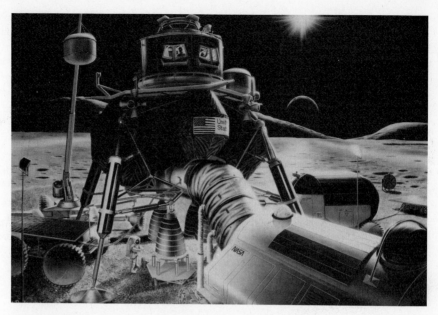

Una interpretación artística de una base lunar en el siglo 21. NASA.

terreno exclusivo de astronautas superhéroes y dentro de los sueños y aspiraciones del hombre común y corriente.

(Selección tomada de la revista *Abordo Dominicana*, 1987.)

DEFINICIONES

el (la) pasajero(a)	El (la) que viaja/ Viajero.
el vuelo	Acción de volar/ Espacio que se recorre volando o moviéndose por el aire.
la escala	Parada de un barco o avión.
ampliar	Extender, agrandar/ Hacer más grande.
disfrutar de	Gozar de/ Tener gusto o sentir placer en algo.
la nave	Barco, navío.
(in)alcanzable	Lo que (no) se puede conseguir o percibir con la vista, oído, etc.

PALABRAS SIMILARES . . .

la aspiración	la atención	el (la) científico(a)
el (la) astronauta	la ciencia	común

el destino	el futuro	la realidad
el efecto	percibir	la relación
espacial	la posibilidad	la seguridad
especializar	práctico	la serenidad
exclusivo	la probabilidad	el superhéroe
la fertilidad	producir	la tranquilidad
la ficción		

Expresión

1. DEFINICIONES

Practiquen las definiciones en parejas.

2. PREGUNTAS

1. ¿Dónde cree usted que está la persona que habla?
2. ¿Adónde viajarán los pasajeros?
3. ¿Qué deben tener a mano?
4. ¿Qué recibirán al llegar a su destino?
5. ¿Le parece a usted éste un anuncio de ciencia ficción? ¿Por qué sí o no?
6. En su opinión, ¿cuándo se convertirá esto en realidad?
7. ¿Quiénes hoy día pueden disfrutar o gozar de los viajes espaciales? ¿y en el futuro?
8. ¿Cómo han cambiado los vuelos espaciales nuestra percepción del espacio?
9. ¿Le gustaría a usted viajar al espacio? ¿Por qué?

3. ASOCIACIÓN

¿Con qué palabras o frases asocia usted las referencias que siguen? ¿Y en qué piensa usted al oír las palabras?

1. el vuelo
2. la nave
3. disfrutar de
4. el pasajero
5. la ciencia ficción
6. el (la) astronauta
7. el espacio

4. RECONSTRUCCIÓN

Imagínese que usted es un(a) oficial de un centro espacial en el futuro. Tiene que entusiasmar y convencer a un grupo de visitantes de la importancia de los vuelos espaciales. Use las palabras que siguen como clave. [Completen en parejas.]

1. pasajeros
2. vuelo / escalas
3. llegar / destino / dar
4. adelanto / disfrutar de
5. alcanzable
6. el hombre común

I. LOS DEMOSTRATIVOS

A. LOS ADJETIVOS DEMOSTRATIVOS

Este vuelo va a la luna.
¿Hay que pasar por **esta** puerta o por **ésa?**
Aquellas personas son astronautas.
Esos vuelos han producido un efecto maravilloso.

Los adjetivos demostrativos son palabras que demuestran, señalan o separan una cosa o persona entre sí o de otras. Se ponen delante del sustantivo que modifican, y muestran el género y el número de éste.
Los adjetivos demostrativos son:

Masculino	*Femenino*
Singular	
este *this*	**esta** *this*
ese *that*	**esa** *that*
aquel *that* (*over there*)	**aquella** *that* (*over there*)
Plural	
estos *these*	**estas** *these*
esos *those*	**esas** *those*
aquellos *those* (*over there*)	**aquellas** *those* (*over there*)

FUNCIÓN

Este boleto es mío.
Ese boleto es tuyo.
Aquellos boletos son de ellos.

1. **Este, estos, esta** y **estas** se usan para señalar o indicar una cosa o persona que está cerca de la persona que habla.
2. **Ese, esos, esa** y **esas** se usan para señalar o indicar una cosa o persona que está cerca de la persona a quien se habla.
3. **Aquel, aquellos, aquella** y **aquellas** se usan para señalar o indicar una cosa o persona que está distante o lejos de la persona que habla.

B. LOS PRONOMBRES DEMOSTRATIVOS

¿Te gustan **éstas?** No. Prefiero **ésas.**
Escuchen. **Éste** es un anuncio muy importante.
Ésos son los vuelos que han tenido más efecto.
Aquél es el Mar de la Fertilidad.

Los pronombres demostrativos son idénticos en forma a los adjetivos demostrativos con la diferencia de que llevan un acento escrito. Muestran el género y el número del sustantivo a que sustituyen.

FUNCIÓN

1. ¿Es **éste** el científico que nos habló recientemente?
   Sí, **ése** es el que les habló.

Los pronombres demostrativos se usan para indicar *this (one), that (one), these* y *those*.

2. Llegaron una astronauta y un científico.
   Éste acompañó a **aquélla** en la nave espacial.

También se usan para indicar el equivalente de *the latter* (**éste, ésta, éstos, éstas**) y *the former* (**aquél, aquélla, aquéllos, aquéllas**).

> OBSERVACIÓN: Note que en español, en contraste con el inglés, *the latter* (**éste, ésta,** etc.) aparece primero y *the former* (**aquél, aquélla,** etc.) después.

3. ¿Qué es **eso** que vimos?
   Aquello (la idea) de ir a la luna me encantó.
   ¿Es **esto** lo que quieren? **Eso** es.

Los pronombres demostrativos también tienen una forma neutra que se usa para referirse a ideas o declaraciones abstractas, situaciones, acciones o hechos cuyo género o cuya identidad no conocemos. Los pronombres demostrativos neutros no tienen acento. Las formas neutras son: **esto, eso, aquello.**

Expresión

5. *UN POCO MÁS ALEJADO*

Indique que cada objeto o persona mencionada está un poco más alejado que el (la) anterior.

> MODELO ¿De quiénes son **las maletas?**
> (mías)
> **Estas maletas son mías.**
> (tuyas)
> **Esas maletas son tuyas.**
> (suyas)
> **Aquellas maletas son suyas.**

1. ¿Para dónde sale *el vuelo?*
   (Buenos Aires)
   (Asunción)
   (Santiago)
2. ¿Por dónde entran *los pasajeros?*
   (la Puerta A)
   (la Puerta B)
   (la Puerta C)

3. ¿De dónde son *los tres astronautas?*
   (de Barcelona)
   (de Los Ángeles)
   (de Miami)
4. ¿Adónde van todas *las naves espaciales?*
   (al Mar de la Tranquilidad)
   (al Mar de la Serenidad)
   (al Océano de la Tempestad)

6. USTED, EL DIRECTOR

Usted y varios amigos suyos pasan por un museo de ciencias. Como el grupo es bastante grande es difícil ver todas las exhibiciones; por eso, se dividen para verlas mejor. Repita las instrucciones usando los adjetivos demostrativos para indicar la selección que debe hacer cada grupo de personas.

MODELO Juan y Luisa pueden usar *la escalera que está allí.*
Juan y Luisa pueden usar <u>esa</u> escalera.

1. Es imposible que todos tomemos el mismo ascensor.
   Juan y Luisa, ¿por qué no toman *el ascensor que está allí?*
   Ana y yo tomamos *el ascensor que está aquí.*
   Los otros pueden tomar *el ascensor que está más allá.*
2. Es imposible que todos veamos la misma pantalla del televisor.
   Ana y yo podemos mirar *la pantalla que está aquí.*
   Juan y Luisa pueden mirar *la pantalla que está allí.*
   Los otros pueden mirar *la pantalla que está al otro lado.*
3. Es imposible leer todas las explicaciones.
   Juan y Luisa deben leer *las explicaciones que están allí.*
   Los otros deben leer *las explicaciones que están por allá.*
   Ana y yo debemos leer *las explicaciones que están aquí.*
4. Es imposible ver todos los aparatos científicos.
   Juan y Luisa, ¿por qué no examinan *los aparatos que están allí?*
   Ana y yo podemos examinar *los aparatos que están aquí.*
   Los otros pueden examinar *los aparatos que están en la otra sala.*

7. AL OTRO LADO

A. *Indique que cada uno de los objetos se encuentra un poco más lejos del otro. Use los pronombres demostrativos singulares.*

MODELO Se puede pasar por tres puertas.
¿Cuáles?
Se puede pasar por ésta, ésa y aquélla.

1. Se puede pasar por tres pasillos. ¿Cuáles?
2. Al llegar allí, se puede subir tres montañas. ¿Cuáles?
3. Se puede cruzar tres ríos. ¿Cuáles?
4. Se puede escoger tres direcciones. ¿Cuáles?
5. Se puede escoger tres itinerarios. ¿Cuáles?
6. Se puede escoger tres rutas. ¿Cuáles?

B. *Indique que hay varias opciones para cada objeto mencionado. Use los pronombres demostrativos plurales.*

    1. Se puede usar varias naves de embarcación. ¿Cuáles?
    2. Se puede usar varios vehículos diferentes. ¿Cuáles?
    3. Se puede usar varias vías públicas. ¿Cuáles?

8. *LA SELECCIÓN CORRECTA*

Usted y su compañero(a) son dos astronautas que han aterrizado en otro planeta. Al explorar el planeta, usted hace preguntas al científico(a) que se queda en la nave espacial. Éste(a) le responde usando los pronombres demostrativos para indicarle a usted qué objetos debe recoger. [Completen en parejas.]

El astronauta que explora el planeta dice:

1. Doctor, hay varios objetos extraños aquí. ¿Cuáles prefiere?
    ¿el que está cerca de mi pie?
    (El científico dice: Sí, quiero . . .
    ¿el que está más lejos?
2. Doctor, hay varias piedras de colores diferentes. ¿Cuáles prefiere?
    ¿la que está a la derecha?
    ¿la que está un poco más allá?
3. Doctor, veo varios túneles. ¿Quiere que explore algunos? Dígame cuáles.
    ¿los que están más cerca?
    ¿los que están en la distancia?
4. Doctor, he encontrado varias cosas aquí adentro que no puedo identificar. ¿Quiere que las recoja? ¿Cuáles?
    ¿las que son rectangulares cerca de mí?
    ¿las que parecen redondas más adentro?

9. *¿CUÁL?*

Usando los pronombres demostrativos, sustituya los nombres para indicar the latter *y* the former. *[Completen en parejas.]*

1. Esteban y María son científicos. María es especialista en biología. Esteban es especialista en física.
2. Luisa y Ricardo son astronautas. Ricardo es piloto. Luisa es navegadora.
3. Las (p)sicólogas y los (p)siquiatras quieren examinar a los astronautas. Los (p)siquiatras les hablan primero, las (p)sicólogas después.
4. David y Alfonso viajan al espacio. Alfonso viene de Tejas. David viene de la Florida.
5. Chile y México quieren participar en el programa para explorar el espacio. México ha entrenado un médico para el próximo viaje. Chile ha entrenado un científico.
6. Los españoles y los argentinos siguen el vuelo espacial. Los argentinos lo siguen desde su estación en Patagonia. Los españoles lo siguen desde su estación en los Pirineos.

10. ¡INCREÍBLE!

Indique su reacción en las situaciones siguientes usando un pronombre demostrativo neutro y un adjetivo apropiado.

MODELO Anuncian que usted podrá ser pasajero en el próximo viaje al espacio.
¡Eso (esto) es fenomenal!

1. Anuncian en la televisión que han descubierto una cura para el cáncer.
2. Anuncian en la televisión que ocurrió un terremoto en el Japón.
3. Anuncian que han rescatado a varias personas atrapadas en una mina.
4. Anuncian que los astronautas americanos y rusos se han comunicado con seres de otros planetas.
5. Anuncian que su actor o actriz favorita murió en un accidente.
6. Anuncian que acaban de descubrir una nueva droga que detiene el proceso de envejecimiento (ponerse viejo).

Experiencia

EL REGRESO DE LOS MUERTOS

Uno de los grandes misterios de la humanidad ocurre exactamente cuando una persona muere, quizás, en parte porque muy pocos han regresado para contar su historia.

Sin embargo, sin entrar a considerar las narraciones bíblicas que nos hablan de la resurrección de Lázaro y otras historias similares señaladas° por distintas religiones separadas de nosotros por el tiempo, la distancia y la diferencia de culturas, hoy disponemos° de un grupo de personas "que han dado el viaje . . . y regresado". Todas ellas se encuentran incluídas dentro del grupo especial de **"resucitados"**, es decir, individuos que han experimentado la muerte, o las experiencias cercanas a la muerte y que posteriormente han sido devueltos a la vida por medios clínicos.

Tomados como grupo, casi todos ellos creen firmemente que "han cruzado a la otra orilla", y que además, les ha sido permitido regresar por alguna razón muy específica. Son gentes que no se conocen entre sí, que jamás se han visto y, sin embargo, relatan experiencias muy similares que impresionan profundamente. . . .

Precisamente la sicóloga británica Margot Grey . . . ha sido una de las "que han regresado" y nos cuenta la experiencia siguiente: "Hace unos diez años me encontraba en la India y me atacó un virus desconocido. Estuve al borde de la muerte con una temperatura superior a los 40.5°C. De repente, me encontré que estaba abandonando mi cuerpo, elevándome hacia el techo° de la habitación y mirando hacia abajo, hacia mi cuerpo tendido sobre la cama. En esos momentos no me preocupaba el hecho que estaba a punto de morir en un país extranjero, lejos de mis amigos y mi familia. Después, me

pointed out

have at hand

ceiling

overcome

pareció estar descendiendo a través de un túnel largo sin final. En la distancia se podía ver una luz maravillosa. Me sentí embargada° con un sentimiento inefable de amor y bienestar. Estaba plenamente consciente del techo encima de mí y sabía que tenía el poder de avanzar a través del mismo con solamente quererlo. También sabía, que si lo hacía nunca iba a regresar".

Su propia historia y otras similares que Margot Grey ha podido recopilar, le ha permitido categorizar las experiencias, cercanas a la muerte en dos fases bien delimitadas: "En el momento de la máxima pena ocurre un cambio en la persona y se termina el temor", dice. "El dolor se sustituye por un sentimiento de **euforia** y de calor. Después la persona **flota** hacia arriba y mira hacia

uprooted

abajo a su propio cuerpo sintiéndose totalmente desarraigada° e independiente de todo lo que está sucediendo. La etapa siguiente casi siempre se manifiesta en forma de un descenso por un túnel o un avance rápido a través

radiance

del espacio. La persona se vuelve consciente de un resplandor° luminoso que es fascinante y magnético. Se acercan más y más hasta que se convierten en una sola unidad con la luz. A partir de entonces ocurren dos cosas importantes. En una de ellas se pueden ver todos los eventos ocurridos en la vida de cada persona pasando delante de uno como en una **pantalla** de televisión. . . . Aparecen incidentes que se habían olvidado totalmente. En esa etapa, la luz le comunica a la persona que está **atravesando** la experiencia, que tiene la opción de seguir o regresar".

died

Un segundo grupo se encuentra en un paisaje maravilloso con flores, árboles y edificaciones preciosas. Ven las gentes que han fallecido°, incluyendo familiares, figuras religiosas y otras personas conocidas. Generalmente hay una barrera, una puerta o un río, que les impide "cruzar a la otra orilla". . . . "La **mayoría** de todas las personas que atraviesan la experiencia regresan totalmente transformadas. Pierden gran parte de su interés por las cosas materiales de la vida y la personalidad se afecta profundamente, algo que a veces causa problemas a otros miembros de la familia".

(Selección tomada de la revista *Hombre del mundo,* junio 1986, por Frances Rafferty.)

DEFINICIONES

resucitado   Vuelto a la vida.
la euforia   Sensación de bienestar y perfecta salud.
flotar   Suspenderse en un líquido o en el aire.
la pantalla   Superficie donde se proyecta la imagen de televisión.
atravesar (ie) Pasar cruzando de una parte a otra. (*pass through*)
la mayoría   Más de la mitad/ La mayor parte o cantidad.

PALABRAS SIMILARES . . .

abandonar	el avance	categorizar
afectar	bíblico	la causa

clínico	la humanidad	permitir
comunicar	el incidente	la personalidad
considerar	independiente	el problema
la cultura	el individuo	rápido
el descenso	el interés	relatar
descender (ie)	luminoso	la religión
la diferencia	magnético	religioso
la distancia	manifestar	la resurrección
el evento	el material	separar
la experiencia	máximo	similar
elevar	el misterio	sustituir
el espacio	el momento	la televisión
especial	la narración	la temperatura
la fase *phase*	ocurrir	transformar
la figura	la opción	el túnel
la forma	la parte	el virus

Expresión

11. PREGUNTAS

1. ¿Cuándo ocurre uno de los grandes misterios de la humanidad?
2. ¿Por qué es un misterio?
3. ¿Cómo es posible que tengamos hoy día un grupo especial de "resucitados"?
4. ¿Qué creen firmemente estos "resucitados"? En su opinión, ¿qué significa la frase "cruzar a la otra orilla"?
5. ¿Por qué impresionan tanto las experiencias de estas personas?
6. Al punto de morir, ¿qué experimentó la (p)sicóloga?
7. ¿Por dónde parecía descender después? ¿Y qué vio?
8. Según las experiencias catalogadas por la (p)sicóloga, ¿qué sustituye al temor en la primera fase?
9. ¿Por qué se siente la persona independiente de todo lo que está pasando?
10. ¿Cómo se manifiesta la segunda etapa?
11. ¿De qué se vuelve consciente la persona?
12. ¿Cuáles son las dos posibles experiencias que ocurren a partir de ese momento?
13. ¿Qué opción parecen tener algunas de las personas?
14. ¿Cómo regresan la mayoría de estas personas? ¿Cómo se manifiesta la diferencia?
15. ¿Conoce usted a alguien que haya sido resucitado por medios clínicos? ¿Qué experiencias tuvo? ¿Son sus experiencias similares a las del artículo?
16. Después de haber leído esta selección, ¿tiene usted más o menos miedo de la muerte? Explique.

Cuando el alma del Conde de Orgaz, en forma
de un bebé, sale del cuerpo y entra en el cielo,
El Greco da énfasis visual a la división entre el
mundo espiritual y el terrenal. "El entierro del
Conde de Orgaz," El Greco (Domenico Theo-
tocopuli) 1541?–1614, España.

II. LOS COMPARATIVOS DE IGUALDAD Y DE DESIGUALDAD

(positivo)   Estas experiencias son interesantes.
(comparativo)   Sí, pero la primera era un poco **menos** interesante.
                La segunda era **más** interesante.
                No sé. Ésta no fue **tan** interesante **como** la segunda.
(superlativo)   Claro, pero la tercera fue **la más** interesante de todas.
                Tal vez, pero tenemos que admitir que todas eran
                interesantísimas.

Hay tres grados (*degrees*) de significación en una comparación: (1) el positivo que da la cualidad o la cantidad, (2) el comparativo que indica desigualdad (inferioridad o superioridad) o igualdad, y (3) el superlativo que
puede ser relativo o absoluto.

A. LOS COMPARATIVOS DE IGUALDAD

1. Tuvieron unas experiencias **tan** curiosas **como** las mías.

El comparativo que indica igualdad usa **tan** delante del adjetivo o adverbio y
la conjunción **como** después.

$$\boxed{\textbf{tan} + (\text{adjetivo/adverbio}) + \textbf{como}}$$

2. Había **tantos** testimonios diferentes **como** personas que los narraban.
No tenían **tanto** interés por las cosas materiales **como** antes.
Creen en estas posibilidades **tanto como** nosotros.

Para hacer una comparación de cantidades iguales se usa:

$$\boxed{\textbf{tanto, -a, -os, -as} + \text{sustantivo} + \textbf{como} \; (\textit{as much/many . . . as})}$$

o

$$\boxed{\textbf{tanto como} \; (\textit{as much as})}$$

B. LOS COMPARATIVOS DE DESIGUALDAD

Esta posibilidad es **más** fascinante **que** ésa.
Él había volado **menos** frecuentemente **que** nosotros.
Tenía **más** confianza **que** yo.

El comparativo de desigualdad indica inferioridad o superioridad por el uso
de **más** o **menos** respectivamente delante del adjetivo, adverbio, o sustantivo. Cuando necesario, la conjunción **que** se pone después para indicar *than*.

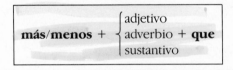

OBSERVACIÓN: Cuando se hace una comparación usando **más** o **menos** delante de un número, la preposición **de** sustituye a **que**.

En realidad había **más de** dos fases bien delimitadas, pero **menos de**
cinco.

OTRAS CONSTRUCCIONES COMPARATIVAS

1. Me pareció **menos** extraño **de lo que** había pensado.
Fueron **más** allá **de lo que** anticiparon.

Cuando se usan dos cláusulas al hacer una comparación entre dos conceptos
expresados por un adjetivo o adverbio, se utiliza:

$$\boxed{\textbf{verbo} + \textbf{más/menos} \; (\text{adjetivo, adverbio}) + \textbf{de lo que} + \text{verbo}}$$

2. Tuvo **menos** problemas **de los que** había anticipado.
Tenían **más** responsabilidades **de las que** querían.

Cuando se usan dos cláusulas al hacer una comparación entre dos cantidades se utiliza:

> verbo + **más/menos** (sustantivo) + **del** (**de la, de los, de las**)
> **que** + verbo

C. COMPARATIVOS IRREGULARES

Las fotografías eran **mejores** que la presentación.
La tragedia era **peor** de lo que había esperado.
La persona que narraba la historia era **menor** que yo.

Varios adjetivos y adverbios son irregulares en la forma comparativa, es decir, no usan ni **más** ni **menos** para expresar inferioridad o superioridad.

Positivo	Comparativo
grande	**mayor** (edad—*older*)
	más grande (dimensión—*bigger*)
pequeño	**menor** (edad—*younger*)
	más pequeño (dimensión—*smaller*)
bueno	**mejor** (*better*)
malo	**peor** (*worse*)
bien	**mejor** (*better*)
mal	**peor** (*worse*)

Expresión

12. LA IGUALDAD O LA DESIGUALDAD

Usando las referencias que siguen, haga una comparación de igualdad o de desigualdad entre sus padres.

MODELO justo
> **Mi madre es más (menos) justa que mi padre.** (o)
> **Mi madre es tan justa como mi padre.**

1. disciplinado
2. generoso
3. idealista
4. religioso
5. fuerte

6. agresivo
7. metódico
8. sentimental
9. positivo

13. LA HISTORIA SE REPITE

Algunas personas dicen que un círculo es un buen símbolo para representar la historia del mundo porque la historia siempre se repite. Usando las referen-

cias que siguen, haga comparaciones de igualdad para indicar que las condiciones son **como antes.**

A. Hay . . . como antes.
1. problemas
2. conflictos
3. guerras
4. enfermedades
5. asesinatos
6. hambre
7. pobreza

B. . . . pero también hay . . .
8. héroes
9. heroínas
10. actos heroicos
11. descubrimientos
12. amor
13. esperanza en el futuro

14. ¿VA USTED CAMBIANDO O NO?

*Indique si usted hace estas acciones **tanto como** en el pasado o **más** o
menos que en el pasado.*

1. comer
2. mirar la televisión
3. divertirse
4. leer
5. estudiar

6. trabajar
7. hablar por teléfono
8. dormir
9. practicar los deportes
10. ir al cine

15. ACTIVIDAD—¿FANTASÍA O VERDAD?

*Imagínese que usted es idéntico(a) a la persona a quien admira más. Identi-
fique a la persona e indique cinco maneras en que ustedes se parecen. Use los
comparativos de igualdad. [¿Quisiera usted presentar algunas de sus comparaciones a la clase?]*

16. ACTIVIDAD—SER MODESTO(A) O NO

*Escoja cinco estudiantes de la clase con quienes sería interesante que usted se
comparara. Use los comparativos de desigualdad. [Sería interesante presentar algunas de sus comparaciones a la clase, ¿no?]*

17. EN NUESTRO VIAJE

Indique que ustedes sobrepasaron las cantidades mencionadas.

MODELO pasar / un mes en hoteles diferentes
Pasamos aún más de un mes en hoteles diferentes.

1. viajar / treinta mil millas
2. visitar / seis países
3. usar / ocho líneas aéreas
4. volar en / doce aviones
5. explorar / veinte castillos
6. ir a / quince catedrales
7. cruzar / tres continentes
8. pasar por / diez ciudades grandes

18. ¿QUÉ LE PARECIÓ?

A casi todo el mundo le gusta dar una vuelta en una "montaña rusa" (roller coaster) *o en una atracción similar que nos emociona o posiblemente nos asusta. Describa sus sensaciones indicando que su experiencia era diferente* **de lo que** *había anticipado.*

MODELO   más o menos imponente
    Era más (menos) imponente de lo que había anticipado.

1. más o menos fascinante
2. más o menos impresionante
3. más o menos desagradable
4. más o menos interesante
5. más o menos peligroso
6. más o menos rápido
7. más o menos espantoso (que da miedo)
8. más o menos horrible
9. más o menos emocionante

19. SUS EXPERIENCIAS UNIVERSITARIAS

En su vida aquí en la universidad usted ha tenido muchas experiencias interesantes. Indique si hay **más** *o* **menos** *experiencias* **de las que** *había anticipado.*

Hay más/menos . . .

1. exámenes
2. fiestas
3. problemas personales
4. conciertos
5. requisitos
6. vida social
7. oportunidades académicas
8. énfasis en los deportes
9. competición académica

20. MI COMPAÑERO(A) Y YO—REFLEXIONEMOS

Si yo pudiera . . .
A muchos les gustaría cambiar ciertos aspectos de su persona o vida. Usando **más** *o* **menos,** *indiquen cinco cosas que ustedes cambiarían para ser o parecer mejores. [Completen en parejas.]*
1. Si pudiera cambiar, me gustaría ser más/menos . . . de lo que soy, etc.
2. Me gustaría tener más/menos . . . del que (de la que, de los que, de las que) tengo, etc.

D. EL SUPERLATIVO RELATIVO Y EL SUPERLATIVO ABSOLUTO

EL SUPERLATIVO RELATIVO

Había experimentado uno de **los** momentos **más** fantásticos **de** su vida.
El incidente resultó ser **el más** curioso **de** su experiencia.

Para indicar el grado relativo del superlativo se usa:

$$\text{el artículo definido} + \begin{cases} \textbf{más/menos} + \text{adjetivo (o)} \\ \text{comparativo irregular} \end{cases}$$

La preposición **de** (*in/of*) sigue al adjetivo o al sustantivo.

OBSERVACIÓN: En la comparación superlativa de adverbios, se usa comúnmente:

$$\textbf{lo} + \textbf{más/menos} + \text{adverbio} + \begin{cases} \textbf{posible} \text{ (o)} \\ \textbf{que} + \textbf{poder} \end{cases}$$

La (p)sicóloga llegó lo **más** pronto **posible.** (o)
La (p)sicóloga llegó lo **más** pronto **que pudo.**

EL SUPERLATIVO ABSOLUTO

Es una idea **muy** interesante (**interesantísima**).
Desde el espacio los océanos parecían **muy** azules (**azulísimos**).
Descendieron por un túnel **sumamente** largo (**larguísimo**).

El superlativo absoluto se forma de dos posibles maneras: (1) con los adverbios **muy** o **sumamente** delante del adjetivo o adverbio, o (2) se añade **-ísimo** (**-a, -os, -as**) al final de la palabra.
  (a) Si la palabra termina en vocal, se elimina ésta y se añade **-ísimo.**
                    interesante⟶interesantísimo
  (b) Si la palabra termina en una consonante, se añade simplemente **-ísimo.**
                    azul⟶azulísimo
  (c) Algunas veces es necesario hacer un cambio ortográfico al añadir la terminación **-ísimo.**
                    largo⟶larguísimo

Expresión

21. EN MI OPINIÓN

A. *Frecuentemente hemos decidido que ciertas cosas representan lo mejor de su clase o tipo.*

MODELO profesor(a)
En mi opinión, el (la) mejor profesor(a) del mundo es . . .

1. clase	6. lugar para vacaciones
2. coche	7. bebida
3. película	8. comida
4. novela	9. programa de televisión
5. canción o música	

B. *A veces, decidimos que ciertas cosas no están a la altura de lo que esperábamos. En realidad representan* **lo peor.**

MODELO clase
En mi opinión la peor clase del mundo es . . .

1. coche	5. lugar para vacaciones
2. película	6. bebida
3. novela	7. comida
4. canción o música	8. programa de televisión
5. novela	7. comida
4. canción o música	8. programa de televisión

22. ACTIVIDAD—UNA PERSONA ADMIRABLE

Frecuentemente tenemos un héroe o una heroína del mundo real, o de la literatura, la música o el cine, a quien admiramos por ser él o ella la personificación de virtudes y características extraordinarias. En parejas, identifiquen la persona admirada y díganse el uno al otro por qué esa persona es excepcional. Usen el superlativo relativo **el/la más . . . de** *y den tantas características como sea posible.*

MODELO (Nombre) **es la persona más valiente de todo el mundo,** etc.

23. ¿EXAGERACIÓN?

Confirme cada declaración de una manera enfática. Use el superlativo absoluto **-ísimo (-a, -os, -as)**.

MODELO La familia Rockefeller es muy rica, ¿verdad?
Sí, es riquísima.

1. Bill Cosby es muy divertido, ¿verdad?
2. Bette Midler es muy divertida, ¿verdad?
3. El jugador de básquetbol Kareem Abdul Jabbar es muy alto, ¿verdad?
4. Fat Albert es muy gordo, ¿verdad?
5. King Kong es muy grande, ¿verdad?
6. Meryl Streep es una actriz muy famosa, ¿verdad?
7. Julia Childs es una cocinera muy buena, ¿verdad?
8. Cher es una actriz muy exótica, ¿verdad?
9. Su profesor(a) de español es muy inteligente, ¿verdad?
10. Usted es muy, muy inteligente, ¿verdad?
11. Usted es muy guapo(a), ¿verdad?
12. Su clase de españoles muy interesante, ¿verdad?

24. *ACTIVIDAD—UNA COMPARACIÓN SIN IGUAL*

Haga una comparación completa en la cual usted se compara a sí mismo(a) con otra persona de su selección. Identifique a la persona e incluya: (a) si la persona es mayor o menor, (b) cómo la persona es mejor o peor que usted, (c) en qué son iguales y/o desiguales en características físicas o de personalidad, y (d) en qué son iguales y/o desiguales en las cosas, intereses, etc., que tienen. [Prepárense para presentar su comparación a un(a) compañero(a) o a la clase.]

III. LOS DIMINUTIVOS Y LOS AUMENTATIVOS

LOS DIMINUTIVOS

Es difícil creerlo. Nuestros **hijitos** ya son adultos.
Es un documento **pequeñito** (chiquito).
Llaman a su hija menor, **Anita,** no Ana.

Los *diminutivos* son palabras (nombres, adjetivos, adverbios y participios pasados) que tienen sufijos (*suffixes*) como **-ito(a), -illo(a), -cito(a), -cillo(a), -ecito(a), -ecillo(a),** etc. Se usan para indicar:
a. disminución, es decir, hacer una cosa más pequeña o rebajarla;
b. el amor o el cariño que tiene por algo o por alguien; o
c. a veces, el desdén, el desprecio o un sentido de superioridad que siente.

1. Esos niños son unos **angelitos.**
Se llaman **Panchito** e **Isabelita.**
Viven en una **casita** (**casilla**) en el pueblo.

Las terminaciones **-ito(a)** e **-illo(a)** en general se usan:
a. con palabras de más de una sílaba que terminan en consonante, excepto **n** o **r,** y
b. con palabras que terminan en una **o** o **a** inacentuada. Note que se elimina la **o** o la **a** antes de añadir la terminación.

2. Ella lo llamaba su "**amorcito**" (**amorcillo**).
El **pobrecito** se lastimó.
Gritó, "¡Mamá, **mamacita,** ayúdame!"

Las terminaciones **-cito(a)** y **-cillo(a)** en general se usan:
a. con palabras de más de una sílaba que terminan en **n** o **r,** y
b. con palabras que terminan en **e,** o en una **o** o **a** acentuada.

3. Fueron a la panadería para comprar **panecillos.**
Se fijaron en las **florecitas** que aparecían en todos los jardines.

Las terminaciones **-ecito(a)** y **-ecillo(a)** en general se usan con palabras de una sílaba que terminan en consonante.

OBSERVACIONES:

(a) Los *aumentativos* son palabras que tienen sufijos como **-ón(a)**,
     -ote(a) o **-azo(a).** Se usan generalmente para indicar el aumento
     (hacer que una cosa parezca más grande de lo que es en realidad)
     de una cosa o persona, o para indicar el desdén, el desprecio o una
     característica fea o grotesca. No se usan con la frecuencia de los
     diminutivos.

     Lo encontraron en un **cajón.** *caja – large box*
     ¡Ay! ¡No me digas **palabrotas!** *vulgarity, obscenity*
     El **tirazo** nos asustó a todos.

(b) El uso y el significado de los diminutivos y de los aumentativos vaci-
     lan entre las varias regiones y países del mundo hispano. Para evitar
     una posible interpretación mala o incómoda, se debe tener mucho
     cuidado en cómo se usan, sobre todo, los aumentativos.

Expresión

25. *UN CUENTITO PERFECTO*

*Cambie las palabras indicadas para mostrar el cariño/afecto o la disminu-
ción. [Completen en parejas.]*

1. *Juan* y *Ana* estaban enamorados y se casaron.
2. Decidieron comprar una *casa* en el campo.
3. Hicieron varios *viajes* por la región buscando una.
4. Por fin la encontraron en un *monte.*
5. Una vez allí, cultivaron un *jardín.*
6. También plantaron muchas *flores* delicadas y *árboles* frutales.
7. Después de varios años, tuvieron una *niña* adorable.
8. Ésta tenía la *cara* y los *dedos* más diminutos que jamás se hayan visto.
9. La llamaron *Isabel.*
10. Los tres, siempre *juntos,* pasaron muchos años felices.
11. Hoy día, *Isabel* está casada y tiene sus propios *hijos.*
12. Ahora *Juan* y *Ana* son dos *abuelos* que tienen mucho orgullo de su *pe-
    queña* familia. Fin de este cuentito.

ACLARACIONES

regresar   Volver. (*to return, go back, come back*)
                   Las personas clínicamente muertas **regresaron** a la vida.

volver (ue)   Ir al lugar de donde salió uno/ Regresar/ Dar una vuelta. (*to
                   return, go, come back, to turn*)
                   El hombre quería **volver** a su familia.
                   Oyó el ruido y **volvió** la cabeza.

devolver (ue) Dar una cosa a la persona que se la dio a usted. (*to return, give back*)

Me **devolvieron** todos mis libros de ciencia ficción.

girar Moverse alrededor o circularmente. (*to turn, go around, rotate, revolve, gyrate*)

La nave espacial **giraba** lentamente en el espacio.

dar una vuelta Movimiento de una cosa alrededor de un punto/ Hacer circunvoluciones. (*to go, walk, stroll around*)

Realizó su sueño de **dar una vuelta** al mundo.

¿Ha visto usted la película "**Una vuelta** al mundo en ochenta días"?

¿Quieres **dar una vuelta** conmigo por el puerto espacial?

último Que viene después de los demás/ Que está al final de una serie. (*last*)

¿Quién quiere ser la **última** persona?

pasado Que ya pasó en tiempo. (*last*)

Anunciaron el descubrimiento científico la semana **pasada.**

Experiencia

NOSOTROS, NO
José Bernardo Adolph (Perú, 1933–   )

rang/bells
spread

Aquella tarde, cuando tintinearon° las campanillas° de los teletipos y fue repartida° la noticia como un **milagro,** los hombres de todas las latitudes se confundieron en un solo grito de triunfo. Tal como había sido predicho dos- *predict* cientos años antes, finalmente el hombre había conquistado la inmortalidad en 2168.

speakers
headlined

bulletins Todos los altavoces° del mundo, todos los trasmisores de imágenes, todos los boletines destacaron° esta gran revolución biológica. También yo me alegré, naturalmente, en un primer instante.

¡Cuánto habíamos esperado este día!

needed Una sola inyección, de cien centímetros cúbicos, era todo lo que hacía falta para no morir jamás. Una sola inyección, aplicada cada cien años, **garantizaba** que ningún cuerpo humano se descompondría nunca. Desde ese día, sólo un accidente podría acabar con una vida humana. Adiós a la enfermedad, a la senectud°, a la muerte por desfallecimiento° orgánico.

old age/failure

Una sola inyección, cada cien años.

Hasta que vino la segunda noticia, complementaria de la primera. La inyección sólo surtiría° efecto entre los menores de veinte años. Ningún ser humano que hubiera traspasado la edad del crecimiento° podría detener su descomposición interna a tiempo. Sólo los jóvenes serían inmortales. El gobierno

would have
growth

Sólo los jóvenes serían inmortales. Nosotros, los hombres y mujeres de más de veinte años, éramos la última generación mortal.

prepared/delivery/
distribution
rockets/vials

federal mundial se aprestaba° ya a organizar el envío°, reparto° y aplicación de las dosis a todos los niños y adolescentes de la tierra. Los compartimentos de medicina de los cohetes° llevarían las ampolletas° a las más lejanas colonias terrestres del espacio.

Todos serían inmortales.

Menos nosotros, los mayores, los adultos, los formados, en cuyo organismo la **semilla** de la muerte estaba ya definitivamente implantada.

in actuality

masters/productive

Todos los muchachos sobrevivirían para siempre. Serían inmortales y de hecho° animales de otra especie. Ya no seres humanos: su sicología, su visión, su perspectiva, eran radicalmente diferentes a las nuestras. Todos serían inmortales. Dueños° del universo para siempre. Libres, Fecundos°. Dioses.

handkerchief
waved
made obsolete

rabbits/suddenly
executioners

would spill/scorn/
mixing

Nosotros, no. Nosotros, los hombres y mujeres de más de veinte años, éramos la **última** generación mortal. Éramos la despedida, el adiós, el pañuelo° de huesos y sangre que ondeaba°, por última vez, sobre la faz de la tierra.

Nosotros, no. Marginados° de pronto, como los últimos abuelos de pronto nos habíamos convertido en habitantes de un asilo para **ancianos,** confusos conejos° asustados entre una raza de titanes. Estos jóvenes, súbitamente°, comenzaban a ser nuestros verdugos° sin proponérselo. Ya no éramos sus padres. Desde ese día, éramos otra cosa; una cosa repulsiva y enferma, ilógica y monstruosa. Éramos Los Que Morirían. Aquellos Que Esperaban la Muerte. Ellos derramarían° lágrimas, ocultando su desprecio°, mezclándolo° con su alegría. Con esa alegría ingenua con la cual expresaban su certeza de que ahora, ahora sí, todo tendría que ir bien.

shipment

Nosotros sólo esperábamos. Los veríamos **crecer,** hacerse hermosos, continuar jóvenes y prepararse para la segunda inyección, una ceremonia—que nosotros ya no veríamos—cuyo carácter religioso se haría evidente. Ellos no se encontrarían jamás con Dios. El último cargamento° de almas rumbo al más allá, era el nuestro.

eating up

¡Ahora cuánto nos costaría dejar la tierra! ¡Cómo nos iría carcomiendo° una dolorosa envidia! ¡Cuántas ganas de asesinar nos llenaría el alma, desde hoy y hasta el día de nuestra muerte!

Hasta ayer. Cuando el primer chico de quince años, con su inyección en el organismo, decidió suicidarse. Cuando llegó esa noticia, nosotros, los mortales, comenzamos recientemente a amar y a comprender a los inmortales.

tadpoles
pond

Porque ellos son unos pobres renacuajos° condenados a prisión perpetua en el verdoso estanque° de la vida. Perpetua. Eterna. Y empezamos a **sospechar** que dentro de 99 años, el día de la segunda inyección, la policía saldrá a buscar a miles de inmortales para imponérsela.

Y la tercera inyección, y la cuarta, y el quinto **siglo,** y el sexto; cada vez menos voluntarios, cada vez más niños eternos que imploran la evasión, el

hunt

final, el rescate. Será horrenda la cacería°. Serán perpetuos miserables.

Nosotros, no.

DEFINICIONES

el milagro Acto sobrenatural/ Cosa extraordinaria, maravillosa, increíble.

garantizar Dar garantía.

la semilla Parte del organismo que lo reproduce cuando germina.

último Que viene después de los demás/ Que está al final de una serie. (*last*)

anciano Viejo.

crecer Aumentar/ Pasar de la infancia a ser adulto. (*to grow*)

sospechar Imaginar una cosa por conjeturas.

el siglo Espacio de cien años.

PALABRAS SIMILARES . . .

el accidente	final	el organismo
el adolescente	la generación	organizar
el adulto	el habitante	perpetuo
la aplicación	ilógico	la perspectiva
biológico	la imagen	prepararse
el carácter	implantado	la prisión
la ceremonia	implorar	la (p)sicología
la colonia	inmortal	religioso
complementario	la inmortalidad	repulsivo
continuar	el instante	suicidarse
diferente	la inyección	el teletipo
la dosis	la latitud	el titán
la especie	la medicina	el trasmisor
eterno	miserable	el triunfo
la evasión	monstruoso	el universo
evidente	mortal	la visión
federal	la noticia	el voluntario

Expresión

26. DEFINICIONES

Practiquen las definiciones en parejas.

27. PREGUNTAS

1. ¿Qué milagro había ocurrido?
2. ¿Cómo fue anunciada la noticia?
3. ¿Qué hacía falta para no morir jamás?
4. Desde ese día, ¿cómo se podría morir?
5. ¿Por qué se desilusionaron algunos con la llegada de la segunda noticia?
6. ¿Hasta dónde llegaría la medicina?
7. ¿Por qué serían los jóvenes de menos de veinte años animales de otra especie?
8. ¿Cómo se sentían las personas de más de veinte años?
9. ¿Qué ocurrió para indicar un cambio inesperado?
10. ¿Qué pasaría en los próximos siglos?
11. ¿Quiénes acabarían por sentirse más afortunados y menos afortunados? Explique.

28. ASOCIACIÓN

¿Con qué palabras o frases asocia usted las referencias que siguen? ¿Y en qué piensa usted al oír las palabras?

1. inmortal
2. la dosis
3. los menores
4. el universo
5. más allá
6. sospechar
7. la visión
8. el milagro

29. RECONSTRUCCIÓN

Imagínese que usted es uno de los jóvenes de esta historia. Describa el milagro, cómo se sintió usted al principio, lo que ocurrió después y las implicaciones para el futuro. Use las palabras que siguen como clave. [Completen en parejas.]

1. teletipo / milagro
2. inyección / garantizar
3. inmortales
4. morir / accidente
5. efecto / menores
6. morir
7. ancianos
8. suicidarse
9. sospechar
10. implorar / rescate

Exploración y síntesis oral

Tópicos para discutir
En grupos pequeños, exploren los tópicos siguientes.

1. Imagínese que durante su vida inventaran una inyección para garantizar la

inmortalidad. ¿Cómo se sentiría usted? ¿Habría razones personales para dudar de los efectos meritorios de este milagro? Explique.

2. Si usted pudiera viajar al espacio por un período indefinido sin envejecer (ponerse viejo) y después volver a la tierra, ¿lo haría o no? Explique algunas posibles implicaciones.

3. Si usted fuera uno de los "resucitados" devueltos a la vida por medios clínicos, ¿cree usted que viviría su vida de una manera diferente desde ese momento, o no? Explique.

4. ¿Por qué cree usted que hay tanto interés público en las películas y en la literatura de ciencia ficción?

5. ¿Qué posibilidad le entusiasmaría a usted más? ¿la de explorar el universo o la de ser inmortal? Explique.

Exploración y síntesis escrita

A. *Explique por qué usted considera que sea necesario o no explorar el espacio.*

B. *¿Cómo define usted el concepto del "más allá"? Compare su concepto personal con el de este capítulo, incluyendo el más allá del espacio y el más allá de la muerte. ¿Qué otras posibilidades puede incluir el "más allá"?*

La eternidad quiere vencer
y por lo tanto no hay tiempo que perder
entonces
    Ah entonces
más allá del último horizonte
se verá lo que hay que ver . . .

De *Altazor*, 1919, publicado en 1931
Vicente Huidobro (Chile, 1893–1948)

Apéndice

VERBOS REGULARES

INFINITIVO

-ar	**-er**	**-ir**
hablar, *to speak*	comer, *to eat*	vivir, *to live*

GERUNDIO

hablando, *speaking*	comiendo, *eating*	viviendo, *living*

PARTICIPIO PASADO

hablado, *spoken*	comido, *eaten*	vivido, *lived*

MODO INDICATIVO

PRESENTE

I speak, do speak, am speaking, etc.	*I eat, do eat, am eating, etc.*	*I live, do live, am living, etc.*
hablo	como	vivo
hablas	comes	vives
habla	come	vive
hablamos	comemos	vivimos
habláis	coméis	vivís
hablan	comen	viven

PRETÉRITO

I spoke, did speak, etc.	*I ate, did eat, etc.*	*I lived, did live, etc.*
hablé	comí	viví
hablaste	comiste	viviste
habló	comió	vivió
hablamos	comimos	vivimos
hablasteis	comisteis	vivisteis
hablaron	comieron	vivieron

IMPERFECTO

I was speaking, used to speak, spoke, etc.	*I was eating, used to eat, ate, etc.*	*I was living, used to live, lived, etc.*
hablaba	comía	vivía
hablabas	comías	vivías
hablaba	comía	vivía
hablábamos	comíamos	vivíamos
hablabais	comíais	vivíais
hablaban	comían	vivían

FUTURO

I will speak, etc.	*I will eat, etc.*	*I will live, etc.*
hablaré	comeré	viviré
hablarás	comerás	vivirás
hablará	comerá	vivirá
hablaremos	comeremos	viviremos
hablaréis	comeréis	viviréis
hablarán	comerán	vivirán

CONDICIONAL

I would speak, etc.	*I would eat, etc.*	*I would live, etc.*
hablaría	comería	viviría
hablarías	comerías	vivirías
hablaría	comería	viviría
hablaríamos	comeríamos	viviríamos
hablaríais	comeríais	viviríais
hablarían	comerían	vivirían

PRESENTE PERFECTO

I have spoken, etc.	*I have eaten, etc.*	*I have lived, etc.*
he hablado	he comido	he vivido
has hablado	has comido	has vivido
ha hablado	ha comido	ha vivido
hemos hablado	hemos comido	hemos vivido
habéis hablado	habéis comido	habéis vivido
han hablado	han comido	han vivido

PASADO PERFECTO (PLUSCUAMPERFECTO)

I had spoken, etc.	*I had eaten, etc.*	*I had lived, etc.*
había hablado	había comido	había vivido
habías hablado	habías comido	habías vivido
había hablado	había comido	había vivido
habíamos hablado	habíamos comido	habíamos vivido
habíais hablado	habíais comido	habíais vivido
habían hablado	habían comido	habían vivido

FUTURO PERFECTO

I will have spoken, etc.	*I will have eaten, etc.*	*I will have lived, etc.*
habré hablado	habré comido	habré vivido
habrás hablado	habrás comido	habrás vivido
habrá hablado	habrá comido	habrá vivido
habremos hablado	habremos comido	habremos vivido
habréis hablado	habréis comido	habréis vivido
habrán hablado	habrán comido	habrán vivido

CONDICIONAL PERFECTO

I would have spoken, etc.	*I would have eaten, etc.*	*I would have lived, etc.*
habría hablado	habría comido	habría vivido
habrías hablado	habrías comido	habrías vivido
habría hablado	habría comido	habría vivido
habríamos hablado	habríamos comido	habríamos vivido
habríais hablado	habríais comido	habríais vivido
habrían hablado	habrían comido	habrían vivido

MODO SUBJUNTIVO

PRESENTE DE SUBJUNTIVO

(that) I (may) speak, etc.	*(that) I (may) eat, etc.*	*(that) I (may) live, etc.*
hable	coma	viva
hables	comas	vivas
hable	coma	viva
hablemos	comamos	vivamos
habléis	comáis	viváis
hablen	coman	vivan

EL IMPERFECTO DE SUBJUNTIVO

(that) I might speak, etc.	*(that) I might eat, etc.*	*(that) I might live, etc.*
hablara	comiera	viviera
hablaras	comieras	vivieras
hablara	comiera	viviera
habláramos	comiéramos	viviéramos
hablarais	comierais	vivierais
hablaran	comieran	vivieran

PRESENTE PERFECTO DE SUBJUNTIVO

(that) I (may) have spoken, etc.	*(that) I (may) have eaten, etc.*	*(that) I (may) have lived, etc.*
haya hablado	haya comido	haya vivido
hayas hablado	hayas comido	hayas vivido
haya hablado	haya comido	haya vivido
hayamos hablado	hayamos comido	hayamos vivido
hayáis hablado	hayáis comido	hayáis vivido
hayan hablado	hayan comido	hayan vivido

PASADO PERFECTO (PLUSCUAMPERFECTO) DE SUBJUNTIVO

(that) I might have spoken, etc.	*(that) I might have eaten, etc.*	*(that) I might have lived, etc.*
hubiera hablado	hubiera comido	hubiera vivido
hubieras hablado	hubieras comido	hubieras vivido
hubiera hablado	hubiera comido	hubiera vivido
hubiéramos hablado	hubiéramos comido	hubiéramos vivido
hubieras hablado	hubierais comido	hubierais vivido
hubieran hablado	hubieran comido	hubieran vivido

MANDATOS

usted	hable	coma	viva
	no hable	no coma	no viva
ustedes	hablen	coman	vivan
	no hablen	no coman	no vivan
nosotros	hablemos	comamos	vivamos
	no hablemos	no comamos	no vivamos
tú	habla	come	vive
	no hables	no comas	no vivas
vosotros	hablad	comed	vivid
	no habléis	no comáis	no viváis

VERBOS CON CAMBIOS EN LA RAÍZ

1. VERBOS -AR Y -ER CON CAMBIOS EN LA RAÍZ: E⟶IE Y O⟶UE

PENSAR (IE) *TO THINK*

Presente de indicativo: pienso, piensas, piensa, pensamos, pensáis, piensan
Presente de subjuntivo: piense, pienses, piense, pensemos, penséis, piensen
Mandatos: piense (usted), piensen (ustedes), pensemos (nosotros), piensa (tú), no pienses (tú), pensad (vosotros), no penséis (vosotros)

VOLVER (UE) *TO RETURN*

Presente de indicativo: vuelvo, vuelves, vuelve, volvemos, volvéis, vuelven
Presente de subjuntivo: vuelva, vuelvas, vuelva, volvamos, volváis, vuelvan
Mandatos: vuelva (usted), vuelvan (ustedes), volvamos (nosotros), vuelve (tú), no vuelvas (tú), volved (vosotros), no volváis (vosotros)

OTROS VERBOS:

atender (ie)	despertar(se) (ie)	nevar (ie)
atravesar (ie)	empezar (ie)	perder (ie)
cerrar (ie)	entender (ie)	querer (ie)
comenzar (ie)	enterrar (ie)	sentarse (ie)
confesar (ie)	negar (ie)	temblar (ie)
acordarse (ue)	envolver (ue)	probar (ue)
acostarse (ue)	jugar (ue)	recordar (ue)
almorzar (ue)	llover (ue)	resolver (ue)
contar (ue)	mostrar (ue)	rogar (ue)
devolver (ue)	mover (ue)	soler (ue)

doler (ue)	oler (ue)	sonar (ue)
encontrar (ue)	poder (ue)	soñar (ue)
		torcer (ue)

2. VERBOS -IR CON CAMBIOS EN LA RAÍZ: E——→IE, I Y O——→UE, U

SUGERIR (IE, I) *TO SUGGEST*

Gerundio: sugiriendo
Presente de indicativo: sugiero, sugieres, sugiere, sugerimos, sugerís, sugieren
Pretérito: sugerí, sugeriste, sugirió, sugerimos, sugeristeis, sugirieron
Presente de subjuntivo: sugiera, sugieras, sugiera, sugiramos, sugiráis, sugieran
Imperfecto de subjuntivo: sugiriera, sugirieras, sugiriera, sugiriéramos, sugirierais, sugirieran
Mandatos: sugiera (usted), sugieran (ustedes), sugiramos (nosotros), sugiere (tú), no sugieras (tú), sugerid (vosotros), no sugiráis (vosotros)

DORMIR (UE, U) *TO SLEEP*

Gerundio: durmiendo
Presente de indicativo: duermo, duermes, duerme, dormimos, dormís, duermen
Pretérito: dormí, dormiste, durmió, dormimos, dormisteis, durmieron
Presente de subjuntivo: duerma, duermas, duerma, durmamos, durmáis, duerman
Imperfecto de subjuntivo: durmiera, durmieras, durmiera, durmiéramos, durmierais, durmieran
Mandatos: duerma (usted), duerman (ustedes), durmamos (nosotros), duerme (tú), no duermas (tú), dormid (vosotros), no durmáis (vosotros)

OTROS VERBOS:

advertir (ie, i)	herir (ie, i)	resentir (ie, i)
arrepentirse (ie, i)	mentir (ie, i)	sentir (ie, i)
divertirse (ie, i)	preferir (ie, i)	morir (ue, u)

3. VERBOS -IR CON CAMBIOS EN LA RAÍZ: E——→I, I

PEDIR (I, I) *TO ASK FOR*

Gerundio: pidiendo
Presente de indicativo: pido, pides, pide, pedimos, pedís, piden
Pretérito: pedí, pediste, pidió, pedimos, pedisteis, pidieron
Presente de subjuntivo: pida, pidas, pida, pidamos, pidáis, pidan
Imperfecto de subjuntivo: pidiera, pidieras, pidiera, pidiéramos, pidierais, pidieran
Mandatos: pida (usted) pidan (ustedes), pidamos (nosotros), pide (tú), no pidas(tú), pedid (vosotros), no pidáis (vosotros)

OTROS VERBOS:

conseguir (i, i)	reír (i, i)	sonreír (i, i)
despedirse (i, i)	rendirse (i, i)	vestirse (i, i)
elegir (i, i)	repetir (i, i)	
perseguir (i, i)	seguir (i, i)	

VERBOS CON CAMBIOS ORTOGRÁFICOS

1. C $\longrightarrow$ QU

TOCAR *TO PLAY (INSTRUMENT)*

Pretérito: toqué, tocaste, tocó, tocamos, tocasteis, tocaron
Presente de subjuntivo: toque, toques, toque, toquemos, toquéis, toquen
Mandatos: toque (usted), toquen (ustedes), toquemos (nosotros), toca (tú), no toques (tú), tocad (vosotros), no toquéis (vosotros)

OTROS VERBOS:

acercarse	buscar	pecar
aplicar	indicar	practicar
		sacar

2. Z $\longrightarrow$ C

EMPEZAR (IE) *TO BEGIN*

Pretérito: empecé, empezaste, empezó, empezamos, empezasteis, empezaron
Presente de subjuntivo: empiece, empieces, empiece, empecemos, empecéis, empiecen
Mandatos: empiece (usted), empiecen (ustedes), empecemos (nosotros), empieza (tú), no empieces (tú), empezad (vosotros), no empecéis (vosotros)

OTROS VERBOS:

abrazar	avanzar	destrozar
alcanzar	comenzar (ie)	gozar
almorzar (ue)	cruzar	rezar

3. G $\longrightarrow$ GU

PAGAR *TO PAY (FOR)*

Pretérito: pagué, pagaste, pagó, pagamos, pagasteis, pagaron
Presente de subjuntivo: pague, pagues, pague, paguemos, paguéis, paguen
Mandatos: pague (usted), paguen (ustedes), paguemos (nosotros), paga (tú), no pagues (tú), pagad (vosotros), no paguéis (vosotros)

OTROS VERBOS:

apagar	juzgar	negar (ie)
jugar (ue)	llegar	rogar (ue)

4. GU $\longrightarrow$ G

SEGUIR (I, I) *TO FOLLOW, CONTINUE*

Presente de indicativo: sigo, sigues, sigue, seguimos, seguís, siguen
Presente de subjuntivo: siga, sigas, siga, sigamos, sigáis, sigan
Mandatos: siga (usted), sigan (ustedes), sigamos (nosotros), sigue (tú), no sigas (tú), seguid (vosotros), no sigáis (vosotros)

OTROS VERBOS:

conseguir	perseguir

5. G——→J

COGER *TO GRASP, CATCH, PICK*

Presente de indicativo: cojo, coges, coge, cogemos, cogéis, cogen
Presente de subjuntivo: coja, cojas, coja, cojamos, cojáis, cojan
Mandatos: coja (usted), cojan (ustedes), cojamos (nosotros), coge (tú), no cojas (tú), coged (vosotros), no cojáis (vosotros)

OTROS VERBOS:

escoger   exigir   recoger

6. I——→Y

LEER *TO READ*

Gerundio: leyendo
Pretérito: leí, leíste, leyó, leímos, leísteis, leyeron
Imperfecto de subjuntivo: leyera, leyeras, leyera, leyéramos, leyerais, leyeran

OTRO VERBO: creer

DESTRUIR *TO DESTROY*

Gerundio: destruyendo
Presente de indicativo: destruyo, destruyes, destruye, destruímos, destruís, destruyen
Pretérito: destruí, destruiste, destruyó, destruímos, destruísteis, destruyeron
Presente de subjuntivo: destruya, destruyas, destruya, destruyamos, destruyáis, destruyan
Imperfecto de subjuntivo: destruyera, destruyeras, destruyera, destruyéramos, destruyerais, destruyeran
Mandatos: destruya (usted), destruyan (ustedes), destruyamos (nosotros), destruye (tú), no destruyas (tú), destruid (vosotros), no destruyáis (vosotros)

OTROS VERBOS:

construir   incluir   sustituir
huir   intuir

VERBOS IRREGULARES

ANDAR *TO WALK, TO GO, TO RUN (MACHINERY)*

Pretérito: anduve, anduviste, anduvo, anduvimos, anduvisteis, anduvieron
Imperfecto de subjuntivo: anduviera, anduvieras, anduviera, anduviéramos, anduvierais, anduvieran

CABER *TO FIT*

Presente de indicativo: quepo, cabes, cabe, cabemos, cabéis, caben
Pretérito: cupe, cupiste, cupo, cupimos, cupisteis, cupieron
Presente de subjuntivo: quepa, quepas, quepa, quepamos, quepáis, quepan
Imperfecto de subjuntivo: cupiera, cupieras, cupiera, cupiéramos, cupierais, cupieran
Futuro: cabré, cabrás, cabrá, cabremos, cabréis, cabrán
Condicional: cabría, cabrías, cabría, cabríamos, cabríais, cabrían

CAER *TO FALL*

Gerundio: cayendo
Presente de indicativo: caigo, caes, cae, caemos, caéis, caen
Pretérito: caí, caíste, cayó, caímos, caísteis, cayeron
Presente de subjuntivo: caiga, caigas, caiga, caigamos, caigáis, caigan
Imperfecto de subjuntivo: cayera, cayeras, cayera, cayéramos, cayerais, cayeran

CRECER *TO GROW*

Presente de indicativo: crezco, creces, crece, crecemos, crecéis, crecen
Presente de subjuntivo: crezca, crezcas, crezca, crezcamos, crezcáis, crezcan

CONOCER *TO KNOW, BE ACQUAINTED WITH*

Presente de indicativo: conozco, conoces, conoce, conocemos, conocéis, conocen
Presente de subjuntivo: conozca, conozcas, conozca, conozcamos, conozcáis, conozcan

OTROS VERBOS: establecer, merecer, nacer, obedecer, ofrecer, parecer, pertenecer, reconocer, satisfacer

DAR *TO GIVE*

Presente de indicativo: doy, das, da, damos, dais, dan
Pretérito: di, diste, dio, dimos, disteis, dieron
Presente de subjuntivo: dé, des, dé, demos, deis, den
Imperfecto de subjuntivo: diera, dieras, diera, diéramos, dierais, dieran

DECIR *TO SAY, TELL*

Gerundio: diciendo
Participio pasado: dicho
Presente de indicativo: digo, dices, dice, decimos, decís, dicen
Pretérito: dije, dijiste, dijo, dijimos, dijisteis, dijeron
Presente de subjuntivo: diga, digas, diga, digamos, digáis, digan
Imperfecto de subjuntivo: dijera, dijeras, dijera, dijéramos, dijerais, dijeran
Futuro: diré, dirás, dirá, diremos, diréis, dirán
Condicional: diría, dirías, diría, diríamos, diríais, dirían
Mandato *tú* afirmativo: di

ESTAR *TO BE*

Presente de indicativo: estoy, estás, está, estamos, estáis, están
Pretérito: estuve, estuviste, estuvo, estuvimos, estuvisteis, estuvieron
Presente de subjuntivo: esté, estés, esté, estemos, estéis, estén
Imperfecto de subjuntivo: estuviera, estuvieras, estuviera, estuviéramos, estuvierais, estuvieran

HABER *TO HAVE*

Presente de indicativo: he, has, ha, hemos, habéis, han
Pretérito: hube, hubiste, hubo, hubimos, hubisteis, hubieron
Presente de subjuntivo: haya, hayas, haya, hayamos, hayáis, hayan
Imperfecto de subjuntivo: hubiera, hubieras, hubiera, hubiéramos, hubierais, hubieran
Futuro: habré, habrás, habrá, habremos, habréis, habrán
Condicional: habría, habrías, habría, habríamos, habríais, habrían

HACER *TO DO, MAKE*

Participio pasado: hecho
Presente de indicativo: hago, haces, hace, hacemos, hacéis, hacen
Pretérito: hice, hiciste, hizo, hicimos, hicisteis, hicieron
Presente de subjuntivo: haga, hagas, haga, hagamos, hagáis, hagan
Imperfecto de subjuntivo: hiciera, hicieras, hiciera, hiciéramos, hicierais, hicieran
Futuro: haré, harás, hará, haremos, haréis, harán
Condicional: haría, harías, haría, haríamos, haríais, harían
Mandato *tú* afirmativo: haz

OTRO VERBO: deshacer

IR *TO GO*

Gerundio: yendo
Participio pasado: ido
Presente de indicativo: voy, vas, va, vamos, vais, van
Pretérito: fui, fuiste, fue, fuimos, fuisteis, fueron
Imperfecto: iba, ibas, iba, íbamos, ibais, iban
Presente de subjuntivo: vaya, vayas, vaya, vayamos, vayáis, vayan
Imperfecto de subjuntivo: fuera, fueras, fuera, fuéramos, fuerais, fueran
Mandato *tú* afirmativo: ve
Mandato *nosotros* afirmativo: vamos

OÍR *TO HEAR*

Gerundio: oyendo
Participio pasado: oído
Presente de indicativo: oigo, oyes, oye, oímos, oís, oyen
Pretérito: oí, oiste, oyó, oímos, oísteis, oyeron
Presente de subjuntivo: oiga, oigas, oiga, oigamos, oigáis, oigan
Imperfecto de subjuntivo: oyera, oyeras, oyera, oyéramos, oyerais, oyeran

PODER *TO BE ABLE, CAN*

Gerundio: pudiendo
Presente de indicativo: puedo, puedes, puede, podemos, podéis, pueden
Pretérito: pude, pudiste, pudo, pudimos, pudisteis, pudieron
Presente de subjuntivo: pueda, puedas, pueda, podamos, podáis, puedan
Imperfecto de subjuntivo: pudiera, pudieras, pudiera, pudiéramos, pudierais, pudieran
Futuro: podré, podrás, podrá, podremos, podréis, podrán
Condicional: podría, podrías, podría, podríamos, podríais, podrían

PONER *TO PUT, PLACE*

Participio pasado: puesto
Presente de indicativo: pongo, pones, pone, ponemos, ponéis, ponen
Pretérito: puse, pusiste, puso, pusimos, pusisteis, pusieron
Presente de subjuntivo: ponga, pongas, ponga, pongamos, pongáis, pongan
Imperfecto de subjuntivo: pusiera, pusieras, pusiera, pusiéramos, pusierais, pusieran
Futuro: pondré, pondrás, pondrá, pondremos, pondréis, pondrán
Condicional: pondría, pondrías, pondría, pondríamos, pondrías, pondrían
Mandato *tú* afirmativo: pon

OTROS VERBOS: descomponer, disponer, oponer, proponer, suponer

PRODUCIR *TO PRODUCE*

Presente de indicativo: produzco, produces, produce, producimos, producís, producen

Pretérito: produje, produjiste, produjo, produjimos, produjisteis, produjeron

Presente de subjuntivo: produzca, produzcas, produzca, produzcamos, produz-cáis, produzcan

Imperfecto de subjuntivo: produjera, produjeras, produjera, produjéramos, pro-dujerais, produjeran

OTROS VERBOS: conducir, introducir, traducir

QUERER *TO WISH, WANT*

Presente de indicativo: quiero, quieres, quiere, queremos, queréis, quieren

Pretérito: quise, quisiste, quiso, quisimos, quisisteis, quisieron

Presente de subjuntivo: quiera, quieras, quiera, queramos, queráis, quieran

Imperfecto de subjuntivo: quisiera, quisieras, quisiera, quisiéramos, quisierais, quisieran

Futuro: querré, querrás, querrá, querremos, querréis, querrán

Condicional: querría, querrías, querría, querríamos, querríais, querrían

SABER *TO KNOW*

Presente de indicativo: sé, sabes, sabe, sabemos, sabéis, saben

Pretérito: supe, supiste, supo, supimos, supisteis, supieron

Presente de subjuntivo: sepa, sepas, sepa, sepamos, sepáis, sepan

Imperfecto de subjuntivo: supiera, supieras, supiera, supiéramos, supierais, supieran

Futuro: sabré, sabrás, sabrá, sabremos, sabréis, sabrán

Condicional: sabría, sabrías, sabría, sabríamos, sabríais, sabrían

SALIR *TO GO OUT, LEAVE*

Presente de indicativo: salgo, sales, sale, salimos, salís, salen

Presente de subjuntivo: salga, salgas, salga, salgamos, salgáis, salgan

Futuro: saldré, saldrás, saldrá, saldremos, saldréis, saldrán

Condicional: saldría, saldrías, saldría, saldríamos, saldríais, saldrían

Mandato *tú* afirmativo: sal

OTRO VERBO: sobresalir

SER *TO BE*

Presente de indicativo: soy, eres, es, somos, sois, son

Pretérito: fui, fuiste, fue, fuimos, fuisteis, fueron

Imperfecto: era, eras, era, éramos, erais, eran

Presente de subjuntivo: sea, seas, sea, seamos, seáis, sean

Imperfecto de subjuntivo: fuera, fueras, fuera, fuéramos, fuerais, fueran

Mandato *tú* afirmativo: sé

TENER *TO HAVE*

Presente de indicativo: tengo, tienes, tiene, tenemos, tenéis, tienen

Pretérito: tuve, tuviste, tuvo, tuvimos, tuvisteis, tuvieron

Presente de subjuntivo: tenga, tengas, tenga, tengamos, tengáis, tengan

Imperfecto de subjuntivo: tuviera, tuvieras, tuviera, tuviéramos, tuvierais, tuvieran

Futuro: tendré, tendrás, tendrá, tendremos, tendréis, tendrán
Condicional: tendría, tendrías, tendría, tendríamos, tendríais, tendrían
Mandato *tú* afirmativo: ten

OTROS VERBOS: detener, entretener, mantener, obtener

TRADUCIR *TO TRANSLATE*

Presente de indicativo: traduzco, traduces, traduce, traducimos, traducís, traducen
Pretérito: traduje, tradujiste, tradujo, tradujimos, tradujisteis, tradujeron
Presente de subjuntivo: traduzca, traduzcas, traduzca, traduzcamos, traduzcáis, traduzcan
Imperfecto de subjuntivo: tradujera, tradujeras, tradujera, tradujéramos, tradujerais, tradujeran

TRAER *TO BRING*

Gerundio: trayendo
Participio pasado: traído
Presente de indicativo: traigo, traes, trae, traemos, traéis, traen
Pretérito: traje, trajiste, trajo, trajimos, trajisteis, trajeron
Presente de subjuntivo: traiga, traigas, traiga, traigamos, traigáis, traigan
Imperfecto de subjuntivo: trajera, trajeras, trajera, trajéramos, trajerais, trajeran

OTRO VERBO: distraer

VENIR *TO COME*

Gerundio: viniendo
Presente de indicativo: vengo, vienes, viene, venimos, venís, vienen
Pretérito: vine, viniste, vino, vinimos, vinisteis, vinieron
Presente de subjuntivo: venga, vengas, venga, vengamos, vengáis, vengan
Imperfecto de subjuntivo: viniera, vinieras, viniera, viniéramos, vinierais, vinieran
Futuro: vendré, vendrás, vendrá, vendremos, vendréis, vendrán
Condicional: vendría, vendrías, vendría, vendríamos, vendríais, vendrían
Mandato *tú* afirmativo: ven

VER *TO SEE*

Participio pasado: visto
Presente de indicativo: veo, ves, ve, vemos, veis, ven
Pretérito: vi, viste, vio, vimos, visteis, vieron
Imperfecto: veía, veías, veía, veíamos, veíais, veían
Presente de subjuntivo: vea, veas, vea, veamos, veais, vean
Imperfecto de subjuntivo: viera, vieras, viera, viéramos, vierais, vieran

OTRO VERBO: prever

Vocabulario

The numbers refer to the lessons in which words in the active vocabulary are first introduced.

A

a at, to, 4
abajo below, downstairs, 8
abrazar to hug, 1
abril April, 1
abrir to open, 5
aburrido bored, boring, 1
aburrirse to get, become bored, 5
acá here, 8
acabar to finish, complete, 5; **acabar de** to have just, 2
acaso perhaps, 6
acerca de about, 4
acercar to draw close, 5; **acercarse** to approach, 3
aconsejar to advise, 6
acordarse (ue) (de) to remember, 5
acostar (ue) to put to bed, 5; **acostarse** to go to bed, 5

acostumbrarse (a) to get, become accustomed, 5
adelanto *m* advance, step forward, 6
además de besides, in addition to, 4
adentro inside, 8
adivinar to guess, 5
¿adónde? to where?, 1
advertir (ie, i) to warn, 9
afuera outside, 8
agarrar to grab, seize, clutch, 2
agosto August, 1
agregar to add, 6
aguantar to support, tolerate, 7
ahí there, 8
ahora now, 8
ahorrar to save (money), 1
aislar to isolate, 4
alarmarse to get, become alarmed, 5

alcalde *m* mayor, 7
alcanzar to reach, catch up with, 3; to attain, 6
alcázar *m* fortress, 1
alegrarse (de) to be happy about, to be glad, 5
alegre happy, glad, 8; **alegremente** happily, gladly, 8
alegría *f* joy, happiness, 3
algo something, all, every, all of, somewhat, 7
alguacil *m* sheriff, constable, 7
alguien someone, somebody, 7
algún, alguno some, any, someone, 7
alma *f* soul, 9
almorzar (ue) to have lunch, 2
alrededor de around, 1
allá there, 8
allí there, 8
amar to love, 5

275

amargo bitter, 5
amenazar to threaten, 6
amor *m* love, 5
ampliar to enlarge, 10
analizar to analyze, 6
anciano old, 10
ancho wide, 6
andar to walk, go, run (machinery), 3
angustia *f* anguish, anxiety, 2
anoche last night, 8
antes before, 8; **antes de** before, 4; **antes (de) que** before, 8
año *m* year; **tener . . . años** to be . . . years old, 2
apagar to turn off, put out, 3
apartar to separate, 4
apasionado passionate, 8; **apasionadamente** passionately, 8
aplicar to apply, 3
apoyar to support, 7
aprovecharse (de) to take advantage of, 5
aproximarse to approach, 6
aquí here, 8
arreglar to arrange, fix, 9
arrepentirse (ie, i) (de) to repent, 5
arriba up, upstairs, 8
arrojar to throw, 8
asistir (a) to attend, 3
asombro *m* astonishment, 6
asombroso surprising, 4
asqueroso revolting, 4
asustarse to get, be scared, 5
atacar to attack, 6
atender (ie) to attend to, take care of, 3
ateo *m* atheist, 9
atrás behind, 8
atravesar (ie) to pass through, 10
atreverse (a) to dare to, 5
aún still, even, 8
aunque although 8; even if, 9
ausencia *f* absence, 2
autorrealización *f* self-realization, 3
avanzar to advance, 3
avisar to advise, warn, 8
aviso *m* announcement, notice, 9

ayer yesterday, 8
ayuda *f* help, 1
ayudar to help, 1

B

bajo short, low, 1
balsa *f* raft, 2
bañar to bathe, 5; **bañarse** to take a bath, 5
barco *m* boat, 9
barraca *f* hut, 7
bastante enough, plenty of, 7
besar to kiss, 5
bien parecido good-looking, 4
bienestar *m* well-being, 6
boda *f* wedding, 5
bosque *m* forest, 6
botella *f* bottle, 9
brujo *m* witch, 9
bueno good, 1
burlar to trick, deceive, 5; **burlarse** to make fun of, 5
buscar to look for, 3

C

caber to fit, 1
cacique *m* chief, 6
cada each, every, 7
caer to fall, 2
caja *f* box, 3
calma *f* calm, 8
calmarse to get, become calm, 5
calor *m* heat; **hacer calor** to be hot (weather), 1; **tener calor** to be hot (persons), 2
callarse to get, become quiet, 5
calzada *f* causeway, 6
cambio *m* change, 3
camión *m* bus, 3
canción *f* song, 6
cansarse to get, become tired, 5
carabina *f* rifle, 2
cargar to load, 6
cariño *m* affection, 5
cariñoso affectionate, 8; **cariñosamente** affectionately, 8
cartón *m* cardboard, 3
carrera *f* race, 6
casarse (con) to get married, 5
caso *m* case, 8; **en caso (de) que** in case, 8

causa *f* cause; **a causa de** because of, 4
cautivo (a) *m, f* captive, 6
cavar to dig, 9
celda *f* cell, 9
celos *m* (*pl*) jealousy; **tener celos** to be jealous, 2
cerca near, 8; **cerca de** near, 1
cerrar (ie) to close, 2
cerro *m* hill, 8
cien one hundred, 1
cierto certain, 7
cincuenta fifty, 1
cita *f* date, appointment, 1
ciudadano (a) *m, f* citizen, 7
civilización *f* civilization, 6
claridad *f* clarity, 8
claro clear, 6
clasificar to classify, 6
clave *f* key, 3
cobarde *m* coward, 7
coger to grasp, catch, pick, 2
colchón *m* mattress, 3
colocar to put, place, 6
comenzar (ie) a to begin, 2
como like, as, 10; **como si** as if, 9
¿cómo? how?, 1
cómodo comfortable, 6
compartir to share, 4
complacer to please, 5
comprometerse to become engaged, 5
común common, 8; **comúnmente** commonly, 8
conciencia *f* conscience, 2
conducir to drive, conduct, 2
confesar (ie) to confess, 5
confianza *f* confidence, 8
confundir to confuse, 9
conocer to know, to be acquainted with (persons, places), 2
conseguir (i, i) to get, obtain, 2
consejo *m* advice, 7
construir to construct, 2
contar (ue) to count, tell, 2
continuo continuous, 8; **continuamente** continuously, 8
contra against, 4
conveniente convenient, 6
coraje *m* courage, 3
corazón *m* heart, 2

cortesía f courtesy, 8
corto short, brief, 1
cosecha f harvest, 3
crecer to grow, 3
creer to think, believe, 2
cruzar to cross, 3
cual which; **el (la, los, las) cual(es)** who, whom, which, 8; **lo cual** what, which, 8
¿cuál? which one?, 1
cualquier any, any . . . at all, any . . . whatsoever, 7
cualquiera anyone . . . at all, anyone whatsoever, whoever, whatever, whichever, 7
cuando when, 8
¿cuándo? when?, 1
cuanto as much, so much, 8; **en cuanto** as soon as, 8
¿cuánto? how much?, 1; **¿cuántos?** how many?, 1
cuarenta forty, 1
cuatrocientos four hundred, 1
cubrir to cover, 5
cuello m neck, 2
cuidado m care, 8; **tener cuidado** to be careful, 2
cuidar to take care of, 5
culpa f fault, guilt; **tener la culpa** to be guilty, 2

CH

charlar to speak, talk, chat, 2
choza (chocita) f hut, 3

D

daño m damage, loss; **hacer daño** to hurt, 2
dar to give, 2; **darse cuenta (de)** to realize, 2; **dar una vuelta** to go, walk, 10
de from, of, about, 4
debajo de beneath, underneath, under, 1
deber m obligation, 3
decidir to decide, 5; **decidirse (a)** to make up one's mind, 5
decir to say, tell, 2
dejar to leave, let, allow, 5; **dejar de** to stop . . . -ing, 3

delante de in front of, 1
demás rest, remainder; **los (las) demás** the rest, the others, the remaining ones, 7
demasiado (s) too much, too many, 7
dentro de within, inside, 1
derecho m right, 4; straight, 6
descomponer to break, 5
desconocido unknown, 6
describir to describe, 5
descubrir to discover, 5
desde from, since, 4
desempacar to unpack, 3
desgraciado unfortunate, 5
deshacer to undo, destroy, 5
despedir (i, i) to fire, discharge, 5; **despedirse (de)** to say good-bye (to), 5
despertar (ie) to awaken, 5; **despertarse** to wake up, 5
después afterwards, 8; **después de** after 4; **después (de) que** after, 8
destrozar to destroy, 3
destruir to destroy, 2
detenerse to stop, halt, pause, 3
detrás de behind, 1
devolver (ue) to return, 2
día m day, 1; **algún día** some day, 7
diciembre December, 1
difícil difficult, 6; **es difícil** it is unlikely, 6
discutir to discuss, argue, 5
disfrutar de to enjoy, 10
disparar to shoot, 2
distraer to distract, 2
divertir (ie, i) to amuse, entertain, 5; **divertirse** to have a good time, 5
divorciarse to get, be divorced, 5
doler (ue) to hurt, grieve, pain, 4
dolor m pain, ache, 5; **tener dolor** to have an ache, 2
domingo m Sunday, 1
don m talent, gift, 3
¿dónde? where?, 1; **¿de dónde?** from where?, 1
dondequiera wherever, 7
dormir (ue, u) to sleep, 2; **dormirse** to fall asleep, 5

doscientos two hundred, 1
dudar to doubt, 6
dudoso doubtful, 6
dulce sweet, 5
durante during, 4
duro hard, 5

E

e and (before i, hi), 7
echar to throw; **echar de menos** to miss, 5
educarse to get, become educated, 5
elegir (i, i) to elect, 3
emborracharse to get drunk, 5
emoción f emotion, 8
emocionarse to be moved, excited, 5
empacar to pack, 3
empezar (ie) a to begin, 2
en in, on, at, 1; **en seguida** immediately, 8; **en vez de** instead of, 4
enamorado in love, 5
enamorar to court, 5; **enamorarse (de)** to fall in love (with), 5
encantar to love, be delighted, 4
encargarse to be in charge, 9
encerrado enclosed, withdrawn, 5
encima de on top of, 1
encontrar (ue) to find, 2; **encontrarse** to meet, 5
enemigo m enemy, 4
energía f energy, 8
enero January, 1
enfático emphatic, 8; **enfáticamente** emphatically, 8
enfermarse to get, become sick, 5
enfermedad f illness, 3
enfrente in front, 8
enojarse to get, become angry, 5
enojo m anger, 8
enseñar to teach, 3
entender (ie) to understand, 2
enterrar (ie) to bury, 9
entre between, 1
entregar to hand over, pass, 8
entretener to entertain, 2

ntrevista *f* interview, 6
ntristecer to sadden, 3; **en-tristecerse** to become sad, 5
entusiasmo *m* enthusiasm, 8
envolver (ue) to wrap, involve, 2
enviar to send, 6
equivocarse to be mistaken, 5
escala *f* stopover, 10
escapar to escape, 5
escoger to choose, 2
esconder to hide, 2
escopeta *f* gun, rifle, 7
escribir to write, 5
esfuerzo *m* effort, 1
esperanza *f* hope, 3
esperar to hope for, wait for, 2
establecer to establish, 2
estar to be; **estar de acuerdo** to agree, 3
euforia *f* euphoria, 10
evidente evident, 6
evitar to avoid, 8
exceder to pass, go beyond, 8
excluir to exclude, 2
exigir to demand, 7
éxito *m* success; **tener éxito** to be successful, 2
explicar to explain, 6
extranjero *m* foreigner, 4
extraño strange, 6

F

fácil easy, 6; **es fácil** it is likely, 6
facilidad *f* ease, 8
faltar to lack, need, 4; **faltar a** to miss, 4
fantasía *f* fantasy, 9
fascinar to fascinate, 4
febrero February, 1
fecha *f* date, 1
felicidad *f* happiness, 5
fiebre *f* fever; **tener fiebre** to have a fever, 2
fijar to fasten, fix, 5; **fijarse (en)** to notice, 5
fin *m* end; **a fin (de) que** so that, in order that, 8
fingir to pretend, 5
flotar to float, 10
forastero *m* stranger, 6

frente a in front of, opposite, 1
fresco cool, fresh; **hacer fresco** to be cool (weather), 1
frío *m* cold; **hacer frío** to be cold (weather), 1; **tener frío** to be cold (persons), 2
fuego *m* fire, 6
fuera de outside, outside of, 1
fusilar to execute (by shooting), 1
fortalecer to fortify, 2
frecuencia *f* frequency, 8

G

ganas: tener ganas de to feel like, 2
garantizar to guarantee, 10
gastar to spend, use up, 8
gaviota *f* seagull, 2
girar to turn, revolve, 10
gozar (de) to enjoy, 3
graduarse to graduate, 5
grande large, big, great, 1
gratis, gratuito free, 7
gritar to scream, shout, 3
grito *m* shout, 5
grosero gross, indecent, insensitive, 4
guardar to guard, keep, save, 1
guardián *m* guard, watchman, 9
guerra *f* war, 1
gustar to like, 4

H

haber to have; **hay que** it is necessary to, 2
hablar to speak, talk, 2
hacer to do, make, 1; **hacer cola** to stand in line, 4; **hacer falta** to be necessary, to need, 4; **hacerse** to become, 3
hacia toward, 4
hallar to find, 9
hambre *f* hunger; **tener hambre** to be hungry, 2
hasta until, to, up to, 4; **hasta que** until, 8
hecho *m* event, deed, 9
herida *f* wound, 1
herir (ie) to wound, 2

héroe *m* hero, 1
heroína *f* heroine, 1
heroísmo *m* heroism, 1
hora *f* hour, time, 1
horno *m* oven, 7
hoy today, 8
huerta *f* small vegetable farm, 7
hueso *m* bone, 2
huir to flee, 2
humedad *f* humidity, 1
humo *m* smoke, 6

I

imaginación *f* imagination, 9
imponente imposing, 6
importante important, 6
importar to matter, be important, 4
imposible impossible, 6
improbable improbable, 6
impuesto *m* tax, 7
inalcanzable unreachable, 10
incluir to include, 2
increíble unbelievable, 6
indicar to indicate, 3
indignarse to become indignant, 7
ingresar to enter, register, 4
inmortalidad *f* immortality, 6
inocencia *f* innocence, 8
inquietud *f* anxiety, 2
insistir en to insist, 6
interesar to interest, 4; **interesarse (en)** to become interested, 5
introducir to introduce, 2
inútil useless, 3
invierno *m* winter, 1
ir to go, 2; **irse** to go away, 5

J

jamás never, not ever, 7
jueves *m* Thursday, 1
jugar (ue) to play (game), 3
julio July, 1
junio June, 1
junto together, 5; **junto a** next to, 1
justicia *f* justice, 7
juzgar to judge, 3

L

lado *m* side, edge; **al lado de** beside, 1

ladrón *m* thief, 7

laguna *f* lagoon, 6

lamentable deplorable, 6

lamentar to lament, 6

lápida *f* tombstone, 9

lástima *f* pity, 6; **tener lástima de** to feel pity for, 2

lastimar to hurt, injure, 9; **lastimarse** to be, get hurt, 5

leer to read, 2

lejos far, 8; **lejos de** far, far from, 1

lento slow, 8; **lentamente** slowly, 8

levantar to raise, lift, 5; **levantarse** to get up, 5

ley *f* law, 3

libertad *f* freedom, 6

libre free, 7

listo intelligent, ready, 1

luchar to fight, 3

luego then, 8

luna *f* moon, 1

lunes *m* Monday, 1

LL

llamarse to be called, named, 5

llanto *m* the crying, 8

llegar to arrive; **llegar a ser** to become, 3

llorar to cry, 3

llover (ue) to rain, 1; **llueve** it's raining, 1

lluvia *f* rain, 1

M

maduro ripe, mature, 1

malo bad, 1

manera *f* manner, way; **de alguna manera** somehow, in some way, 7; **de manera que** so that, in order that, 8; **de ninguna manera** by no means, in no way, 7

manifestación *f* demonstration, 7

mantener to maintain, support, 2

mañana *f* morning, 1; tomorrow, 8

maravilla *f* wonder, amazement, 3

mareado dizzy, sick, 3

marinero *m* sailor, 9

martes *m* Tuesday, 1

marzo March, 1

más more, 7

matonear to kill (regionalism), 2

mayo May, 1

mayor older, 10

mayoría *f* majority, 10

medio half, average, 1

mejor better, 6

menor younger, 10

menos except, 4; less, 7; **a menos que** unless, 8

mentir (ie, i) to lie, 2

merecer to deserve, 2

miedo *m* fear; **tener miedo** to be afraid, 2

mientras while; **mientras que** while, as long as, 8

miércoles *m* Wednesday, 1

mil thousand, 1

milagro *m* miracle, 10

millón *m* million, 1

mirada *f* glance, 2

mirar to look at, 4

mismo same, 1

modo *m* manner, way; **de algún modo** somehow, in some way, 7; **de modo que** so that, in order that, 8; **de ningún modo** by no means, in no way, 7

monja *f* nun, 9

morir (ue, u) to die, 2

mostrar (ue) to show, 2

mover (ue) to move, 2

mucho (s) much, many, 7

mudarse to move, 3

muslo *m* thigh, 2

N

nacer to be born, 2

nada nothing, 7

nadie no one, nobody, 7

natural natural, 6

naturaleza *f* nature, 6

náufrago *m* shipwrecked person, 2

nave *f* ship, 10

navío *m* ship, 9

neblina *f* mist, 1

necesario necessary, 6

negar (ie) to deny, 2; **negarse (a)** to refuse, 5

nevar (ie) to snow; **nieva** it's snowing, 1

ni nor, not even, 7; **ni . . . ni** neither . . . nor, 7

niebla *f* fog, 1

nieve *f* snow, 1

ningún, ninguno no one, none, not one, 7

noche *f* evening, night, 1

normal normal, 8; **normalmente** normally, 8

novecientos nine hundred, 1

noventa ninety, 1

noviembre November, 1

nube *f* cloud, 1

nuevo new, 1

nunca never, not ever, 7

O

o or, 7; **o . . . o** either . . . or, 7

obedecer to obey, 2

obtener to obtain, get, 2

ochenta eighty, 1

ochocientos eight hundred, 1

octubre October, 1

ocurrir to occur, 5

odiar to hate, 5

odio *m* hatred, 4

ofrecer to offer, 2

oír to hear, 2

ojalá (que) I hope that . . . , 6

oler (ue) to smell, 2

olvidar to forget, 5

olla *f* cooking pot, 3

oponer to oppose, 2

organizar to organize, 6

orgulloso proud, 3

orilla *f* edge, shore, 9

otoño *m* autumn, 1

otro other, another, 7

agar to pay (for), 3
paisaje *m* landscape, countryside, 6
pantalla *f* screen, 10
pañal *m* diaper, 8
para to, in order to, for, by, 1;
no es para tanto there is no
need to make such a fuss, 4;
para abajo downward(s),
down, 4; **para arriba** up-
ward(s), up, 4; **para atrás**
backward(s), behind, 4; **para
concluir** in conclusion, 4;
para mí in my opinion, as far
as I am concerned, 4; **¿para
qué?** why?, for what purpose?,
1; **para siempre** forever, 4
pararse to stop, 3
parecer to seem, 2; **parecerse
(a)** to resemble, look alike, 4
pareja *f* couple, pair, 4
parte *f* part; **(en) (a) alguna
parte** somewhere, some
place, 7; **(en) (a) ninguna
parte** nowhere, no place, 7
pasadizo *m* corridor, 1
pasado last, 10
pasajero(a) *m, f* passenger, 10
pasar to pass, spend (time),
happen to, 4
paz *f* peace, 4
pecar to sin, 3
pedir (i, i) to ask for, request, 2
pegar to hit, 6
pelear to fight, 8
peligro *m* danger, 2
pena *f* pain, 5
pensar (ie) to think; **pensar
(+ infinitive)** to intend, 2;
pensar de to think of (have
an opinion), 2; **pensar en**
to think about (person or
place), 2
peor worse, 6
perder (ie) to lose, miss, 2
perjudicial prejudicial,
harmful, 4
pero but, 7
perseguir (i, i) to pursue,
chase, persecute, 2
pertenecer to belong, 2

pesar to weigh, grieve, regret, 8;
a pesar de in spite of, 4
pescar to fish, 6
piedra *f* stone, 8
pobre poor, 1
poco little, few, 7; **un poco de**
a little, 7
poder (ue) to be able, can, 2
polvo *m* dust, 1
poner to put, place, 2; **ponerse**
to put on, become, 5;
ponerse de pie to stand up, 5
por for, by, through, along,
down, during, in, per, in place
of, on behalf of, because of,
on account of, for the sake of,
in favor of, in exchange for, by
means of, 4; **por allá** over
there, 4; **por Dios** for goodness sake, 4; **por ejemplo** for
example, 4; **por eso** for that
reason, therefore, 4; **por favor**
please, 4; **por fin** finally, 4;
por lo general generally, 4;
por lo menos at least, 4; **por
mí (sí) mismo (a)** all by myself (himself, herself), 4; **¿por
qué?** why?, 1; **porque** because, 1; **por supuesto** of
course, 4; **por todas partes**
everywhere, 4
portarse to behave, 3
posible possible, 6
practicar to practice, 3
preciso necessary, 6
preferible preferable, 6
preferir (ie, i) to prefer, 2
prejuicio *m* prejudice, 4
premio *m* award, prize, 4
preocupar to preoccupy, 5;
preocuparse (de, en, por)
to worry (about), 5
presenciar to witness, 3
prever to foresee, 5
primavera *f* spring, 1
prisa *f* hurry; **tener prisa** to be
in a hurry, 2
probable probable, 6
probar (ue) to taste, try, 5; **probarse** to try on, 5
producir to produce, 2
progreso *m* progress, 6
prometer to promise, 4

pronto soon, quickly, 8; **tan
pronto como** as soon as, 8
proponer to propose, 2
puente *m* bridge, 6

Q

que that, which, who, whom, 8;
el (la, los, las) que he/she
who, the one(s) who, those
who, 7; **lo que** what, that
which, which, 7
¡qué! what!, what a . . . !, 1;
¡Qué horrible! How horrible!, 1
¿qué? what?, 1
quedar to be located, to be left,
4; **quedarse** to remain, stay, 4
quejarse (de) to complain
(about), 5
quemar to burn, 7
querer (ie) to want, wish, 2
quien(es) who, whom, the
one(s) who, those who, 8
¿quién(es)? who, whom?, 1;
¿de quién? whose?, 1
quietud *f* quietness, 6
quinientos five hundred, 1
quitar to take away, remove, 5;
quitarse to take off, 5
quizás perhaps, 6

R

rapidez *f* speed, 8
raro rare, strange, 6
raza *f* race, 4
razón *f* reason; **tener razón** to
be right, 2; **no tener razón**
to be wrong, 2
realizarse to accomplish, realize, 3
recibir to receive, 2
recoger to gather, harvest, 2
recomendar (ie) to recommend, 6
reconocer to recognize, 2
recordar (ue) to remember, 2
refugiarse to take refuge, 8
regresar to return, 7
rehusar to refuse, 7

reír (i, i) to laugh, 2; **reírse (de)** to laugh at, 5
remar to row, 2
rencor *m* rancor, grudge, 5
rendirse (i, i) to surrender, 1
reñir (i, i) con to argue, 7
repetir (i, i) to repeat, 2
requerir (ie, i) to urge, require, 6
rescate *m* rescue, 1
resentir (ie, i) to resent, 3
resolver (ue) to resolve, 2
respecto *m* relation, respect; **respecto a** with respect to, 4
reunir to gather, 5; **reunirse** to meet, 5
revolución *f* revolution, rebellion, 8
rezar to pray, 3
rico wealthy, delicious, 1
ridículo ridiculous, 6
risa *f* laughter, 4
rogar (ue) to beg, ask, pray, 2
romper to break, 5
rostro *m* face, 4
rudo coarse, 5
ruido *m* noise, 1

S

sábado *m* Saturday, 1
saber to know (how to), 2
sacar to take out, pull out, 7
salir to leave, go out of, 5; **salir con** to have a date with, 1
salvar to save, rescue, 1
saqueo *m* looting, 8
satisfacer to satisfy, 2
sed *f* thirst; **tener sed** to be thirsty, 2
seguir (i, i) to continue, follow, 2
según according to, 4
seguro sure, 6
seiscientos six hundred, 1
selva *f* jungle, 2
semilla *f* seed, 10
sencillo simple, 8; **sencillamente** simply, 8
sensibilidad *f* sensitivity, 8
sentar (ie) to seat, 5; **sentarse** to sit down, 5

sentir (ie, i) to feel sorry, regret, 1; **sentirse** to feel, 5
septiembre September, 1
ser to be, 1
servir (i, i) to serve, 2
sesenta sixty, 1
setecientos seven hundred, 1
setenta seventy, 1
si if, 9
siempre always, 7; **siempre que** provided that, 8
sierra *f* mountain range, 8
siglo *m* century, 10
sin without, 4; **sin que** without, 8
sino but, 7; **sino que** but, 7
sobre over, above, on, 1
sobresalir to excel, 2
sobreviviente *m, f* survivor, 1
sol *m* sun; **hacer sol** to be sunny, 1
soldado *m* soldier, 8
soledad *f* solitude, loneliness, 4
soler (ue) to be accustomed, 2
sonar (ue) to ring, sound, 1
sonreír (i, i) to smile, 2
soñar (ue) to dream, 2; **soñar con** to dream about, 2
soportar to support, 7
sorprendente surprising, 6
sorprenderse (de) to be surprised (at), 5
sospecha *f* suspicion, 2
sospechar to suspect, 10
suceder to happen, 8
sudar to sweat, 2
sueño *m* dream; **tener sueño** to be sleepy, 2
suerte *f* luck; **tener suerte** to be lucky, 2
suficiente enough, plenty of, 7
sufrir to suffer, 2
sugerir (ie, i) to suggest, 3
suicidarse to commit suicide, 5
suponer to suppose, 2
sustituir to substitute, 2

T

tal such, such a, 7; **con tal (de) que** provided that, 8
también too, also, 7
tampoco neither, not . . . either, 7

tan as, so, 10
tanto as much/many . . . as, 10; **tanto como** as much as, 10
tarde *f* afternoon, 1; late, 8; **más tarde** later, 8
temblar (ie) to tremble, 2
temblor *m* earthquake, 1
temer to fear, 6
temor *m* fear, 2
temporada *f* season, 3
temprano early, 8; **más temprano** earlier, 8
tener to have; **tener que** to have to, 2
ternura *f* tenderness, 5
terremoto *m* earthquake, 1
tesoro *m* treasure, 3
tiempo *m* time, 1
tierno tender, 5
tiro *m* shot, 7
tocar to play (instrument), touch, 3
todavía still, yet, 8
todo all, every, all of, 7
tomar to take, seize, drink, 2
torcer (ue) to twist, 2
traducir to translate, 2
traer to bring, 2
tragar to swallow, 6
tragedia *f* tragedy, 9
trágico tragic, 9
trasladarse to move, transfer, 6
tratar to treat, 4; **tratar de** to try to, 2; **tratarse (de)** to be a question of, 4
treinta thirty, 1
trescientos three hundred, 1
triste sad, 6
trueno *m* thunder, 8

U

u or (before *o, ho*), 7
último last, 10
único only, unique, 1
unirse to unite, join together, 5
urgente urgent, 6

V

vacío empty, 5
valer to be worth, 3
valiente brave, 8; **valiente-**

nente bravely, 8
rios various, several, 7
ecino *m* neighbor, 3
einte twenty, 1
vela *f* sail, 9
venganza *f* revenge, 2
vengar to avenge, 7
venir to come, 2
ver to see, 2
verano *m* summer, 1
verdad *f* truth, 6
verde green, unripe, 1
vereda *f* path, 8

vergüenza *f* shame; **tener vergüenza** to be ashamed, 2
verificar to verify, 6
vestirse (i, i) to get dressed, 5
vez *f* time, occasion; **alguna vez** sometime, ever, 7; **algunas veces** sometimes, 7; **a veces** at times, sometimes, 7; **tal vez** perhaps, 6; **una vez** once, 7
vida *f* life, 1
viejo old, 1
viento *m* wind; **hacer viento** to be windy, 1

viernes *m* Friday, 1
vivo alive, lively, 1
volver (ue) to return, 2; **volverse** to become, 5; **volver a** (+ infinitive) to . . . again, 5
voz *f* voice, 9
vuelo *m* flight, 10

Y

ya already, 8

INGLÉS-ESPAÑOL

A

able, to be poder (ue), 2
about de; acerca de, 4
above encima de; sobre, 1
absence ausencia *f*, 2
accomplish realizarse, 3
according to según, 4
accustomed, to be soler (ue), 2
ache dolor *m*, 5; **to have an ache** tener dolor, 2
add agregar, 6
advance adelanto *m*, 6; avanzar, 3
advice consejo *m*, 7
advise avisar, 8; aconsejar, 6
affection cariño *m*, 5
after después de, 4; después (de) que, 8
afternoon tarde *f*, 1
afterwards después, 8
against contra, 4
agree estar de acuerdo, 3
ahead delante de, 1
all todo, 7; **all by myself (himself, herself)** por mí (sí) mismo(a), 4
allow dejar, 5
along por, 4
already ya, 8
also también, 7
although aunque, 8
always siempre, 7
amazement maravilla *f*, 3

analyze analizar, 6
and y, e (before *i, hi*), 7
anger enojo *m*, 8
announcement aviso *m*, 9
anxiety angustia *f*, 2; inquietud *f*, 2
any cualquier, 7
anyone cualquiera, 7
apply aplicar, 3
appointment cita *f*, 1
approach acercarse, 3; aproximarse, 6
April abril, 1
argue reñir (i, i) con, 7
around alrededor de, 1
arrange arreglar, 9
arrive llegar, 3
as como; tan, 10; **as if** como si, 9; **as much** cuanto, 8; tanto, 10; **as much as** tanto como, 10; **as soon as** en cuanto; tan pronto como, 8
ask for pedir (i, i), 2
astonishment asombro *m*, 6
at en, 1; a, 4; **at least** por lo menos, 4
atheist ateo *m*, 9
attack atacar, 6
attain alcanzar, 6
attend asistir (a), 3
August agosto, 1
autumn otoño *m*, 1
average medio, 1
avenge vengar, 7

avoid evitar, 8
awaken despertar (ie), 5

B

bad malo, 1
bathe bañar, 5
be estar, 3; ser, 1
because porque, 1; por, 4; **because of** a causa de, 4
become hacerse, 3; llegar a ser, 3; ponerse, volverse, 5
before antes, 8; antes de, 4; antes de que, 8
begin comenzar (ie); empezar (ie) a, 2
behave portarse, 3
behind detrás de, 1; atrás, 8; para atrás, 4
believe creer, 2
belong pertenecer, 2
below abajo, 8
beneath debajo de, 1
beside al lado de, 1
besides además de, 4
better mejor, 6
between entre, 1
bitter amargo, 5
boat barco *m*, 9
bone hueso *m*, 2
bored aburrido, 1; **to get bored** aburrirse, 5
born, to be nacer, 2
bottle botella *f*, 9

box caja *f,* 3
brave valiente, 8; **bravely** valientemente, 8
break descomponer; romper, 5
bridge puente *m,* 6
bring traer, 2
burn quemar, 7
bury enterrar (ie), 9
bus camión *m,* 3
but pero; sino; sino que, 7
by por, 4; para, 1; **by way of** por, 4

C

called, to be llamarse, 5
calm calma *f,* 8; **to become calm** calmarse, 5
captive cautivo(a) *m, f,* 6
cardboard cartón *m,* 3
care cuidado *m,* 8; **to be careful** tener cuidado, 2
carry llevar, 1
case caso *m,* 8; **in case** en caso (de) que, 8
catch coger, 2
cause causa *f,* 1
causeway calzada *f,* 6
cell celda *f,* 9
century siglo *m,* 10
certain cierto, 7
change cambio *m,* 3
charge, to be in encargarse, 9
chat charlar, 2
chief cacique *m,* 6
choose escoger, 2
citizen ciudadano(a) *m, f,* 7
civilization civilización *f,* 6
clarity claridad *f,* 8
classify clasificar, 6
clear claro, 6
close cerrar (ie), 2
cloud nube *f,* 1
coarse rudo, 5
cold frío *m,* 1; **to be cold (weather)** hacer frío, 1; **to be cold (persons)** tener frío, 2
come venir, 2
comfortable cómodo, 6
common común, 8; **commonly** comúnmente, 8
complain (about) quejarse (de), 5

confess confesar (ie), 5
confidence confianza *f,* 8
confuse confundir, 9
conscience conciencia *f,* 2
construct construir, 2
continue seguir (i, i), 2
continuous continuo, 8; **continuously** continuamente, 8
convenient conveniente, 6
cool fresco, 1; **to be cool (weather)** hacer fresco, 1
corridor pasadizo *m,* 1
count contar (ue), 2
courage coraje *m,* 3
court enamorar, 5
courtesy cortesía *f,* 8
cover cubrir, 5
coward cobarde *m,* 7
cross cruzar, 3
cry llorar, 3
crying llanto *m,* 8

D

damage daño *m,* 2
danger peligro *m,* 2
dare to atreverse (a), 5
date fecha *f,* 1
day día *m,* 7; **some day** algún día, 7
deceive burlar, 5
December diciembre, 1
decide decidir, 5
deed hecho *m,* 9
deliver entregar, 8
demand exigir, 7
demonstration manifestación *f,* 7
deny negar (ie), 2
deplorable lamentable, 6
describe describir, 5
deserve merecer, 2
destroy deshacer, 5; destrozar, 3; destruir, 2
diaper pañal *m,* 8
die morir (ue, u), 2
difficult difícil, 6
dig cavar, 9
discover descubrir, 5
discuss discutir, 5
distract distraer, 2
dizzy mareado, 3
do hacer, 1
doubt dudar, 6

doubtful dudoso, 6
down abajo, 8; por; para abajo, 4
downstairs abajo, 8
dream sueño *m,* 2; soñar (ue), 2; **dream about** soñar con, 2
drink tomar, 2
drive conducir, 2
during durante, 4
dust polvo *m,* 1

E

each cada, 7
early temprano, 8; **earlier** más temprano, 8
earthquake temblor *m,* 1; terremoto *m,* 1
ease facilidad *f,* 8
easy fácil, 6
effort esfuerzo *m,* 1
eight hundred ochocientos, 1
eighty ochenta, 1
either . . . or o . . . o, 7
elect elegir (i, i), 3
emotion emoción *f,* 8
emphatic enfático, 8; **emphatically** enfáticamente
empty vacío, 5
end fin *m,* 8
enemy enemigo *m,* 4
energy energía *f,* 8
enjoy disfrutar (de), 10; gozar (de), 3
enlarge ampliar, 10
enough bastante, 7; suficiente, 7
enter ingresar, 4
entertain entretener, 2; divertir (ie, i), 5
enthusiasm entusiasmo *m,* 8
escape escapar, 5
establish establecer, 2
euphoria euforia *f,* 10
even aún, 8; **even if** aunque, 8
event hecho *m,* 9
every todo, 7
everywhere por todas partes, 4
evident evidente, 6
exceed exceder, 8
excel sobresalir, 2
except menos, 4
exclude excluir, 2

execute (by shooting) fusilar, 1
explain explicar, 6

F

face rostro *m,* 4
fall caer, 2
fantasy fantasía *f,* 9
far lejos, 8; lejos de, 1
farm huerta *f,* 7
fascinate fascinar, 4
fear temor *m,* 2; miedo *m,* 2; temer, 6; tener miedo, 2
February febrero, 1
feel sentirse, 1; **to feel like** tener ganas de, 2
fever fiebre *f,* 2; **to have a fever** tener fiebre, 2
fifty cincuenta, 1
fight luchar, 3; pelear, 8
finally por fin, 4
find encontrar (ue), 2; hallar, 9
finish acabar, 5
fire fuego *m,* 6; despedir (i, i), 5
fish pescar, 6
fit caber, 1
five hundred quinientos, 1
fix fijar, 5; arreglar, 9
flee huir, 2
flight vuelo *m,* 10
float flotar, 10
fog niebla *f,* 1
follow seguir (i, i), 2
for para, 1; por, 4; **for example** por ejemplo, 4; **for goodness sake** por Dios, 4; **for the sake of** por, 4
foreigner extranjero *m,* 4
foresee prever, 5
forest bosque *m,* 6
forever para siempre, 4
forget olvidar, 5
fortify fortalecer, 2
fortress alcázar *m,* 1
forty cuarenta, 1
four hundred cuatrocientos, 1
free gratis, gratuito, 7; libre, 7
freedom libertad *f,* 6
frequency frecuencia *f,* 8
Friday viernes *m,* 1
frightened, to become asustarse, 5
from de; desde, 4

G

gather recoger, 2; reunir, 5
generally por lo general, 4
get conseguir (i, i); obtener, 2; **to get accustomed** acostumbrarse (a), 5; **to get alarmed** alarmarse, 5; **to get angry** enojarse, 5; **to get divorced** divorciarse, 5; **to get dressed** vestirse (i, i), 5; **to get drunk** emborracharse, 5; **to get educated** educarse, 5; **to get engaged** comprometerse, 5; **to get excited** emocionarse, 5; **to get indignant** indignarse, 7; **to get married** casarse (con), 5; **to get quiet** callarse, 5; **to get tired** cansarse, 5; **to get up** levantarse, 5
give dar, 2
glad alegre, 8; **glad, to be** alegrarse (de), 5; **gladly** alegremente, 8
glance mirada *f,* 2
go ir, 2; andar, 3; **to go away** irse, 5; **to go to bed** acostarse, 5
good bueno, 1
good-looking bien parecido, 4
graduate graduarse, 5
great grande, 1
green verde, 1
grow crecer, 3
guarantee garantizar, 10
guard guardián *m,* 9
guess adivinar, 5
guilt culpa *f,* 2; **to be guilty** tener la culpa, 2

H

half medio, 1
happen suceder, 8
happiness alegría *f,* 3; felicidad *f,* 5
happy alegre, 8; **happily** alegremente, 8
hard duro, 5
harmful perjudicial, 4
harvest cosecha *f,* 3; recoger, 2
hate odiar, 5
hatred odio *m,* 4
have tener, haber, 2; **to have**

a date with salir con, 1; **to have a good time** divertirse (ie, i), 5; **to have just** acabar de, 2; **to have lunch** almorzar (ue), 2; **to have to** tener que, 2
hear oír, 2
heart corazón *m,* 2
heat calor *m,* 1
help ayuda *f,* 1; ayudar, 1
here acá; aquí, 8
hero héroe *m,* 1
heroine heroína *f,* 1
heroism heroísmo *m,* 1
hide esconder, 2
hill cerro *m,* 8
hit pegar, 6
hope esperanza *f,* 3; esperar, 2
hot, to be (weather) hacer calor, 1; **to be hot (persons)** tener calor, 2
how? ¿cómo?, 1
how many? ¿cuántos?, 1
how much? ¿cuánto?, 1
hug abrazar, 1
humidity humedad *f,* 1
hundred cien, 1
hunger hambre *f,* 2; **to be hungry** tener hambre, 2
hurry prisa *f,* 2; **to be in a hurry** tener prisa, 2
hurt hacer daño, 2; doler (ue), 4; lastimar, 5; **to get hurt** lastimarse, 5
hut barraca *f,* 7; choza (chocita) *f,* 3

I

if si, 9
imagination imaginación *f,* 9
immediately en seguida, 8
immortality inmortalidad *f,* 6
important importante, 6
imposing imponente, 6
impossible imposible, 6
improbable improbable, 6
in en, 1; **in conclusion** para concluir, 4; **in exchange for** por, 4; **in favor of** por, 4; **in front** enfrente, 8; **in front of** frente a, 1; **in my opinion** para mí, 4; **in order to** para, 1; **in place of** por, 4; **in spite of** a pesar de, 4

include incluir, 2
indecent grosero, 4
indicate indicar, 3
innocence inocencia *f,* 8
inside adentro, 8; dentro de, 1
insist insistir en, 6
instead of en vez de, 4
intend pensar (ie), 2
interest interesar, 4; **to become interested (in)** interesarse (en), 5
interview entrevista *f,* 6
introduce introducir, 2
involve envolver (ue), 2
isolate aislar, 4

J

January enero, 1
jealousy celos *m* (*pl*), 2; **to be
  jealous** tener celos, 2
judge juzgar, 3
July julio, 1
June junio, 1
jungle selva *f,* 2
justice justicia *f,* 7

K

keep guardar, 1
key clave *f,* 3
kill matar; matonear (regionalism), 2
kiss besar, 5
know (persons, places) conocer, 2; **(facts, skills)** saber, 2

L

lack faltar, 4
lagoon laguna *f,* 6
lament lamentar, 6
landscape paisaje *m,* 6
large grande, 1
last pasado; último, 10
late tarde, 8; **later** más tarde, 8
laugh reír (i, i), 2; **to laugh at**
  reírse (de), 5
laughter risa *f,* 4
law ley *f,* 3
leave dejar; salir, 5
less menos, 7
lie mentir (ie, i), 2
life vida *f,* 1

like como, 10; gustar, 4
likely, it is es fácil, 6
little (quantity) poco, 7; **a
  little** un poco de, 7
lively vivo, 1
load cargar, 6
located, to be quedar, 4
look at mirar, 4
look for buscar, 3
looting saqueo *m,* 8
lose perder (ie), 2
love amor *m,* 5; amar, 5; encantar, 4; **in love** enamorado, 5;
  to fall in love with enamorarse (de), 5
low bajo, 1
luck suerte *f,* 2; **to be lucky**
  tener suerte, 2

M

majority mayoría *f,* 10
make hacer, 1; **to make fun
  of** burlarse, 5; **to make up
  one's mind** decidirse (a), 5
many mucho, 7
March marzo, 1
matter importar, 4
mattress colchón *m,* 3
May mayo, 1
mayor alcalde *m,* 7
meet encontrarse (ue); reunirse, 5
million millón *m,* 1
miracle milagro *m,* 10
miss perder (ie), 2; faltar a, 4;
  echar de menos, 5
mist neblina *f,* 1
mistaken, to be equivocarse, 5
Monday lunes *m,* 1
moon luna *f,* 1
more más, 7
morning mañana *f,* 1
mountain range sierra *f,* 8
move mover (ue), 2; mudarse,
  3; trasladarse, 6
much mucho, 7

N

natural natural, 6
nature naturaleza *f,* 6
near cerca de, 1; cerca, 8
necessary necesario; preciso, 6;

it is necessary to hay que, 2;
  to be necessary hacer falta, 4
neck cuello *m,* 2
need faltar; hacer falta, 4
neighbor vecino *m,* 3
neither tampoco, 7
neither . . . nor ni . . . ni, 7
never jamás; nunca, 7
new nuevo, 1
next to junto a, 1
night noche *f,* 1; **last night**
  anoche, 8
nine hundred novecientos, 1
ninety noventa, 1
nobody nadie, 7
noise ruido *m,* 1
none ningún, ninguno, 7
normal normal, 8; **normally**
  normalmente, 8
nothing nada, 7
notice fijarse (en), 5; aviso *m,* 9
November noviembre, 1
now ahora, 8
nowhere (en) (a) ninguna
  parte, 7
nun monja *f,* 9

O

obey obedecer, 2
obligation deber *m,* 3
occupy ocupar, 8
occur ocurrir, 5
October octubre, 1
of de, 4; **of course** por supuesto, 4
offer ofrecer, 2
old viejo, 1; anciano, 10
older mayor, 10
on en, 1; **on account of** por, 4;
  on behalf of por, 4; **on top
  of** encima de, 1
once una vez, 7
only único, 1
open abrir, 5
oppose oponer, 2
opposite frente a, 1
or o; u (before *o, ho*), 7; **either
  . . . or** o . . . o, 7
organize organizar, 6
other otro, 7
outside afuera, 8; **outside of**
  fuera de, 1

oven horno *m,* 7
over there por allá, 4

P

pack empacar, 3
pain dolor *m,* 5; pena *f,* 5
pair pareja *f,* 4
part parte *f,* 7
pass pasar, 4; **pass through**
  atravesar (ie), 10
passenger pasajero(a) *m, f,* 10
passionate apasionado, 8; **passionately** apasionadamente, 8
path vereda *f,* 8
pay (for) pagar, 3
peace paz *f,* 4
per por, 4
perhaps acaso; quizás; tal vez, 6
persecute perseguir (i, i), 2
pity lástima *f,* 6; **feel pity (for)**
  tener lástima de, 2
place colocar, 6
play (instrument) tocar, 3
please por favor, 4; complacer, 5
poor pobre, 1
possible posible, 6
pot (cooking) olla *f,* 3
practice practicar, 3
pray rezar, 3; rogar (ue), 2
prefer preferir (ie, i), 2
preferable preferible, 6
prejudice prejuicio *m,* 4
preoccupy preocupar, 5
pretend fingir, 5
prize premio *m,* 4
probable probable, 6
produce producir, 2
progress progreso *m,* 6
promise prometer, 4
propose proponer, 2
proud orgulloso, 3
provided that siempre que;
  con tal (de) que, 8
pursue perseguir (i, i), 2
put poner, 2; **to put on** ponerse, 5; **to put to bed**
  acostar (ue), 5

Q

question of, to be a tratarse
  (de), 4
quickly pronto, 8
quietness quietud *f,* 6

R

race raza *f,* 4; carrera *f,* 6
raft balsa *f,* 2
rain lluvia *f,* 1; **to rain** llover
  (ue), 1; **it's raining** llueve, 1
raise levantar, 5
rancor rencor *m,* 5
reach alcanzar, 3
read leer, 2
ready listo, 1
realize darse cuenta (de), 2
reason razón *f,* 2
receive recibir, 2
recognize reconocer, 2
recommend recomendar
  (ie), 6
refuse negarse (ie) (a), 5; rehusar, 7
regret sentir (ie, i), 1; pesar, 8;
  tener lástima de, 2
remember acordarse (ue) (de),
  5; recordar (ue), 2
repeat repetir (i, i), 2
repent arrepentirse (ie, i), 5
require requerir (ie, i), 6
rescue rescate *m,* 1; salvar, 1
resemble parecerse (a), 4
resent resentir (ie, i), 3
resolve resolver (ue), 2
respect respecto *m,* 4; **with respect to** respecto a, 4
rest demás, 7; **the rest** los (las)
  demás, 7
return volver (ue); devolver
  (ue), 2; regresar, 7
revenge venganza *f,* 2
revolting asqueroso, 4
revolution revolución *f,* 8
ridiculous ridículo, 6
rifle carabina *f,* 2; escopeta *f,* 7
right (legal) derecho *m,* 4; **to
  be right** tener razón, 2
ring sonar (ue), 1
ripe maduro, 1
row remar, 2

S

sad triste, 6; **to become sad**
  entristecerse, 5; **to sadden**
  entristecer, 3
sail vela *f,* 9
sailor marinero *m,* 9
same mismo, 1
satisfy satisfacer, 2
Saturday sábado *m,* 1
save ahorrar; salvar, 1
say decir, 2; **to say good-bye
  (to)** despedirse (ie, i) (de), 5
screen pantalla *f,* 10
seagull gaviota *f,* 2
season temporada *f,* 3
seat sentar (ie), 5
see ver, 2
seed semilla *f,* 10
seem parecer, 2
seize agarrar, 2
self-realization autorrealización *f,* 3
send enviar, 6
sensitivity sensibilidad *f,* 8
separate apartar, 4
September septiembre, 1
serve servir (i, i), 2
seven hundred setecientos, 1
seventy setenta, 1
several varios, 7
shame vergüenza *f,* 2; **to be
  ashamed** tener vergüenza, 2
share compartir, 4
sheriff alguacil *m,* 7
ship nave *f,* 10; navío *m,* 9;
  shipwrecked (person) náufrago *m,* 2
shoot disparar, 2
shore orilla *f,* 9
short (height) bajo, 1;
  (length) corto, 1
shot tiro *m,* 7
shout grito *m,* 5; gritar, 3
show mostrar (ue), 2
sickness enfermedad *f,* 3; **to
  get sick** enfermarse, 5
side lado *m,* 1
simple sencillo, 8; **simply** sencillamente, 8
sin pecar, 3
since desde, 4
sit down sentarse (ie), 5
six hundred seiscientos, 1

sixty sesenta, 1
sleep dormir (ue, u), 2; **to go to sleep** dormirse, 5; **to be sleepy** tener sueño, 2
slow lento, 8; **slowly** lentamente, 8
smell oler (ue), 2
smile sonreír (i, i), 2
smoke humo *m,* 6
snow nieve *f,* 1; **to snow** nevar (ie), 1; **it's snowing** nieva, 1
so tan, 10; **so that** a fin (de) que, 8; de manera que, 8; de modo que, 8
soldier soldado *m,* 8
solitude soledad *f,* 4
some algún, alguno, 7
somehow de alguna manera, 7; de algún modo, 7
someone alguien, 7
something algo, 7
sometimes algunas veces, 7; a veces, 7
somewhere (en) (a) alguna parte, 7
song canción *f,* 6
soon pronto, 8
soul alma *f,* 9
sound sonar (ue), 1
speak hablar, 2
speed rapidez *f,* 8
spend (time) pasar, 4; **(money)** gastar, 8
spring primavera *f,* 1
stand up ponerse de pie, 5; **to stand in line** hacer cola, 4
stay quedarse, 5
still todavía, 8
stone piedra *f,* 8
stop detenerse; pararse, 3
straight derecho, 6
stopover escala *f,* 10
strange extraño, 6; raro, 6
stranger forastero *m,* 6
substitute sustituir, 2
success éxito *m,* 1; **to be successful** tener éxito, 2
such tal, 7
suffer sufrir, 2
suggest sugerir (ie, i), 3
suicide, to commit suicidarse, 5
summer verano *m,* 1
sun sol *m,* 1; **to be sunny** hacer sol, 1

Sunday domingo *m,* 1
support aguantar; soportar, 7; mantener, 2; apoyar, 7
suppose suponer, 2
sure seguro, 6
surprising asombroso, 4; sorprendente, 6; **to be surprised at** sorprenderse (de), 5
surrender rendirse (i, i), 1
survivor sobreviviente *m,* 1
suspect sospechar, 10
suspicion sospecha *f,* 2
swallow tragar, 6
sweat sudar, 2
sweet dulce, 5

T

take llevar, 5; tomar, 2; **to take advantage of** aprovecharse (de), 5; **to take away** quitar, 5; **to take a bath** bañarse, 5; **to take care of** cuidar, 5; atender (ie), 3; **to take off** quitarse, 5; **to take out** sacar, 7; **to take refuge** refugiarse, 8
talent don *m,* 3
talk hablar, 2
taste probar (ue), 5
tax impuesto *m,* 7
teach enseñar, 3
teacher maestro (a) *m, f,* 7
tell decir; contar (ue), 2
tender tierno, 5
tenderness ternura *f,* 5
that que, 8
then luego, 8
there allí; allá; ahí, 8
therefore por eso, 4
thief ladrón *m,* 7
thigh muslo *m,* 2
think pensar (ie), 2; **to think of (have an opinion)** pensar de, 2; **to think about (person or place)** pensar en, 2
thirst sed *f,* 2; **to be thirsty** tener sed, 2
thirty treinta, 1
thousand mil, 1
threaten amenazar, 6

three hundred trescientos, 1
through por, 4
throw echar, 5; arrojar, 8
thunder trueno *m,* 8
Thursday jueves *m,* 1
time hora *f,* 1; tiempo *m,* 1; vez *f,* 7
to a; hasta, 4
today hoy, 8
together junto, 5
tombstone lápida *f,* 9
tomorrow mañana, 8
too demasiado; también, 7; **too much** demasiado, 7
touch tocar, 3
toward hacia, 4
tragedy tragedia *f,* 9
tragic trágico, 9
translate traducir, 2
treasure tesoro *m,* 3
treat tratar, 4
tremble temblar (ie), 2
truth verdad *f,* 6
try probar (ue), 5; **to try on** probarse, 5; **to try to** tratar de, 2
Tuesday martes *m,* 1
turn girar, 10; **to turn off** apagar, 3
twenty veinte, 1
twist torcer (ue), 2
two hundred doscientos, 1

U

unbelievable increíble, 6
under debajo de, 1
understand entender (ie), 2
unfortunate desgraciado, 5
unique único, 1
unite unirse, 5
unknown desconocido, 6
unless a menos que, 8
unlikely, it is es difícil, 6
unpack desempacar, 3
unreachable inalcanzable, 10
until hasta, 4; hasta que, 8
up arriba, 8; para arriba, 4
upstairs arriba, 8
urgent urgente, 6
useless inútil, 3

V

verify verificar, 6
voice voz *f,* 9

W

wait for esperar, 2
wake up despertarse (ie), 5
walk andar, 3; dar una vuelta, 10
want querer (ie), 2
war guerra *f,* 1
warn advertir (ie, i), 9
way modo *m,* 7; manera *f,* 7; **in no way** de ningún modo, 7; de ninguna manera, 7
wealthy rico, 1
wear llevar, 1
wedding boda *f,* 5
Wednesday miércoles *m,* 1
well-being bienestar *m,* 6
weigh pesar, 8

what lo que, 7; lo cual, 8; **what?** ¿qué?, 1; **what a . . . !** ¿qué . . . !, 1
whatever cualquiera, 7
when cuando, 8; **when?** ¿cuándo?, 1
where? ¿dónde?, 1; **from where?** ¿de dónde?, 1
wherever dondequiera, 7
which cual; que, 8; lo que, 7; **which one?** ¿cuál?, 1
while mientras; mientras que, 8
who que; quien(es), 8; **who?** ¿quién(es)?, 8
whoever cualquiera, 7
whom quien(es), 8; **whom?** ¿quién(es)?, 8
whose cuyo, 8; **whose?** ¿de quién?, 1
why? ¿por qué?, 1; ¿para qué?, 1
wide ancho, 6
wind viento *m,* 1; **to be windy** hacer viento, 1

winter invierno *m,* 1
wish querer (ie), 2
witch brujo *m,* 9
without sin, 4; sin que, 8
witness presenciar, 3
worry about preocuparse (por), 5
worse peor, 6
worth, to be valer, 3
wound herida *f,* 1; herir (ie, i), 2
wrap up envolver (ue), 2
write escribir, 5
wrong, to be no tener razón, 2

Y

year año *m,* 2; **to be . . . years old** tener . . . años, 2
yesterday ayer, 8
yet todavía, 8
younger menor, 10

Photo Credits

Chapter 1
Page 2: Susan Meiselas/Magnum Photos. *Page 7:* (top) Culver Pictures, (bottom) The Bettmann Archive. *Page 8:* Topham/The Image Works. *Page 26:* Robert Capa/Magnum Photos. *Page 30:* © ARS New York-Spadem, 1988.

Chapter 2
Page 32: Jon Rawle/Stock, Boston. *Page 47:* Arsonor/Art Resource. *Page 55:* J. K./Magnum Photos.

Chapter 3
Page 60: Paul J. Sutton/Duomo. *Page 72:* Ken Heyman/Archive Pictures. *Page 79:* Emilio Mercado/Jeroboam.

Chapter 4
Page 86: Fritz Henle/Photo Researchers. *Page 98:* Owne Franken/Stock, Boston. *Page 107:* Peter Menzel/Stock, Boston.

Chapter 5
Page 113: Alan Dorow/Archive Pictures. *Page 123:* Victor Englebert/Photo Researchers. *Page 128:* John Maher/Stock, Boston. *Page 139:* James Motlow/Jeroboam.

Chapter 6
Page 144: (top) Peter Menzel, (bottom) Mary Evans Picture Library/Photo Researchers. *Page 156:* Ellis Herwig/Stock, Boston. *Page 163:* (top) Chriss Poulsen/The Stock Market, (bottom) Will McIntyre/Photo Researchers. *Page 164:* The Bettmann Archive.

Chapter 7
Page 169: Urraca/Sygma. *Page 170:* S. Meiselas/ Magnum Photos. *Page 178:* Peter Menzel. *Page 180:* Courtesy San Diego Historical Society-Ticor Collection. *Page 188:* Peter Menzel/Stock, Boston.

Chapter 8
Page 193: Mary Evans Picture Library/Photo Researchers. *Page 203:* (top) Courtesy Organization of American States, Pan American Development Foundation, (bottom) Courtesy National Preparatory School, Mexico City. *Page 207:* Burt Glinn/ Magnum Photos. *Page 212:* UPI/Bettmann Newsphotos. *Page 214:* Mary Evans Picture Library/ Photo Researchers.

Chapter 9
Page 218: Courtesy Frumkin/Adams Gallery, New York. *Page 226:* Courtesy Ludwig Museum, Cologne. *Pages 234 and 237:* Courtesy Sotheby's Inc., New York City, © 1988.

Chapter 10
Page 239: NASA/The Image Works. *Page 248:* Peter Menzel. *Page 258:* Owen Franken/Stock, Boston.

Indice